先例から読み解く！

建 物
の表示に関する
登記の実務

後藤　浩平

日本加除出版株式会社

は　し　が　き

　権利の客体である土地又は建物の現況を明確にするという表示に関する登記制度の使命を果たすためには，事案が個別具体的であるが故に統一的な事務処理が困難な場合であっても，その適正な事務処理が求められることはいうまでもありません。そして，過去における同種事案の事務処理を検討するに当って，最後の拠り所となるのは，登記先例であるといえます。

　個々の不動産の現況及び事実関係を的確に把握し，これを登記記録に反映させるためには正確な法律判断が要求されますが，関係法令の解釈に当たって，先例の果たす役割は，極めて重要であり，表示に関する登記の事務処理に当たっては，先例の調査研究が不可欠であると考えられます。

　そこで，平成29年12月に，現在においても土地の表示に関する登記の事務処理上有益であると考えられる先例の内容について解説した「先例から読み解く土地の表示に関する登記の実務」（以下「先土地」といいます。）を刊行しました。本書は，その姉妹編ともいうべきものです。

　建物の表示に関する登記については，建築工法等の飛躍的な発展によって，ドーム型の建築物等，多種多様なものが建造されており，登記能力を有する建物であるかどうかの認定，種類や構造の特定，床面積の算定等について，より個別的，具体的な判断が求められていると考えられます。例えば，建物の種類については，その用途により，規則及び準則に規定されている合計37の区分により定めるとされていますが，これにより難い場合には，建物の用途により適当に定めることができるとされています。先例によって種類を定めた事例ではありませんが，東京ディズニーランドにある建物の中には，その名称そのものが建物の種類として登記されているものもあります（本文148頁参照）。

　このように，建物の表示に関する登記については，土地の表示に関する登記に比べて柔軟な取扱いが認められていますが，建物の表示に関する登記の適正，迅速な事務処理に当たっては，土地の表示に関する登記以上

に，先例の調査研究が重要であると考えられます。

　そこで，本書においては，先土地の場合と同様に，まず，現在において
も建物の表示に関する登記の事務処理上有益であると考えられる 79 先例
を「主要先例」としてその全文を掲載し，これに解説を付しました。ただ
し，権利に関する登記若しくは土地の表示に関する登記に関連する部分が
含まれている先例については，その全部又は一部については掲載を割愛し
ました。

　また，主要先例に関連する 30 先例を「関連先例」としてその全文を，
それぞれ掲載し，関連先例についても，解説の中で触れることとしました。

　さらに，これらの先例が適用され，又は参考となる具体的な事案を「関
連質疑」として掲載しました。この関連質疑については，日本加除出版株
式会社から刊行されている「新版　Q&A 表示に関する登記の実務」第 4
巻（2011 年初版第二刷），第 5 巻（2013 年初版第二刷）に収録されている設
問から選択して掲載しました。

　本書が，土地家屋調査士や法務局職員等の登記実務家のみならず，土地
の表示に関する登記実務に携わるすべての方々にとって，多少でもお役に
たてれば幸いです。

　終わりに，本書の企画及び刊行に当たっては，先土地と同様に日本加除
出版株式会社編集第二部鶴﨑清香さんに関連判例や関連先例等の資料の収
集作業を精力的に進めていただきました。また，同部宮崎貴之部長には，
精細な校正作業をしていただきました。紙面をお借りして，心から感謝申
し上げます。

　平成 30 年 10 月

後　藤　浩　平

凡　例

　本書の解説における法令，関連判例，及び出典については，次の略記を
使用しています。

1　法　令
　　法　　　→　不動産登記法（平成 16 年法律第 123 号）
　　令　　　→　不動産登記令（平成 16 年政令第 379 号）
　　規　則　→　不動産登記規則（平成 17 年法務省令第 18 号）
　　準　則　→　不動産登記事務取扱手続準則（平成 17 年 2 月 25 日
　　　　　　　　法務省民二第 456 号民事局長通達）
　　旧　法　→　不動産登記法（明治 32 年法律第 24 号）
　　細　則　→　不動産登記法施行細則（明治 32 年司法省令第 11 号）
　　記録例　→　不動産登記記録例集（平成 28 年 6 月 8 日法務省民二
　　　　　　　　第 386 号民事局長通達）
　　区分所有法　→　建物の区分所有等に関する法律（昭和 37 年法律第 69
　　　　　　　　号）

2　判　例
　　民　集　→　最高裁判所民事判例集
　　民　録　→　大審院民事判決録
　　下民集　→　下級裁判所民事裁判例集

3　出　典
　　登　研　→　登記研究（テイハン）
　　有馬 1　→　有馬厚彦「事例にみる表示に関する登記 1」（テイハ
　　　　　　　　ン・1996）
　　有馬 2　→　有馬厚彦「事例にみる表示に関する登記 2」（テイハ

4 凡　例

		ン・1998)
有馬4	→	有馬厚彦「事例にみる表示に関する登記4」(テイハ ン・2003)
建物認定	→	一般財団法人民事法務協会「表示登記教材　建物認 定（3訂版」(民事法務協会・2008)
教　材	→	研修教材・不動産登記法（表示に関する登記）（第6 版）(法務総合研究所・2006)
区分先例	→	法務省民事局第三課編「区分建物の登記先例解説」 〔第二増補版〕(商事法務研究会・1971)
先例解説	→	登記先例解説集（民事法情報センター）
表実4	→	荒堀稔穂「新版　Q&A 表示関する登記の実務4」 (日本加除出版・2008)
表実5	→	荒堀稔穂「新版　Q&A 表示関する登記の実務5」 (日本加除出版・2008)

目　次　*5*

目　　次

第1節　総　論

表示登記請求権

1　弁護士法第23条の2による照会（判決による地積の更正の登記申請の可否）について（昭和58年8月24日岡弁照第433号岡山弁護士会会長照会，昭和58年10月6日民三第5919号民事第三課長回答）……………………………………………………… 1

第2節　各　論

第1　建物の表題登記

1　建物としての要件……………………………………………………… 11

2　家屋台帳事務の取扱について（昭和30年2月9日登第279号横浜地方法務局長照会，昭和30年4月9日民事甲第694号民事局長回答）……………………………………………………………… 11

3　高架道路の路面下に設ける自動車駐車場の台帳登録及び保存登記について（昭和35年4月13日建設省計画局長照会，昭和35年4月30日民事甲第1054号民事局長回答）…………………… 15

4　地下街建物の表示登記の取扱いについて（昭和51年11月22日登第385号福岡法務局民事行政部長照会，昭和51年12月24日民三第6472号民事第三課長回答）………………………… 17

5　台帳事務の取扱方について（昭和31年3月28日日記第2773号神戸地方法務局長照会，昭和31年4月7日民事甲第755号民事局長回答）……………………………………………………… 24

6　建物表示登記申請の受否について（昭和42年8月26日登第390号新潟地方法務局長照会，昭和42年9月22日民事甲第2654号民事局長電報回答）…………………………………………… 32

7　建物の表示登記の取扱いについて（抄・建物の認定）（昭和63年1月12日不登第13号大阪法務局民事行政部長照会，昭和63年3月24日民三第1826号民事第三課長回答）………………… 35

8　発泡ポリスチレン板（いわゆる発泡スチロール板）を主たる構成材料とし，接着剤とボルトで接合したドーム型の建造物の建

6 目 次

物認定について（平成 16 年 9 月 9 日不登第 684 号名古屋法務
局民事行政部長照会，平成 16 年 10 月 28 日民二第 2980 号民事
第二課長回答）⋯⋯⋯⋯⋯⋯⋯⋯⋯⋯⋯⋯⋯⋯⋯⋯⋯⋯⋯⋯⋯⋯⋯ 45

9 建物の表題登記の取扱いについて（平成 19 年 4 月 13 日民二第
895 号民事第二課長依命通知）⋯⋯⋯⋯⋯⋯⋯⋯⋯⋯⋯⋯⋯⋯⋯⋯ 54

2 特殊な建物⋯⋯⋯⋯⋯⋯⋯⋯⋯⋯⋯⋯⋯⋯⋯⋯⋯⋯⋯⋯⋯⋯⋯⋯⋯⋯ 70

10 セメント貯蔵用サイロを建物として取り扱うことの可否につい
て（昭和 37 年 4 月 18 日札登第 63 号札幌法務局長照会，昭和
37 年 6 月 12 日民事甲第 1487 号民事局長回答）⋯⋯⋯⋯⋯⋯⋯ 70

11 建物の認定について（昭和 43 年 2 月 8 日自治府第 14 号自治省
税務局府県税課長照会，昭和 43 年 2 月 23 日民事三発第 140 号
民事第三課長回答）⋯⋯⋯⋯⋯⋯⋯⋯⋯⋯⋯⋯⋯⋯⋯⋯⋯⋯⋯⋯⋯ 75

3 建物の個数⋯⋯⋯⋯⋯⋯⋯⋯⋯⋯⋯⋯⋯⋯⋯⋯⋯⋯⋯⋯⋯⋯⋯⋯⋯⋯ 78

12 建物の個数の認定について（昭和 42 年 11 月 29 日日記第 1020
号横浜地方法務局長照会，昭和 43 年 3 月 28 日民事甲第 395 号
民事局長回答）⋯⋯⋯⋯⋯⋯⋯⋯⋯⋯⋯⋯⋯⋯⋯⋯⋯⋯⋯⋯⋯⋯⋯ 78

13 建物の個数の認定について（昭和 52 年 7 月 26 日不登第 437 号
名古屋法務局民事行政部長照会，昭和 52 年 10 月 5 日民三第
5113 号民事第三課長回答）⋯⋯⋯⋯⋯⋯⋯⋯⋯⋯⋯⋯⋯⋯⋯⋯⋯ 85

14 建物の個数の認定について（昭和 49 年 11 月 14 日那覇地方法務
局長照会，昭和 50 年 2 月 13 日民三第 834 号民事第三課長回答）⋯ 89

15 区分所有建物の認定について（昭和 44 年 12 月 24 日総第 7410
号大阪法務局長照会，昭和 45 年 3 月 24 日民事三発第 267 号民
事第三課長回答）⋯⋯⋯⋯⋯⋯⋯⋯⋯⋯⋯⋯⋯⋯⋯⋯⋯⋯⋯⋯⋯⋯ 92

16 建物の表示登記の取扱いについて（抄・建物の個数）（昭和 63
年 1 月 12 日不登第 13 号大阪法務局民事行政部長照会，昭和
63 年 3 月 24 日民三第 1826 号民事第三課長回答）⋯⋯⋯⋯⋯⋯ 98

4 附属建物⋯⋯⋯⋯⋯⋯⋯⋯⋯⋯⋯⋯⋯⋯⋯⋯⋯⋯⋯⋯⋯⋯⋯⋯⋯⋯⋯ 101

17 主たる建物と敷地を異にする建物を附属建物とすることの可否
（抄）（明治 32 年 7 月 17 日福岡地方裁判所長照会，明治 32 年
8 月 1 日民刑第 1361 号民刑局長回答）⋯⋯⋯⋯⋯⋯⋯⋯⋯⋯⋯ 101

5 所在地番⋯⋯⋯⋯⋯⋯⋯⋯⋯⋯⋯⋯⋯⋯⋯⋯⋯⋯⋯⋯⋯⋯⋯⋯⋯⋯⋯ 103

18 地番区域を異にする建物の所在及び地番の訂正等について（昭
和 43 年 6 月 24 日登第 369 号大津地方法務局長照会，昭和 43
年 9 月 26 日民事甲第 3083 号民事局長回答）⋯⋯⋯⋯⋯⋯⋯⋯ 103

19 建物表示登記の抹消について（昭和 46 年 3 月 24 日仙台法務局

　　　　民事行政部長照会，昭和46年5月10日民事三発第267号民事
　　　　第三課長回答)·· 107
　　20　寄洲上に建築された建物の所在の表示方法(昭和36年5月9
　　　　日日記民政総第898号名古屋法務局民事行政部長照会，昭和
　　　　36年6月6日民事三発第459号民事第三課長回答)···················· 110
　　21　仮換地上に建築された建物の所在の記載方法について(昭和
　　　　42年9月18日2登1第797号横浜地方法務局長照会，昭和43
　　　　年2月14日民事甲第170号民事局長回答)······························· 114
　　22　仮換地上に建築された建物の所在の記載方法等について(昭和
　　　　40年1月23日登第38号東京法務局長照会，昭和40年4月10
　　　　日民事甲第837号民事局長回答)··· 117

6　建物の所有権を証する情報·· 119
　　23　不動産登記事務取扱手続準則等について(抄・建物の表題登記
　　　　に提供する所有権を証する情報)(昭和37年10月8日民事甲
　　　　第2885号民事局長通達)·· 119

7　請負人との関係··· 121
　　24　不動産登記法第49条について(昭和39年5月12日電報番号
　　　　第114号大阪法務局民事行政部長電報照会，昭和39年5月27
　　　　日民事三発第444号民事第三課長電報回答)···························· 121

8　職権による登記··· 124
　　25　重複登記の処理について(昭和38年12月24日2登不7第
　　　　488号千葉地方法務局長照会，昭和39年2月21日民事甲第
　　　　384号民事局長通達)··· 124
　　26　登記簿・台帳一元化完了期日指定後における重複登記の処理に
　　　　ついて(昭和44年1月31日訟第81号広島法務局長照会，昭
　　　　和44年4月21日民事甲第868号民事局長回答)······················ 133
　　27　建物の一部が二重登記となつている場合の処理について(昭和
　　　　40年1月7日登第6号東京法務局長照会，昭和40年3月23
　　　　日民事甲第623号民事局長通達)··· 143

第2　建物の種類
　　28　建物の表示に関する登記事務の取扱いについて(抄・建物の種
　　　　類)(昭和46年3月19日日調連総発第94号日本土地家屋調査
　　　　士会連合会長照会，昭和46年4月16日民事甲第1527号民事
　　　　局長回答，昭和46年4月16日民事三発第238号民事第三課長
　　　　依命通知)··· 146
　　29　建物の表示登記の取扱いについて(抄・建物の種類)(昭和63

8 目 次

年 1 月 12 日不登第 13 号大阪法務局民事行政部長照会，昭和
63 年 3 月 24 日民三第 1826 号民事第三課長回答)‥‥‥‥‥‥‥ 158

第3 建物の構造

30 建物の表示に関する登記事務の取扱いについて (抄・建物の構
造) (昭和 46 年 3 月 19 日日調連総発第 94 号日本土地家屋調
査士会連合会長照会，昭和 46 年 4 月 16 日民事甲第 1527 号民事
局長回答，昭和 46 年 4 月 16 日民事三発第 238 号民事第三課長
依命通知)‥‥‥‥‥‥‥‥‥‥‥‥‥‥‥‥‥‥‥‥‥‥‥‥‥‥‥ 166

31 建物表示登記申請の疑義について (昭和 37 年 10 月 8 日全調連
総発第 74 号全国土地家屋調査士会連合会会長照会，昭和 37 年
12 月 15 日民事甲第 3600 号民事局長通達)‥‥‥‥‥‥‥‥‥‥‥ 172

32 建物の構造の定め方について (昭和 39 年 7 月 22 日登第 272 号
東京法務局長照会，昭和 39 年 8 月 29 日民事甲第 2893 号民事
局長回答)‥‥‥‥‥‥‥‥‥‥‥‥‥‥‥‥‥‥‥‥‥‥‥‥‥‥‥ 178

33 建物の種類，構造の認定について (昭和 42 年 6 月 24 日登第
358 号東京法務局民事行政部長照会，昭和 42 年 12 月 13 日民
事三発第 696 号民事第三課長回答)‥‥‥‥‥‥‥‥‥‥‥‥‥‥‥ 180

34 建物の構造の表示方法について (昭和 44 年 5 月 26 日登第 284
号宮崎地方法務局長照会，昭和 45 年 1 月 7 日民三第 646 号民
事第三課長依命回答)‥‥‥‥‥‥‥‥‥‥‥‥‥‥‥‥‥‥‥‥‥‥ 189

35 プレハブ工法により設置された地下室の建物の認定等について
(昭和 54 年 12 月 17 日不登第 796 号名古屋法務局民事行政部長
照会，昭和 55 年 11 月 18 日民三第 6712 号民事第三課長回答)‥ 192

36 建物の構造の表示方法について (昭和 60 年 6 月 14 日 2 不登 1
第 568 号東京法務局長照会，昭和 60 年 8 月 8 日民三第 4768 号
民事局長回答)‥‥‥‥‥‥‥‥‥‥‥‥‥‥‥‥‥‥‥‥‥‥‥‥‥ 197

37 建物の表示登記の取扱いについて (抄・建物の構造) (昭和 63
年 1 月 12 日不登第 13 号大阪法務局民事行政部長照会，昭和
63 年 3 月 24 日民三第 1826 号民事第三課長回答)‥‥‥‥‥‥‥ 204

第4 建物の床面積

38 建物の表示に関する登記事務の取扱いについて (抄・建物の床
面積) (昭和 46 年 3 月 19 日日調連総発第 94 号日本土地家屋調
査士会連合会長照会，昭和 46 年 4 月 16 日民事甲第 1527 号民
事局長回答，昭和 46 年 4 月 16 日民事三発第 238 号民事第三課
長依命通知)‥‥‥‥‥‥‥‥‥‥‥‥‥‥‥‥‥‥‥‥‥‥‥‥‥‥ 210

39 ダスターシュート等の床面積算入の可否について (昭和 39 年

8 月 24 日首都建発第 398 号財団法人首都圏不燃建築公社会長
照会, 昭和 40 年 2 月 27 日民事三発第 231 号民事第三課長依命
回答）…………………………………………………………………………………… 226

40　建物の表示登記の取扱いについて（抄・建物の床面積）（昭和
63 年 1 月 12 日不登第 13 号大阪法務局民事行政部長照会, 昭
和 63 年 3 月 24 日民三第 1826 号民事第三課長回答）………………… 229

41　開閉式の屋根を有する野球場の床面積の算定方式について（平
成 5 年 8 月 25 日不登第 251 号福岡法務局民事行政部長照会,
平成 5 年 12 月 3 日民三第 7499 号民事第三課長回答）……………… 251

第 5　建物の増築

42　不動産の表示に関する登記事務の取扱い方について（昭和 37
年 10 月 3 日日記登第 425 号佐賀地方法務局長照会, 昭和 37 年
10 月 18 日民事甲第 3018 号民事局長回答）………………………………… 257

第 6　建物の合体

43　区分建物でない建物について区分建物の登記がされている場合
の取り扱いについて（昭和 38 年 7 月 4 日鳥法登第 359 号鳥取
地方法務局長照会, 昭和 38 年 9 月 28 日民事甲第 2658 号民事
局長通達）…………………………………………………………………………………… 262

44　2 個の建物が 1 個の建物となった場合の登記の取扱いについて
（昭和 38 年 12 月 5 日 2 の 12 第 1906 号新潟地方法務局長照
会, 昭和 39 年 3 月 6 日民事甲第 557 号民事局長回答）……………… 266

45　2 棟の建物を合棟して 1 棟の建物とした場合の登記事務の取扱
いについて（昭和 40 年 3 月 25 日第 1593 号浦和地方法務局長
照会, 昭和 40 年 7 月 28 日民事甲第 1717 号民事局長回答）……… 269

46　区分建物の取扱いについて（昭和 46 年 7 月 24 日総第 4256 号
大阪法務局民事行政部長照会, 昭和 47 年 5 月 26 日民事三発第
473 号民事第三課長回答）……………………………………………………………… 271

47　不動産登記法等の一部改正に伴う登記事務の取扱いについて
（抄）（平成 5 年 7 月 30 日民三第 5320 号民事局長通達）…………… 274

第 7　建物の分割, 区分又は合併

48　附属建物のみを移転する場合の登記手続（明治 34 年 6 月 8 日
中ノ條区裁判所判事問合, 明治 34 年 6 月 27 日民刑第 643 号民
刑局長回答）…………………………………………………………………………………… 293

49　建物の区分により移記した登記事項の取扱いについて（昭和
46 年 3 月 5 日総第 1459 号大阪法務局長照会, 昭和 46 年 6 月
10 日民事甲第 2073 号民事局長通達）……………………………………………… 296

10 目 次

50 建物の区分所有等に関する法律及び不動産登記法の一部改正に伴う登記事務の取扱いについて（抄）（昭和58年11月10日民三第6400号民事局長通達）……301

第8 解体移転，えい行移転

51 建物の解体移転について（昭和32年9月27日32計第1238号福岡県知事照会，昭和32年10月7日民事甲第1941号民事局長回答）……307

52 建物の所在の変更に関する取扱いについて（昭和36年10月28日日記第7103号浦和地方法務局長照会，昭和37年7月21日民事甲第2076号民事局長通達）……312

第9 区分建物

1 区分建物の要件……314

53 登記官吏の処分を不当とする異議について（昭和37年5月28日日記登第242号大阪法務局長照会，昭和37年10月12日民事甲第2956号民事局長回答）……314

54 建物の区分所有の認定の可否及び床面積の定め方について（昭和38年7月4日鳥法登第360号鳥取地方法務局長照会，昭和38年9月28日民事甲第2659号民事局長通達）……322

55 区分建物認定上の疑義について（昭和41年10月1日2登1第920号横浜地方法務局長照会，昭和41年12月7日民事甲第3317号民事局長回答）……325

56 区分建物の認定について（昭和42年6月7日登発第136号岡山地方法務局長照会，昭和42年9月25日民事甲第2454号民事局長回答）……328

2 専有部分，共有部分……335

57 区分所有の建物に関する疑義について（昭和38年9月21日33―155日本住宅公団副総裁照会，昭和38年10月22日民事甲第2933号民事局長通達）……335

58 日本住宅公団が分譲する集団住宅の附属施設に関する法律的取扱いについて（昭和40年11月27日51―173日本住宅公団理事照会，昭和41年8月2日民事甲第1927号民事局長回答）……343

59 規約共用部分である旨の記載方法について（昭和45年10月8日総第5249号大阪法務局長照会，昭和46年9月12日民事三発第668号民事第三課長依命回答）……349

60 いわゆる分譲マンションの管理受付室の登記について（昭和50年1月13日民三第147号民事局長通達）……351

目　次　*11*

3　区分建物に関する申請手続 ……………………………………………… 360

 61　区分建物の登記事務の取扱いについて（昭和38年11月20日
  登第926号熊本地方法務局長照会，昭和39年5月16日民事甲
  第1761号民事局長通達）………………………………………………… 360

 62　区分建物の表示の登記の嘱託登記に記載する建物の表示の記載
  方法について（昭和39年11月24日ト41－1089日本住宅公
  団理事照会，昭和40年1月27日民事甲第119号民事局長通
  達）……………………………………………………………………………… 363

 63　登記嘱託書による一棟の建物の床面積の記載の簡略化について
  （昭和54年4月23日民三第2635号民事第三課長通知）…………… 366

 64　スケルトン・インフィル分譲住宅等に係る登記上の取扱いについ
  て（平成14年9月18日国住生第121号国土交通省住宅局長照
  会，平成14年10月18日民二第2474号民事第二課長依命通知）… 369

 65　区分された一棟の建物の代位による表示の変更の登記について
  （昭和40年1月6日登第7号熊本地方法務局長照会，昭和40
  年4月21日民事甲第836号民事局長回答）……………………………… 382

 66　区分所有の建物の建物図面及び附属建物が区分所有の建物であ
  る場合の申請書及び登記の記載（昭和38年9月30日民事甲第
  2661号民事局長通達）…………………………………………………… 384

 67　区分所有の建物の平面図について（昭和39年7月2日登第
  470号新潟地方法務局長照会，昭和39年8月7日民事甲第
  2728号民事局長回答）…………………………………………………… 387

 68　区分所有の目的となる建物の各階平面図の作成について（昭和
  39年10月22日首都建発第522号財団法人首都圏不燃建築公
  社会長照会，昭和40年2月27日民事三発第232号民事第三課
  長依命回答）……………………………………………………………………… 389

4　敷地権 ………………………………………………………………………… 392

 69　建物の区分所有等に関する法律及び不動産登記法の一部改正に
  伴う登記事務の取扱いについて（抄）（昭和58年11月10日民
  三第6400号民事局長通達）……………………………………………… 392

 70　敷地権の割合の表示の更正登記手続及びこの登記をするについ
  ての承諾を命ずる判決を申請書に添付して区分建物の専有部分
  の所有権の登記名義人から申請する区分建物の表示の更正（敷
  地権の更正）の登記手続について（平成8年1月25日不第29
  号神戸地方法務局長照会，平成8年3月18日民三第563号民
  事局長通達）……………………………………………………………………… 424

12 目　次

71　建物の区分所有等に関する法律の適用がある建物の敷地の分筆
　　の登記の取扱いについて（平成29年3月3日2不登1第7号
　　東京法務局民事行政部長照会，平成29年3月23日民二第171
　　号民事第二課長通知）……………………………………………… 430

第10　建物の滅失

72　区分建物の滅失登記の受否について（昭和38年5月30日登第
　　131号東京法務局民事行政部長報告，昭和38年8月1日民事
　　三発第426号民事第三課長通知）………………………………… 434

73　建物の滅失登記を相続人中の一人からすることの可否について
　　（昭和43年10月17日日記第242号松山地方法務局長照会，昭
　　和43年12月23日民事三発第1075号民事第三課長回答）……… 437

74　所有権の保存登記をまっ消したときの登記用紙の処理方等につ
　　いて（昭和36年8月5日日記第4803号神戸地方法務局長照
　　会，昭和36年9月2日民事甲第2163号民事局長回答）………… 439

75　所有権保存の登記を抹消した場合の登記用紙の処理について
　　（昭和59年1月5日2不登1第7号東京法務局長照会，昭和
　　59年2月25日民三第1085号民事局長通達）……………………… 443

76　抹消回復登記申請の受否について（昭和37年10月12日電報
　　番号13号札幌法務局長電報照会，昭和37年11月1日民事甲
　　第3172号民事局長電報回答）……………………………………… 447

第11　図面関係

77　未登記建物につき処分制限の登記を嘱託する場合，建物の図面
　　及び各階の平面図の添付方について（昭和36年9月29日日記
　　第6033号神戸地方法務局長照会，昭和36年10月23日民事甲
　　第2643号民事局長通達）…………………………………………… 455

78　附属建物の新築及び取毀等滅失による表示変更の登記申請書に
　　添付する建物の図面等の取扱いについて（昭和37年8月21日
　　登第215号東京法務局長照会，昭和37年10月1日民事甲第
　　2802号民事局長通達）……………………………………………… 458

79　各階同型の建物の各階の平面図の作製について（昭和39年2
　　月6日ト32―402号日本住宅公団東京支所長照会，昭和39年
　　3月2日民事甲第443号民事局長通達）…………………………… 461

先例索引…………………………………………………………………… 463
判例索引…………………………………………………………………… 465
著者紹介…………………………………………………………………… 467

第 **1** 節

総　論

表示登記請求権

 弁護士法第23条の2による照会（判決による地積の更正の登記申請の可否）について

（昭和58年8月24日岡弁照第433号岡山弁護士会会長照会
昭和58年10月6日民三第5919号民事第三課長回答）

▌照会

不動産登記法（以下「法」という。）81条の5（現行令別表6の項）の地積更正登記の申請につき，

一　右の登記申請は，法27条（現行法63条1項）の判決による登記の申請をもってすることができるか否か。

（地積更正登記は，不動産の表示登記の一であるところ，同じく表示登記である建物滅失登記に関し，同登記は法25条の2（現行法28条）にもとづき登記官が職権をもって調査してなすべき登記であるので，同登記手続を訴求する利益はないとする判決（最高裁判所昭和45・7・16判例時報605号64頁。編者注：関連判例②参照）があるところから，地積更正登記の申請についても，同登記は法25条の2（現行法28条）にもとづき登記官が職権をもって調査してなすべき登記であるとして，法25条（現行法16条1項）にもとづき登記の申請という意思表示をすべきことを命ずる判決（民事執行法173条（現174条））を訴求することができないのか，との疑問があるので照会する次第です。）

二　判決による登記の申請ができる場合には，法81条の5，81条2項（現行令別表6の項）にもとづく地積の測量図は，判決にこの測量図が添付せられることを要するか，あるいは，登記の申請に際し判決とは別個に添付せられるべきものか。

以上2点についての実務取扱いを御報告下さい。

▌回答

昭和58年8月24日付け岡弁照第433号をもって当局あて照会のあった

地積の更正の登記の申請に関する件については、不動産登記法第27条（現行法63条1項）の規定は適用されないものと考えます。

解　説

1　不動産登記法は、権利に関す登記の申請については、登記権利者及び登記義務者による共同申請を原則としています（法60条）。一方で、表示に関する登記については、土地又は建物の所有権を取得した者（土地について法36条、建物について法47条）、表題部所有者若しくは所有権の登記名義人（法37条、39条等）又はこれらの者の相続人その他の一般承継人（法30条参照）が、単独で申請すべきものとされており、法60条の規定は適用されませんから、当該規定の特則を定めた法63条1項の規定もまた適用されないと解されることから、本件回答がされたものと考えられます。

2　それでは、表示に関する登記のすべてについて、表示登記請求権は、認められないのでしょうか。登記の種別ごとに検討してみます。

　(1)　表題登記

　　　甲が乙所有の表題登記がない建物（いわゆる未登記建物）を買い受けた場合の通常の手続は、乙の申請による建物の表題登記（法47条1項）及び所有権の保存の登記（法74条1項1号）を経由した上で、甲を登記権利者、乙を登記義務者とする共同申請により、売買を登記原因とする所有権の移転の登記を申請することになります。

　　　ところで、非区分建物の表題登記は、その原始取得者乙に限らず、売買等によりこれを承継取得した甲も、直接、自己を所有者とする表題登記を申請することができます（法47条1項）。この場合の表題登記の申請に当たっては、売主乙の原始取得に関する情報である建築基準法6条の確認があったことを証する情報等（準則87条1項）、及び買主甲の承継取得に関する情報である売買契約書等を提供する必要があります。

　　　そこで、乙が自ら表題登記及び所有権の保存の登記を申請しない場

合，又は原始取得に関する情報の提供を拒む場合，甲は，乙に対する所有権確認又は所有権移転登記手続請求訴訟を提起し，請求認容の判決を得てこれが確定すれば，当該確定判決に基づき，直接，自己名義での所有権の保存の登記を申請することができます（法74条1項2号）。この場合，登記官は，所有権の保存の登記を申請する前提として，職権により当該建物の表題登記をすることになります（法75条）。また，乙に対し，所有権移転登記手続を命ずる確定判決を得たときは，乙に代位して，乙名義の表題登記及び所有権の保存の登記を経由した上で，乙から甲への所有権の移転の登記を，単独で申請することができます（法63条1項）。

以上のとおり，乙が自ら表題登記及び所有権の保存の登記を申請しない場合，甲は，乙に対して，所有権確認又は所有権移転登記手続請求訴訟を提起し，請求認容の判決を得ることによって，自己の所有権取得（所有権の保存又は移転）の登記をすることができますから，乙に対する建物表題登記請求権を認める必要はありません。

(2)　分筆の登記

分筆の登記は，原則として，表題部所有者又は所有権の登記名義人の申請によるべきものとされています（法39条1項）。そこで，甲が乙名義の1筆の土地の一部を買い受けた場合の通常の手続は，乙の申請により分筆登記をした上で，分筆後の買受部分に係る土地について，甲を登記権利者，乙を登記義務者とする共同申請により，売買を登記原因とする所有権の移転の登記を申請することになります。

そこで，乙が自ら分筆登記を申請しない場合には，甲は，乙に対し，買受部分を特定して所有権移転登記手続を請求する訴訟を提起して，これを認容する確定判決を得て，債権者代位権（民法423条）に基づき，乙に代位して分筆の登記を申請した上で，分筆後の買受部分の土地について，当該確定判決に基づき，単独で，乙から甲への所有権の移転登記を申請することができますから，甲は，乙に対して分筆登記手続を請求する訴訟を提起する必要はありません（関連判例①）。

また，登記先例においては，乙名義の所有権の保存の登記がされて

4 　第1節　総　論

いる主である建物と附属建物の2棟からなる建物について，甲が附属建物に係る乙の所有権登記の無効を裁判上請求するには，乙に対して，附属建物の所有権登記の抹消を請求すれば足り，その勝訴の判決に基づいて，甲の代位申請により主たる建物から附属建物を分割した上で，単独で，乙の所有権の登記の抹消を申請すべきであるとしています（関連先例）。

(3)　表題登記の抹消登記又は滅失登記

　上記(1)及び(2)のように，表題登記や分筆登記については，私人間における表示に関する登記請求権を肯定する必要性は認められません。それでは，権利者が，所有権や抵当権等の物権に基づく妨害排除請求として，自己の権利の完全な享受又は行使を妨げている他人名義の表題登記の抹消登記又は滅失登記を請求することについては，どうでしょうか。

　この点について，判例は，旧建物が相当以前に取り壊されたにもかかわらず登記だけが残存しているため，その敷地上の新建物について所有権の保存の登記を経由していた新建物の所有者が，旧建物の所有者に対して，旧建物の滅失登記手続を請求した事案について，表示に関する登記は，登記官が職権をもって調査してなすべき登記であって，新建物の所有者としては，登記官の職権発動を促す申出をすれば足り，旧建物の所有者に対し，その滅失登記手続をすべきことを請求する利益はないとしています（関連判例②）。しかしながら，この判決は，新建物について既に所有権の保存の登記がされ，旧建物の登記が残存していることが，原告の新建物の所有権に対する妨害となっていないことから，原告の滅失登記手続請求を排斥したものであって，表示に関する登記の抹消登記請求権を直接否定したものと考えるのは，相当ではありません。

　また，下級審では，表示に関する登記請求権について，消極に解するものもありますが（関連判例③），これを肯定するものが多数を占めています（建物の滅失登記請求について関連判例④）。さらに，平成5年法律第22号による不動産登記法の改正前における建物合体登記の取

扱いに関し，建物の根抵当権者は，当該根抵当権に基づく妨害排除請求として，建物の表題登記の抹消登記手続，及び滅失登記の抹消登記（滅失登記がされた建物の回復の登記）を請求することができるとしています（関連判例⑤）。

関連判例

①東京地裁昭和31年3月22日判決（下民集7巻3号726頁）

「1筆の土地の一部について所有権の譲渡が行われた場合において，その部分について分筆登記の申請をなし得るのは当該土地の登記簿上の所有名義人のみであって（不動産登記法第79条），譲受人において分筆登記をするためには，登記名義人に代位して登記申請をする外なく（同法第46条の2），譲受人自身としては分筆に関する登記請求権を有するものではないのである。」

②最高裁昭和45年7月16日第一小法廷判決（判例時報605号64頁）

「原審の確定した事実関係のもとにおいては，上告人が被上告人に対し，第一審判決末尾添付の第2物件目録記載の建物（以下旧建物という。）の滅失登記手続をなすべきことを請求しえない旨の原審の判断は正当であって，所論の違法は認められず，論旨は採用しえない。〔なお，原審の確定した事実関係によれば，旧建物は，昭和9年はじめ頃上告人によって取りこわされて滅失し，すでに存在せず，同じ土地上に建築されている第一審判決添付の第1物件目録(2)記載の建物（以下新建物という。）とは同一性がない（しかも，新建物については，すでに上告人名義の保存登記が了されている。）というのであるから，旧建物についてされている登記については，滅失の登記がなされるべきである。しかし，この登記は，建物の表示に関する登記であるから，不動産登記法25条ノ2に基づき登記官が職権をもって調査してなすべき登記である（同法93条ノ6は，建物が滅失した場合に，一定の者に対して登記官の職権の発動を促す申請をすることを義務づけた規定であるが，この規定があることによ

6　　第1節　総　論

り，他の利害関係人の職権の発動を促す申出を否定する趣旨ではない。）。したがって，本件事案においては，上告人が被上告人に対してその滅失登記手続をなすべきことを訴求する利益はないというべきである。〕」

③東京地裁昭和60年7月26日判決（判例時報1219号90頁）

「不動産登記法上，表示登記は元来が登記官の職権で行うよう定められており，表示登記の存在により，当該表示に係る不動産の所有権の行使が妨げられており，かつ，表示登記の抹消が職権の発動を促す方法によっては困難である等の特段の事情があれば格別，そうでない限り私人間において表示登記の抹消登記請求権を認める必要はないというべきである。」

④福島地裁昭和46年3月11日判決（下民集22巻3・4号248頁）

「本件においては，同一敷地上の本件(1)建物と本件(2)建物との同一性が争われ，登記官において本件(1)建物についての滅失登記をなすことを躊躇するおそれがあり，そのため本件(2)建物の保存登記をなしえない事案であることがうかがわれるから，被告に対して滅失登記申請手続を求める原告の請求は訴えの利益があると解するのが相当である。」

⑤最高裁平成6年5月12日第一小法廷判決（民集48巻4号1005頁）

「登記された甲建物について，滅失の事実がないのにその旨の登記がされて登記用紙が閉鎖された場合には，甲建物に設定され，その旨の登記を経由していた根抵当権が登記簿上公示されないこととなるから，右滅失の登記は根抵当権に対する妨害となっているといわなければならない。そして，更に右建物につき別の乙建物として表示の登記及び所有権保存登記がされている場合には，直ちに右滅失の登記の抹消登記の申請をしても，その抹消登記によって甲建物の表示の登記及び所有権保存登記が回復すれば，それらの登記と乙建物としてされた表示の登記及び所有権保存登記とが併存することとなっていわゆる二重登記となるため，右の申請は却下されることとなるのであるから，乙建物の表示の登記及

び所有権保存登記も，根抵当権に対する妨害となっているということができる。したがって，登記された甲建物について，滅失の事実がないのにその旨の登記がされて登記用紙が閉鎖された結果，甲建物に設定されていた根抵当権設定登記が登記簿上公示されないこととなり，更に右建物につき別の乙建物として表示の登記及び所有権保存登記がされている場合には，根抵当権者は，根抵当権に基づく妨害排除請求として，乙建物の所有名義人に対し，乙建物の表示の登記及び所有権保存登記の抹消登記手続を，甲建物の所有名義人であった者に対し，甲建物の滅失の登記の抹消登記手続をそれぞれ請求することができるものというべきである。」

関連先例

登記事務の取り扱いについて

（昭和 41 年 8 月 16 日発第 392 ― 5 号第 2 東京弁護士会長照会
昭和 41 年 12 月 13 日民事甲第 3400 号民事局長回答）

▌照会

　今般当会所属弁護士奥平甲子より弁護士法第 23 条の 2 に基き貴職に対し別紙写しの通り調査回答を求める旨の申出書の提出がありましたので御多忙中恐縮乍ら至急ご回答お願い致し度くご依頼申し上げます。

　　　　　弁護士法第 23 条の 2 に基づく報告請求申出
　　右の件につき左記のとおり申出致しますからよろしくお願い致します。
昭和 41 年 8 月 9 日

　　　　　　　　　　　　東京都中央区八重洲 6 丁目 7 番地

　　　　　　　　　　　　　　城辺橋ビル 4 階

　　　　　　　　　　　　　　弁護士　奥平甲子　㊞

　　第 2 東京弁護士会

　　　　　御中

8　　第1節　総　論

記

一　受任している事件の内容

(1)　依頼者甲は江東区亀戸町9丁目323番地に木造瓦葺2階建事務所兼居
　　宅（以下本件建物と略称する）を昭和35年4月に建築を完成し（原始取
　　得し）同年5月保存登記を了えた。

(2)　ところが，本件建物酷似の建物が，乙によって昭和34年12月11日付
　　で同所同番地所在工場の附属建物として乙名義で保存登記されている。

(3)　右(1)記載の甲名義で保存登記されている本件建物と(2)記載の乙名義の
　　建物とが同一であるか否かについては，床面積が1階2階とも2合違う
　　のみで他は全く同一であり殆んど疑問の余地のないものである。

　　　即ち，(イ)所在地が全く同一である。(ロ)構造，種類が全く同一である。
　　(ハ)周辺に(2)記載の建物に該当するものは全くない。(ニ)(2)の建物につき乙
　　と代物弁済予約をなし，その後予約完結の意思表示をなし所有権を取得
　　したと称する丙も(2)の附属建物が本件建物を指す旨主張して甲に対し明
　　渡を求めている。以上の情況からして，(2)記載の附属建物も本件建物を
　　表示しているものと認めざるを得ない。

(4)　ところで本件建物は前掲(1)記載のとおり甲が昭和35年4月原始取得し
　　たもので，(イ)もともと所有者が異なつているし，(ロ)構造上からも(2)記載
　　の工場の附属建物ではないので，(2)記載の登記簿の表題部附属建物表示
　　欄の表示抹消の請求訴訟を提起する予定である。

二　照会先　法務省民事局

三　照会事項　ところで前掲一(2)記載の建物登記簿には，丙名義の代物弁
　　済予約に基づく所有権移転請求権保全の仮登記，及び，抵当権設定登記
　　の他，丁名義の抵当権設定登記，及び，賃借権設定仮登記，戊名義の賃
　　借権設定登記等多数の他物権記載があるが，甲が将来登記簿表題部のう
　　ち附属建物の抹消訴訟で勝訴判決を得て，所轄東京法務局墨田出張所に
　　対し，有効なる抹消登記手続をなし得るためには登記簿上の所有者乙の
　　みを被告とすれば足りるか，それとも所謂利害関係人として丙丁戊等す
　　べての登記簿に記載された権利者全部を被告としなければならないか，
　　そのいずれであるか御教示願いたく照会する。

四　照会理由　1個の建物につき，表示部分全体が同一の登記が2つ存す

表示登記請求権　　9

るときは，表題部全部の抹消であるから，登記簿上の所有名義人乙のみ
を被告とした勝訴判決を以て足るとした先例がある由承っているが，本
件は表題の一部のみの抹消であるので，必らずしも右と全く同一には論
じられないと思料されるので，念のため主務官庁たる法務省民事局の見
解を承り，万全を期したき所存である。

▌回答

本年8月16日付発第392—5号をもって照会のあった標記の件につい
ては，次のとおり回答します。

記

所問の場合は，乙に対し附属建物について所有権の登記の抹消を請求
し，その勝訴の判決に基づいて，主たる建物から附属建物を分割し，所有
権の登記を抹消すべきものと考える。なお，右の抹消の登記をするについ
ては，登記簿上右の附属建物について権利の有する丙，丁，戊等の承諾書
又はこれらの者に対抗することができる裁判の謄本が必要である。

▌関連質疑

表実第4巻23頁　問8

「未登記建物の所有権を移転した後に原始取得者から表題登記を申請す
ることの可否」

第**2**節

各　論

第1　建物の表題登記　11

第1　建物の表題登記

1　建物としての要件

2　家屋台帳事務の取扱について

（昭和 30 年 2 月 9 日登第 279 号横浜地方法務局長照会
昭和 30 年 4 月 9 日民事甲第 694 号民事局長回答）

▍照会

　外壁の形体が観音像をなしたる建造物（鉄筋コンクリート造）の内部に
店舗及び居住の用に供せられる造作をなしたる上，家屋として家屋台帳法
第 14 条の規定による登録の申告があったが，これを家屋とみなして登録
することについては，聊か疑義がありますので何分の御指示を仰ぎ度御伺
いいたします。

　おって，本件は，東海道線大船駅西方にある観音像の形体をなしたる物
体でありますので申し添えます。

▍回答

　本年 2 月 9 日付登第 279 号をもって問合せのあった標記の件について
は，家屋台帳に登録してさしつかえないものと考える（家屋台帳事務取扱
要領第 5 参照）。

解　説

　登記能力を有する建物は，「屋根及び周壁又はこれらに類するものを有
し，土地に定着した建造物であって，その目的とする用途に供するもの」
でなければならないとされています（規則 111 条）。この規定は，家屋台帳
事務取扱要領（昭和 29 年 6 月 30 日民事甲第 1321 号民事局長通達）の第 5
「家屋認定の基準」（後掲の参考参照）から引き継がれたものであり，その

12 第2節 各 論

具体的な要件は，次のとおりです。

　まず第1に，建物は，その用途に見合った生活空間を確保するために，建物の内部に外気が自由に出入りすることを防止するための屋根及び周壁等を有していることが必要であるとされています。これは，外気分断性と呼ばれます。

　第2に，建物は，土地の建造物であり，物理的に土地に定着している必要があります。これは，定着性と呼ばれています。

　第3に，建物は，一定の用途のために人工的に作られるものであり，その用途に供する一定規模の生活空間が確保されている必要があります。これは，用途性と呼ばれています。

　更には，法文上明確な規定がないことから，反対説もありますが，不動産に係る登記制度が，取引の安全と円滑に資することを目的（法1条参照）としている以上，その対象となるものは，それ自体が独立して不動産としての取引性を有しているものでなければならないとする要件を挙げる見解もあります。これは，取引性と呼ばれています。

　本件は，東海道線大船駅西方にある観音像の形体をした物体について，当時の家屋台帳事務取扱要領に規定する建物に該当するとして取り扱って差し支えないかどうかについて照会されたものであり，観音像という形体ではあるものの，屋根及び周壁等を有し，鉄筋コンクリート造という堅固な建造物であること，また，その内部が，店舗及び居住という用途に供されるだけの生活空間が確保されていることから，上記の建物としての具体的な要件を充たしていると解され，建物と認定して差し支えないとされたものと考えられます。

　なお，登記能力を有する建物は，必ずしも完成した状態にある建物にある必要はなく，床や天井を具えていなくても，屋根及び周壁を有し，土地に定着した1個の建物であって，その目的とする使用に適当な構成部分を具えていれば足りることから，防空壕も建物として登記することができるとする先例があります（関連先例）。

参考

家屋台帳事務取扱要領（昭和 29 年 6 月 30 日民事甲第 1321 号民事局長通達）
第 5（家屋認定の基準）

1　家屋とは，屋根及び周壁を有し，土地に定着した建造物であって，
その目的とする用途に供し得る状態にあるものをいう。

2　家屋であるかどうかを定め難い建造物については，左の例から類推
し，その利用状況等をも勘案し，適当に判定しなければならない。

　一　家屋として取り扱うもの

　　イ　停車場の乗降場及び荷物積卸場，但し，上屋を有する部分に限
る。

　　ロ　野球場，競馬場の観覧席，但し，屋根の設備のある部分に限る。

　　ハ　ガード下を利用して築造した倉庫，店舗等の建物

　　ニ　地下停車場及び地下街の建物

　二　家屋として取り扱わないもの

　　イ　瓦斯タンク，石油タンク，給水タンク

　　ロ　機械上に建設したもの，但し，地上に基脚を有し，又は支柱を
施したものを除く。

　　ハ　浮船を利用したもの，但し，固定しているものを除く。

関連先例

（昭和 24 年 1 月 29 日蔵管外第 42 号大蔵省管理局長問合
昭和 24 年 2 月 22 日民事甲第 240 号民事局長回答）

　別紙のような昭和 24 年 1 月 14 日附覚書（SCAPIN6112 ― A ／ 3）によっ
て旧ドイツ大使館所有の不動産について，その所有権をドイツ在外財産委
員会に移転し，ドイツ在外財産委員会の名義に登記すべきことを指令せら
れたのであるが，現在空爆により破損崩壊（外廓はあるが屋根，床板等はな
い）している右不動産を果して不動産として取扱うべきか，或は単に動産
と見るか又不動産であるとしても不動産登記法により登記すること可能で

14   第2節 各 論

あるか承知致したく至急御意見を伺いたい。
　　　　　　記
　旧ドイツ大使館所在地
　　千代田区麹町永田町1丁目14番地
　物件
　　焼ビル，防空壕（ペトン）煉瓦塀

▎回答

　不動産登記法により登記することのできる建物は，必ずしも完成した状態にある建物であることを必要とせず床天井を具えていなくても，屋根及び周壁を有し土地に定着した1箇の建物であってその目的とする使用に適当な構成部分を具備すれば足りるものと考えられるので，具体的には，当該物件の現状につき，右により御了承されたい。
右回答する。
　なお，右照会の参考資料として御通知のあった昭和24年2月10日附蔵管外2第53号書面に掲げられた物件については，前記趣旨により一応次のように考えられるので，御参考までに申し添える。
　　　　　　記
一　防空壕　建物として登記することができる。
二　焼建物　修復すれば使用可能とされている部分については，建物として登記することができる。

高架道路の路面下に設ける自動車駐車場の台帳登録及び保存登記について

(昭和35年4月13日建設省計画局長照会
昭和35年4月30日民事甲第1054号民事局長回答)

照会

　都市における自動車交通の激化に伴ない当局においては円滑な道路交通を確保するため目下自動車駐車場の整備促進を図っているが，会社，個人等が高架の道路の路面下に下記の駐車場を設置する場合における当該駐車場の家屋台帳への登録及び保存登記の可否について，緊急に解決を要する問題があるので，貴見承知いたしたい。

　　　　　　記
一，本件駐車場は，都市計画法第3条に基づく都市計画決定をうけたものである。
二，本件駐車場は，駐車場法による路外駐車場として設置され，同法第11条に規定する構造及び設備の基準に適合するものである。
三，本件駐車場の最上屋及び地上部分の柱は，道路の構造物であって駐車場設置者の所有権に属するものではないが，通常地上2層，地下2層の耐火構造で200台以上の駐車能力を有するものである。
四，なお，家屋台帳登録の際に必要とする所有権を証する書面としては，建築基準法第6条による確認通知書及び同法第7条による検査済証の掲示が可能である。

「参考条文」
都市計画法
　　第3条　都市計画，都市計画事業及毎年度執行スヘキ都市計画事業ハ都市計画審議会ノ議ヲ経テ主務大臣之ヲ決定シ内閣ノ認可ヲ受クヘシ
駐車場法
(構造及び設備の基準)
　　第11条　路外駐車場で自動車の駐車の用に供する部分の面積が500平方メートル以上であるものの構造及び設備は，建築基準法その他の法

令の規定の適用がある場合においてはそれらの法令の規定によるほか，政令で定める技術的基準によらなければならない。

▌回答

4月13日付建設計発第160号をもって照会にかかる標記の件については，積極に解すべきものと考えます。

解　説

本件は，会社，個人等が高架道路の路面下に設置する駐車場について，建物と認定して，当時の家屋台帳に登録して差し支えないかどうかについて，照会されたものです。

前掲2で解説した建物の要件である外気分断性における屋根及び周壁については，「これらに類するもの」でも差し支えないとされています。すなわち，屋根及び周壁は，他の工作物の構造を利用しているものであっても差し支えないと解されます。そこで，高架道路の路面下に設けられた自動車駐車場は，高架（高速）道路を屋根としていると認めることができます。

また，本件照会に係る駐車場は，地上2層，地下2層の耐火構造で200台以上の駐車能力を有していることから，その用途性も認めることができると解され，更には，建物の表題登記を申請するに当たって，所有権を証する情報として，建築基準法6条による確認通知書及び同法7条による検査済証（準則87条1項参照）を提供することが可能であるとされていることから，建物に該当すると認定して家屋台帳に登録した上で，保存登記を申請することができるとされたものと考えられます。

地下街建物の表示登記の取扱いについて

(昭和51年11月22日登第385号福岡法務局民事行政部長照会
昭和51年12月24日民三第6472号民事第三課長回答)

照会

　福岡地下街開発株式会社(福岡市中央区天神1丁目12番14号)から都市計画事業にもとづく地下街建物の表示登記の取扱いに関し,公共地下歩道部分(面積7508.35平方メートル)を含み,地下建造物全部を1個独立の建物として登記できないかとの事前相談を受けましたが,実地調査のうえ種々検討の結果,公共地下歩道を建物の一部として認定するのは左記の理由により妥当でないと考えますが,いかがでしょうか。

　もし,公共地下歩道を含めて1個の建物として認定できるとした場合,別紙図面㈠(イ)(ロ)(ハ)の部分については隣接ビルの壁及びシャッターを利用し,本件建物には周壁等は存しないが,その手前の柱の線によって床面積を定め独立建物(区分建物としない)としてよろしいか。

　本件事案については,融資の関係上遅くとも本年12月中旬までには建物表示,所有権保存及び抵当権設定の各登記を完了したい意向もあり,目下差し迫った事実でもありますので,至急何分のご指示を賜わりたくお伺いいたします。

　　　　　記
一　認定不相当の理由
　1　本件地下街は,別紙㈡のとおり福岡市の道路占用許可を得て,昭和48年6月25日付で都市計画法第59条第4項による福岡県知事の認可を受け都市計画事業の一環として建設されたものである。
　2　この地下街は,別紙建物図面㈢のとおり公道の地下に南北に位置し,その規模は幅43メートル,長さ360メートルの地下3階建で,本年9月10日に開業し,現在に至っているものである。
　3　構造は鉄骨鉄筋コンクリート造,一部鉄筋コンクリート造で別紙断面図㈣のとおり地下1階部分は地下街(店舗)及び公共地下歩道,地

下２階部分は駐車場，地下３階部分は機械室（1,325.40平方メートル）となっている。

4　ところで，公共地下歩道は別紙平面図㈤のとおりであるが，都市計画事業により特殊街路（都市計画道路）として認定されているものは桃色着色の部分である。しかしながら，この特殊街路は道路法による道路ではなく，また，維持管理の問題もあり今後市道として認定される予定にもなっていない。

5　この公共地下歩道は道路占用許可の条件によると，原則として全時間通行の用に供するものとされているが，防犯上及び防災上の目的から当分の間は建築主（福岡地下街開発株式会社）の維持管理上の事由により開放時間を午前７時から午後11時までとし，地上の公道にはもちろん，交通機関，デパートその他の商業店舗への連絡が図られている。

6　なお，別紙平面図㈤表示の中央広場の真下に当る地下２階部分には，本件地下街におおよそ直交する形で，東西に地下鉄が立体交差する計画のもとに目下その工事が進行中である。

7　そのため，いずれ近い将来にはさらに，地下１階部分の中央広場の東，西の壁を取りこわし，地下鉄停車場への連絡が図られる予定である。

8　したがって，現在駐車場として利用されている地下２階部分は中央広場の真下の部分のみ今後は地下鉄用地として利用されることとなるので，現在南北吹抜けの状態にある地下２階駐車場部分は将来地下鉄用地部分により北側及び南側に分断される形となる予定である。

二　問題点

1　地下街の公共地下歩道部分を１個の建物の中の単なる通路として地下建物に含み登記できるのか否か。

2　本件地下３階部分（機械室）を階数に算入できるのか否か。

三　参考事項

1　建物の所有権を証する書面となる建築確認通知書（別紙㈥）によると，本件地下街は，福岡地下街開発株式会社の所有に属するが，公共

地下歩道部分（前記特殊街路及び店舗に附属の歩道（別紙平面図㈤黄色着色部分））は建築基準法第2条の建築物としての用途性に欠けるという理由により地下工作物との認定を受け，建築物の床面積から除かれている。

2　福岡市建築審査課及び同市都市計画課の見解によると，建物の中の通路，廊下は壁等の仕切りで自由に変更ができるが，本件地下街の公共地下歩道は特殊街路部分については都市計画事業により固定的にはり付けられたもので，店舗の増築等によりこれを自由に変更することは県の許可がない以上できないということである。

3　前記の公共地下歩道のうち，店舗に附属の歩道は都市計画事業による特殊街路ではないが，店舗設計上の必要性にもとづき任意建設されたものである。

4　別紙図面㈠及び平面図㈤図示の商業店舗松屋及びフタタならびに西鉄バスセンターと本件地下街との間にはドアー，シャッター等はもちろん，仕切りとなるものもなく，単に右店舗の出入口にシャッターがあるのみである。しかし，右店舗を除く商業店舗と地下街との間にはいずれもシャッターが取り付けられている。

5　地上の公道へ出入りする階段の中程にはすべてパイプシャッターが取り付けられている。

（編注・別紙㈠〜㈥は省略しました。）

▌回答

客月22日付け登第385号をもって照会のあった標記の件については，次のとおり取り扱うのが相当であると考える。

一　所問の公共地下歩道部分について

地下1階の床面積に算入して差し支えない。

なお，周壁の存しない部分については，当該部分の建物の柱により区画されたものとして床面積を定めるものとする。

二　地下3階部分（機械室）について

階数に算入して差し支えない。

20　第2節 各 論

解　説

1　本件照会の趣旨

　一般的に，地下街とは，公衆道路である国道，県道その他の公道の地下に，道路占有の許可を取った上で，地下歩道とそれを取り巻く事務所，店舗等が一体として建造された部分をいいます。

　本件は，当該地下街の地下1階の店舗に接する公共地下歩道部分を1個の建物の中の単なる通路として当該地下建物に含めて登記することができるか否か（問題点1），また，地下3階部分の機械室（1,325.40平方メートル）を階数に算入することができるかどうか（問題点2）について，照会されたものです。

2　問題点1について

　まず，問題点1の公共地下歩道部分の周壁の存しない部分について，照会局は，実地調査をした上で種々検討した結果，当該公共地下歩道部分は，道路法による道路ではなく，今後も市道として認定される予定にもなっていないこと等を理由として，建物の一部として認定するのは妥当でないとして照会しました。また，本件地下街建物の建築確認通知書においては，当該公共地下歩道部分は，建築物（建築基準法2条1号参照）としての用途性に欠けるという理由により，地下工作物との認定を受けており，建築物の床面積から除かれています。しかしながら，法務省民事局第三課長は，当該部分の建物の柱により区画されたものとして床面積を定めた上で，地下1階部分の床面積に算入して差し支えない，すなわち，当該公共地下歩道部分については，通路として，本件地下建物に含んで登記することができると回答しました。

　建物として登記能力を有するためには，「建物は，屋根及び周壁又はこれらに類するものを有し，土地に定着した建造物であって，その目的とする用途に供し得る状態にあるものでなければならない。」（規則111条）とされています。すなわち，建物は，一定の目的のために人工的に作られるものであり，その用途に見合った生活空間が確保されている必要があり（用途性），そのためには，建物の内部に外気が自由に出入り

することを防止するための屋根及び周壁を有している必要であります（外気分断性）。そのため，アーケード付街路（公衆用道路上に屋根覆いを施した部分）は，建物として取り扱わないものとされています（準則77条2号エ）。しかしながら，外気分断性の要件を満たすためには，必ず物理的な壁，シャッター，扉等を有していなければならないかについては，近年，それぞれの利用目的に沿って様々な構造を持った建造物が出現していることから，目的，用途から判断して，周壁のない停車場の乗降場又は荷物積卸場，野球場又は競馬場の観覧席についても，上屋又は屋根を有する部分に限り，建物として取り扱うこととされています（準則77条1号ア・イ）。

　そこで，本件地下建物にはシャッター等の周壁はありませんが，隣接するビルの壁及びシャッターを利用していることから，公共地下歩道部分の通路としての用途性を考慮した上で，外気分断性の要件を緩和して，当該公共地下歩道部分についても，本件地下建物に含んで登記することができると回答されたものと考えられます（注1）。

　また，道路占用許可の条件によれば，公共地下歩道は，原則として，全時間（24時間）通行の用に供されていなければならないとされていますが，本件の公共地下歩道については，防犯上及び防災上の目的から，地上の公道，交通機関，デパートその他の商業施設への連絡手段を確保した上で，当分の間は，建築主の維持管理上の事由により，開放時間を午前7時から午後11時までとすることとされており，営業時間中のみ通路として利用されることから，その限りにおいては外気分断性があるといえることも考慮されたものと考えられます。ただし，本件の公共地下歩道部分については，防犯上及び防災上の目的から開放時間を制限するものであって，公共地下歩道は，全時間通行の用に供されていなければならないという原則に照らせば，本件に類似する建物すべてについて，同様の回答がされるとは限らないと考えられます（注2）。

3　問題点2について

　次に，問題点2の地下3階部分の機械室（1325.40平方メートル）を階数に算入することができるかどうかという照会に対しては，階数に算入

22　第2節 各 論

して差し支えない旨の回答がされています。

　上記2で説明した建物として登記能力を有するための要件である「用途性」の有無を判断するに当たっては，それぞれの建物ごとに，その具体的な用途に見合った生活空間が確保されているか，又は用途に従った人貨滞留性を有するかについて判断されなければならないと考えられます。そこで，床面積の小さいものや天井の低いものは，人貨滞留性がないといえることから，具体的な用途を判断するまでもなく，建物として認めることはできないと考えられます。そのため，天井の高さが1.5メートル未満の地階及び屋階等（特殊階）は，階数及び床面積に算入しないものとされています（準則81条4項，82条1号）。

　一方で，建物の階段室，エレベーター室又はこれに準じるものは，床を有するものとみなして，各階の床面積に算入するものとされています（準則82条6号）。しかしながら，建物に設置されている貯水槽，階段室，機械室等が，建物の機能を維持するための附属施設として，単に機械類等を保護するために周壁が造られたものであるときは，外見的には建物の一部とみられる場合でも，それ自体が生活空間を形成しているとはいえないことから，天井の高さが1.5メートル以上ある場合であっても，これらを建物の階数及び床面積に算入することは相当でないと考えられます（注3）。

　ただし，機械室等の附属施設が，建物の内部に設置され，当該部分に一定の生活空間や人貨滞留性が認められるときは，当該部分を建物の階数に算入した上で，機械室を含めて床面積に算入するものとされています（昭和37年12月15日民事甲第3600号民事局長通達・後掲先例31参照）。

　本件照会に係る機械室は，面積が全体の約1割に及ぶ1325.40平方メートルあり，その半分を占める電気室のほかに，ボイラー室，送風機室，熱源室，油のタンク室があり，保守管理人等が自由に出入りし，簡単な事務を執ることができる構造になっていることから，前掲先例の場合と同様に人貨滞留性が認められるとして，階数に算入して差し支えないとされたものと考えられます。

　機械室については，地階部分よりも屋上に設けられている場合が多い

と考えられますが，一定の生活空間や人貨滞留性が認められるかどうか
は，具体的な機械室の状況を勘案して，登記官が個別に事実認定をする
ことになるものと考えられます。

（注1）先例解説17巻4号10頁
（注2）（注1）11頁
（注3）表実4・363頁

関連質疑

表実第4巻48頁　問17
「建物の外気分断性と用途性，経済性，定着性との関係」
表実第4巻362頁　問153
「4階の機械室と地階の貯水槽を床面積に算入することの可否」

台帳事務の取扱方について

（昭和31年3月28日日記第2773号神戸地方法務局長照会
昭和31年4月7日民事甲第755号民事局長回答）

照会

さしかかった左記事項に関し，疑義があって決し兼ねますので，至急に何分の御指示をお願いします。

　　　　記

一　公有水面埋立法第24条第1項の規定により竣工認可のあった埋立地の上に家屋を建築してその申告があった場合，右埋立地は地方自治法第7条第1項にいわゆる所属未定地で，同条第6項及び同法施行令第179条の規定による告示がない限り，その土地の所在が確定しないので，当該家屋の登録はできないと思いますが，いかがでしょうか。

二　沿岸荷役業を営む会社が，国が港湾施設として海底から海面上まで脚柱を設け桁梁及び床板でこう結した永久的な構築物「さん橋」の上に家屋を新築してその申告があった場合，右さん橋は土地上でなく海面上に存在しているので，当該家屋の登録はできないと思いますが，いかがでしょうか。

三　前各項の家屋について，もし，登録ができるとしますと，家屋の所在の表示は，家屋台帳事務取扱要領第8但し書により「何番地先」と記載してよろしいでしょうか。

回答

本年3月28日付日記第2773号で照会のあった標記の件については，次のとおりと考える。

　　　　記

一　貴見のとおり（昭和30年5月17日付民事甲第930号本職通達参照）。

二　当該さん橋の接続している土地の地先所在の家屋として登録することができる。

第1　建物の表題登記　　25

三　前各項により了承されたい。

解　説

　建物は，土地の定着物（民法86条1項）ですから，登記能力を有する建物であるためには，物理的に土地に固着していなければなりません（定着性）。そのため，「建物は，屋根及び周壁又はこれらに類するものを有し，土地に定着した建造物であって，その目的とする用途に供し得る状態にあるものでなければならない。」と規定されています（規則111条）。しかしながら，絶対的に移動が不可能な状態で土地に固着していなければならないというものではなく，当該建造物が永続性を有し，その構造，利用目的からみて，相当の長期間継続して土地に付着し移動させることなく利用するものであると認められれば，登記能力を有する建物として認めることができるものと解されます。したがって，建築工事現場の事務所や，展示用のモデルハウス等は，その外観上建物としての要件を備えているとしても，限られた期間が経過すれば撤去されることから，永続性があるものとは認められず，登記することはできないことになります（注）。

　そのため，機械上に建設した建造物（ただし，地上に基脚を有し，又は支柱を施したものを除く。），浮船を利用したもの（ただし，固定しているものを除く。）や，容易に運搬することができる切符売場又は入場券売場等は，その構造上からして，土地への定着性を欠くことから，建物として取り扱われないものとされています（準則77条2号イ・ウ・オ）。

　一方で，土地への固着は，必ずしも土地に直接付着していなくてもよいとされています。そこで，本件先例は，港湾施設として海底から海面上まで脚柱を設け桁梁及び床板でこう結した永久的な構築物「さん橋」の上に家屋を新築して，その登記申請（台帳申告）があった場合には，当該さん橋の接続している土地の地先所在の家屋として登記（登録）することができる旨回答されたものです。また，関連先例①は，さん橋上に建築された家屋が登記できるとされた趣旨は，当該さん橋の一部が字の区画の定まっている土地に施設されているからであるとして，さん橋の一部が陸地と接

26 第2節 各 論

続していることをもって，当該さん橋上の家屋が土地に固着していると解したものと考えられます。

　さらに，造船台上の移動起重機の構台の一部及び造船台隣接の溶接工事場の走行起重機の構台を利用し，移動式掩蓋を設けた工作物で，その一部に外壁を有するものは，全体を1個の家屋として取り扱ってさしつかえないとされています（関連先例②）。

　なお，現行法における建物の所在の記録方法については，建物が永久的な施設としてのさん橋の上に存する場合又は固定した浮船を利用したものである場合については，その建物から最も近い土地の地番を用い，「何番地先」のように記録するものとされています（準則88条4項）。

（注）表実4・33頁

関連先例

①公有水面埋立による所属未定地を敷地とする建物保存登記の効力等について（抄）

（昭和34年10月6日総第2588号福岡法務局長照会
　昭和34年12月26日民事甲第2982号民事局長回答）

▌照会

　左記事項について，疑義がありますので至急何分の御指示をお願いします。

　　　　　　　　記

　㈠から㈢省略

　㈣　昭和31年4月7日付民事甲第755号民事局長回答中，2項の海面
　　　上に突出した「さん橋」上に建築された家屋について，台帳に登録が
　　　できるとの趣旨は，当該「さん橋」の一部が字の区画の定まっている
　　　土地に施設されているから，登録ができるとの趣旨なるか。

第 1　建物の表題登記　27

▌回答

　昭和 34 年 10 月 6 日付総第 2588 号をもって問合せのあった標記の件について，次のように考える。
　　　　　　記
　第 4 項　貴見のとおり。

②台帳事務の取扱について
（昭和 32 年 2 月 23 日長崎地方法務局長照会
　昭和 32 年 4 月 9 日民事甲第 712 号民事局長回答）

▌照会

　左記に図示する造船台上の移動起重機の構台の一部及び造船台隣接の溶接工事場の走行起重機の構台を利用し，移動式掩蓋を設けた工作物で，その一部に外壁を有するものは，家屋としての取扱いをするかどうかに疑義がありますので，何分の御回示を願います。なお
　一　移動式掩蓋は
　　　鉄板張にして図示のように移動させ空間の部分からクレーンを以て資材の出入れをする。
　　　雨天作業には資材の出入れをする場合を除いて掩蓋する。
　二　所有者の見解は
　　1　消却資産であり，法人税の関係で東京国税局に照会したところ，消却資産としての口頭許可を得ている（本店を東京都に有する株式会社三菱造船所所有の長崎市にある工場内の物件）国税庁では証明書を出すには物件を実地検査の上でないと交付されないので未だ証明書は得ていない。
　　2　受注外国船 40 艘造船後には撤去する考えであり，近く 100,000 トン船級の造船が予定されているからこれを撤去しなければ造船台狭少のため造船ができないから早く撤去されることになる。このことは別に 3 年内で撤去の時期が到来すると考えるから特別消却資産としてもよいと思う。

三　課税庁の見解は

1　長崎県長崎税務事務所は図示のA及びEG（この部分は互に格納されない）の部分合計の床面積を有する1個の家屋として昭和31年9月末不動産取得税を賦課した。所有者との見解が合致しないまで，所有者は不本意ながらも納税した。

2　長崎市固定資産税課においては本工作物の面積は1,200坪で之を固定資産とするかどうかは昨年9月以来長崎県と所有者との見解相違で紛争が温存されていることから慎重を期しており，未決定であるが固定資産又は消却資産とするかの意見は相半ばしているように察する。諸課税庁の意見の一致を希望している模様。

3　長崎税務署の見解は固定資産又は消却資産とする両説あり，一定していないと聞く。

4　当職の意見　Aの部分の床面積に係る部分は家屋である。

その他の部分は家屋に類似し，客観的には全体を家屋として取扱うものと考える。

長崎県長崎税務事務所の見解であるA及びE，G部分を1個の家屋としたのには疑義がある。

四　写真別紙添付します。

第1 建物の表題登記　29

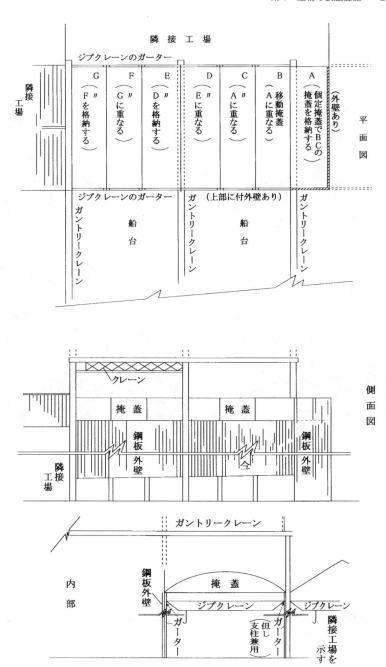

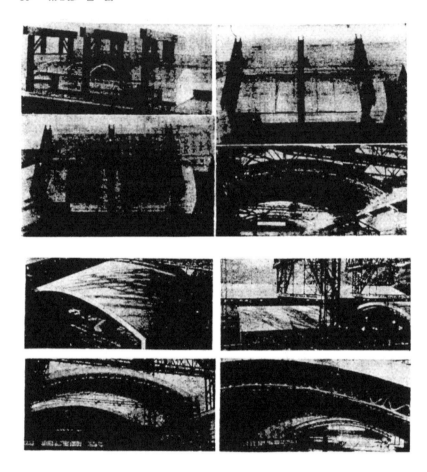

回答

　昭和32年2月23日付登第52号で問合せのあった標記の件については，所問の工作物は，全体を1個の家屋として取り扱ってさしつかえないものと考える。

関連質疑

表実第4巻32頁　問11
「登記することができる建物とはどのようなものか」

表実第 4 巻 77 頁　問 31

「海上に浮かぶ建造物を観光施設財団として登記することの可否」

建物表示登記申請の受否について

(昭和42年8月26日登第390号新潟地方法務局長照会
昭和42年9月22日民事甲第2654号民事局長電報回答)

照会

　このたび，日本電信電話公社新潟電気通信部長より別紙のとおり照会があり，右照会にかかる建造物は，不動産登記事務取扱手続準則第122条第1項により建物と認定してさしつかえないと考えますが，いささか疑義がありますので，何分のご指示を仰ぎたくお伺いします。

　なお，本件はさしかかった事件につき，電信をもって至急ご回示賜わりたくお願いいたします。

新通築第3756号
昭和42年8月16日

　　新潟地方法務局長　殿

日本電信電話公社
新潟電気通信部長
植木晋七〔印〕

　　　　　　　借地上に建設した建物の保存登記について
　残暑の候，貴職ますますご清祥のこととおよろこび申し上げます。
　平素当公社事業につきましては，格別のご協力を賜わり厚くお礼申し上げます。
　さて当公社におきましては，近年農山村電話の普及を目的として，農村集団自動電話制度を設けサービスを提供しております。
　つきましては各地に建設した電話交換所の敷地のほとんどが借地であるため，借地権の確保等を目的とし，交換所建物の保存登記を嘱託いたすこととなりましたので，添付の図面写真等をご参照のうえ，建物として認定下さるようよろしくお願い申し上げます。
　なお，認定の上は貴局管内各登記所について統一ご指導いただければ幸いです。

おって当該電話交換所の概要は下記のとおりでありますので申し添えます。

記

一　名称　農村集団自動電話交換所

二　面積　一連式　9.25 m²
　　　　　二連式　16.25 m²
　　　　　三連式　25.50 m²

三　高さ　25 m

四　重さ　一連式　5,000 kg
　　　　　二連式　10,000 kg
　　　　　三連式　15,000 kg

五　構造　鉄骨造，鉄板葺平家建，外壁，床共に鉄板内部は交換装置室及び作業準備室

六　土地への定着状況

　　交換所は鋼製 H 形パイル（高さ 25cm）にボルトでしめつけコンクリート基礎上に据付けてあり，また作業準備室の支柱はコンクリート基礎中に埋設してある。

七　機能

　　加入地域の加入者回線を収容し，交換所としてか動しているため容易に移動はできない。

(参考)

　　現在県下各所に散在して約 80 カ所建設されており，今後も増加していく見通しであります。

▌回答

本年 8 月 26 日登第 390 号で問合せのあった標記の件については，貴見のとおりと考える。

解　説

　本件は，日本電信電話株式会社（NTT・旧日本電信電話公社）が建設した農村集団自動電話交換所という建造物が，建物として登記することができるかとの照会に対して，建物として取り扱って差し支えない旨回答されたものです。

　本件においても，前掲先例5と同様に，農村集団自動電話交換所という建造物が，登記能力を有する建物であるための要件である「定着性」を有しているか否かについて，疑義が生じたものと考えられます。

　繰り返しになりますが，登記能力を有する建物であるためには，当該建物が，物理的に土地に固着していなければなりません。しかしながら，絶対的に移動が不可能な状態で土地に固着していなければならないというものではなく，当該建造物が永続性を有し，その構造，利用目的からみて，相当の長期間継続して土地に付着し移動させることなく利用するものであると認められれば，登記能力を有する建物として認めることができるものと解されます。

　本件の農村集団自動電話交換所は，鋼製パイルにボルトで締めつけコンクリート基礎上に据付けられ，作業準備室の支柱が，コンクリート基礎中に埋設されていること，また，加入地域の加入者回線を収容し，交換所として稼動しているため容易に移動はできない状況にあることから，定着性を有しているものと認められるため，建物として取り扱って差し支えないとされたものと考えられます。

関連質疑

表実第4巻32頁　問11

　「登記することができる建物とはどのようなものか」

表実第4巻61頁　問23

　「銀行の現金自動支払機を収容する建造物（3.3㎡）を登記することの可否」

建物の表示登記の取扱いについて（抄・建物の認定）

（昭和63年1月12日不登第13号大阪法務局民事行政部長照会
昭和63年3月24日民三第1826号民事第三課長回答）

照会

　西日本旅客鉄道株式会社から，「旅客鉄道株式会社及び日本貨物鉄道株式会社に関する法律」附則第6条の規定により出資を受けた建物について，その表示登記の取り扱いに関し相談を受けましたが，出資を受けた建物の大半は，鉄道事業遂行の為の施設として建築されたもので特異な名称を付した建物も多く，種類・構造の認定，床面積の算定等において通常の建物登記にみられない特異性を有しているうえ，これらの建物は，同社の営業区域である当局管区管内はもとより，広島法務局管区管内全域及び名古屋法務局管区管内の津・福井・金沢・富山局管内並びに東京法務局管区管内の長野・新潟局管内にまたがる広範囲な地域に多数所在している実情にあります。

　したがいまして，その処理に当たっては，統一した取り扱いが求められるところから，相談者から特異な建物についての資料の提出を求めるとともに，当局及び管内地方法務局の表示登記専門官が東海道本線芦屋駅・神戸駅等において実地調査を行ったその成果並びに同趣旨の相談がなされた広島法務局表示登記専門官の意見をも参考にして，今後の適正かつ，円滑な事務処理の手引きとするため，種類・構造等の認定事例集（案）を別添のとおり作成しました。

　つきましては，同認定事例集（案）で今後当局管区管内における統一した事務処理を行いたいと思料いたしますが，別紙資料（省略）のとおり，近く当局管区管内全域にわたって建物の表示登記の申請が予定される状況にあり，他局管内法務局・地方法務局に与える影響も大きいことから，何分のご指示を願いたく照会します。

（別紙）
西日本旅客鉄道株式会社所有建物の種類・構造等の認定事例集（案）

36   第2節 各 論

第1. 建物の認定

1. 建物として登記できるもの

	建 物 の 用 途	種 類	備 考
1	ホーム上の建物		
	詰所、待合室等	待合所	写真（①）参照
		停車場又は待合所	写真（②）参照
2	危険品庫	倉庫	写真（③）参照
3	高架下の建物	作業場	写真（④）参照
	高架線構造物の下部に土地を定着す		
	る基礎、壁等を設けて室形態を構成		
	したもの		

2. 建物として登記できないもの

	建物の用途	備考（理由等）
1	上屋を有するホーム上の建物	写真（⑤）参照
	詰所、物置等	停車場の一部とみなされる
		停車場に占める床面積が大のときは種
		類を併記する。
2	自転車置場、自動車庫等	図（⑥）参照
		写真（⑦）参照
3	踏切詰所	電話ボックス等と同程度の床面積のも
		のは建物性がないものと考える。
4	こ線橋	一般的には「外気分断性」「用途性」に
		問題あり、写真（⑧）参照
		「建物の床面積」の項参照
5	地下通路	写真（⑨）参照
		（こ線橋と同義）
6	天井の高さが1.5メートル未満の物置、	
	倉庫等	

建物として登記できるもの
　写真①　ホーム上の建物

　　種　類　待合所
　　床面積　柱又は壁の中心線で囲まれた部分

　写真②　ホーム上の建物

　　種　類　停車場又は待合所
　　床面積　停車場の場合は上屋を有する部分
　　　　　　待合所の場合は、柱又は周壁の中心線で囲まれた部分
　　㊟　「上屋」とは、屋根を主体とし、その下部が、ほとんど柱
　　　のみで構成されている部屋の構成を有しない建物をいう。

写真③　危険品庫

種　類　倉庫
床面積　壁（ブロック）の中心線で取り囲まれた部分

写真④　作業所（荷扱場）

種　類　作業場
床面積　シャッター部分については、シャッター心で囲まれた部分。壁構造部分については、壁の中心線で囲まれた部分（図⑯参照）
構　造　陸屋根（高架を屋根として利用している場合は、「ガード下平家建」と表示する）

建物として登記できないもの
　写真⑤　上屋を有するホーム上の建物

ホーム上の詰所

ホーム階段下の物置

図⑥　自転車置場・自動車庫等

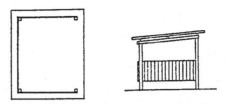

三面腰壁等により囲まれた開放型の構造

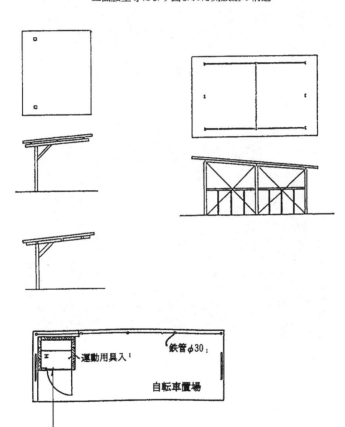

開放型自転車置場は、一般的には登記できないと考えるが、その内部に物置がある場合、永続性、取引性が認められ、相当の床面積を有する場合は、物置部分についてのみ登記も可能と認められる。

写真⑦

二面開放型構造

写真⑧　こ線橋

単なる渡廊下的な性格のこ線橋については、「外気分断性」「人貨滞留性」にも欠けることから、建物とは認

写真⑨　地下通路

地下道部分
㊟　上屋を有するホーム端までは、停車場部分の床面積に算入する。

回答

　本年1月12日付け不登第13号をもって照会のあった標記については、貴見によって取り扱って差し支えないものと考えます。

44　第2節 各 論

解　説

　日本国有鉄道は，会社を設立するに際し，会社に対し，その財産を出資するものとされています（旅客鉄道株式会社及び日本貨物鉄道株式会社に関する法律（昭和61年法律第88号）附則第6条）。

　本件は，出資を受けた建物の多くが，鉄道事業を遂行するための施設として建築されたものであり，一般の建物とは異なる特異性を有し，また，各地に広く所在していることから，その表示登記の取扱いを統一するため，西日本旅客鉄道株式会社（JR西日本）が，上記法律の規定により出資を受けた建物について，登記することができる建物であるかどうか照会及び回答がされたものです（注）。

　具体的には，建物として登記できるものとして，ホーム上の詰所，待合室等（種類は「待合所又は停車場」），危険品庫（種類は「倉庫」），高架線構造物の下部に定着する基礎，壁等を設けて室形態を構成しているもの（種類は，例えば「作業場」）が掲げられています。

　一方，建物として登記できないものとして，上屋を有するホーム上の建物ではあるが停車場の一部とみなされる「詰所，物置等」，「自転車置場，車庫等」，電話ボックス等と同程度の床面積しかない「踏切詰所」，外気分断性や用途性に問題があると考えられる「跨線橋，地下通路」，及び天井の高さが1.5メートル未満の「物置，倉庫等」が掲げられています。

（注）有馬1・315頁

関連質疑

表実第4巻61頁　問23

　「銀行の現金自動支払機を収容する建造物（3.3 m²）を登記することの可否」

第1　建物の表題登記　　45

8　発泡ポリスチレン板（いわゆる発泡スチロール板）を主たる構成材料とし，接着剤とボルトで接合したドーム型の建造物の建物認定について

（平成 16 年 9 月 9 日不登第 684 号名古屋法務局民事行政部長照会
平成 16 年 10 月 28 日民二第 2980 号民事第二課長回答）

■照会

　　　　　建物の認定について

　標記について，金沢地方法務局長から別紙のとおり照会があり，当職としては建物と認定して差し支えなく，建物の構造を「発泡スチロール板造ドーム型平家建」とすべきと考えますが，建物の主たる構成材料が「発泡ポリスチレン板（通称発泡スチロール板）」であり，建造物の主たる構成材料としては，新たなものです。また，建物の構造として屋根の区分を「陸屋根」と同様に建造物全体の形状である「ドーム型」とする表現につき，屋根の種類の区分をその構成材料をもって表示すべしとの意見もあり，いささか疑義がありますので照会します。今後，この様な建造物が普及するものと考えられますので何分のご指示を願います。

（別紙）

　今般，○○○○○株式会社（本社　○○県○○市）から，工場で一体成型により製造された発泡スチロールパネルを接着剤とボルトで接合したドーム型建造物（別紙資料のとおり）が，建物として登記できるかとの相談を受けました。

　相談のあった発泡スチロール建材を接着剤とボルトで接合したドーム型建造物は，店舗，ホテル又は別荘等に利用することが予定されており，かつ，土地とは基礎コンクリートで建造物ごと固定されていることから土地に対する定着性も認められ，また，同建造物の建築材料については，建築基準法施行令第 36 条第 2 項第三号の規定に適合する評価を受けていることから耐久性も認められるので，建物と認定して差し支えないと考えますが，いささか疑義がありますので，照会いたします。

　なお，建物として認定した場合，建物の構造は「ドーム型発泡スチロー

46　第2節　各　論

ル板造平家建」として差し支えないか併せてご指示願います。
（性能評価書等及び資料1から3省略）

資料4
特殊な建築材料・発泡ポリスチレンの概要
●概要
　本建物の主体構造体である発泡ポリスチレンは，建築基準法上，許容
応力度及び材料強度が定められていない。
　よって，各種の試験・実験を行い，物性の把握を行っている。
　また，耐久性を確保するため，表面の保護層を確実なものとすること
や，完成後の維持管理を十分に行う必要があるので，発泡ポリスチレン
ドームコテージ工事仕様書を定め，品質の確保に努める。
●許容応力度等の物性を定める方針について
　発泡ポリスチレンの許容応力度等の物性を以下の方針により定めてい
る。
　発泡ポリスチレンが，長期にわたって荷重を受ける場合の圧縮強度
は，クリープによる影響も考慮に入れる必要があり，繰り返し荷重を受
ける場合は，弾性限界を超えないような設計荷重とする必要がある。
又，温度による影響も考慮に入れる必要がある。
　各許容応力度の設定時には，各物性試験結果の中でも，70℃の雰囲気
中の結果を基準とする。
　短期圧縮許容応力度はそれの20％程度の安全を見込んだ値以下に設
定した。
　短期許容引張応力度については，変位量1％，短期許容曲げ応力度に
ついては，単純梁のケースで中央たわみ1/250変形時を弾性限界として
決めた。
　さらに，長期については，それらの1/1.5とした。
　70℃に注目して決定したのは，夏季日照による熱の影響により，最外
表面温度が67.4℃になることが予想されるのに応じたものである。
　但し，外装表面材の断熱効果により，発砲体部分の温度はそれより低

第1 建物の表題登記　47

くなると思われるが，外装材の劣化した状態でも安全であることを期待
するために採用した。

　圧縮クリープ試験を，常温と80℃雰囲気中で行い，常温において
は，短期圧縮許容応力度にほぼ等しい荷重状態で4500時間（約6ヶ月）
を経過後0.22mm（0.44％）の変位を生じた。この変位量はきわめて微
小であり，前述の許容応力度設定の適切さを裏付けている。

●試験・実験検証一覧

　　①発泡ポリスチレンの物性試験

・クリープ試験（室温及び80℃）

・引張，圧縮，曲げ，せん断，吸水試験（室温，30℃，60℃，70℃，80℃
　かつ乾燥，吸水時）

　　①接着剤の試験

・引張，せん断試験（室温，80℃かつ乾燥，吸水時）

　　①塗装膜の試験

・付着試験（23℃，50℃，80℃のサイクル試験）

　　①実大実験

・積雪1mから3m相当の荷重による変形

・夏季日射による表面，内部の温度計測

┃回答

　本年9月9日付け不登第684号をもって照会のありました標記の件につ
いては，貴見のとおり建物として認定して差し支えないものと考えます。

　なお，建物の構造の記載については，「発泡ポリスチレン造平家建」と
するのが相当と考えます。

解　説

1　本件照会の趣旨

　本件は，発泡ポリスチレン板（いわゆる発泡スチロール板）を主たる構成
材料とし，接着剤とボルトで接合したドーム型の建造物を建物として認定

することが可能か，可能であるとした場合の建物の構造は，登記上，どのように表記すべきかについて，照会されたものです。

2 建物の認定要件

登記実務上における建物の認定要件としての判断基準は，①屋根及び周壁又はこれに類するものを有し（外気分断性），②土地に定着した建造物であって（定着性），③その目的とする用途に供し得る状態にあるもの（用途性）とされています（規則111条）。

本件の建造物については，上記の外気分断性及び用途性については特段の問題はないと考えられますが，「民法86条1項にいう土地の定着物とは，土地の構成部分ではないが土地に附着せしめられ且つその土地に永続的に附着せしめられた状態において使用されることがその物の取引上の性質であるものをいうと解すべき」であるとの判例（関連判例）があることから，不動産として認められる建物であるためには，「永続性」が必要であると解されます。本件の建造物は，主たる構成材料が発泡ポリスチレン板，いわゆる発泡スチロール板であることから，建物の構成材料としての「永続性」が問題となって，その結果，上記の「定着性」に疑義が生じたものと考えられます。

3 本件建造物の永続性についての考え方

半永久的な建造物と認められる園芸又は農耕用の温床施設は建物として取り扱われることとされていますが（準則77条1号(1)オ），温室と類似し，構造は軽量鉄骨造であるものの，屋根及び壁の仕上げが，耐用年数が概ね1年程度のビニールハウスについては，建物の「永続性」の観点から，建物とは認められないとしています（関連先例①，②）。

これに対して，本件の建造物は，土地と基礎コンクリートで固定されており，また，主たる構成材料である発泡ポリスチレン板の構造方法又は建築材料については，「建築基準法第68条の26第1項（同法第88条第1項により準用する場合を含む。）の規定に基づき，同法施行令第36条第2項第三号の規定に適合するものであることを認める。」旨の国土交通大臣の認定書が交付されていることから，建物としての「耐久性」，換言すれば永続性が認められたものと考えられます（注1）。

第1 建物の表題登記　49

　以上のことから，本件建造物については，建物の認定要件を充たしていると解されることから，建物と認定して差し支えないとされたものと考えられます。

4　本件建物の構造の表記

　次に，本件建物の構造をどのように表記するかについてですが，建物の構造は，建物の主な部分の構成材料，屋根の種類及び階数により区分して定めるものとされており，その構成材料，屋根の種類及び階数による区分については，規則114条及び準則81条によって詳細に規定されています。

　本件建物については，主な部分の構成材料を「発泡ポリスチレン」とし，階数を「平家建」とすることに問題はありませんが，屋根と壁の部分が判然と区別できないために，屋根の種類をどのように表記するかが問題になると考えられます。

　ところで，建物の構造は，当該建物を特定するための一要素として登記されるものであり，上記の規則114条においては，「……これらの区分に該当しない建物については，これに準じて定めるものとする。」と規定されていることからすれば，本件建物のように，従来想定されていなかった建築工法又は材料を用いた建物の構造は，必ずしも規則又は準則に例示された区分によって表記しなければならないものではないと考えられます。また，屋根の種類は，基本的には，その屋根の材料をもって特定，表示することになると思われるところ，壁部分と屋根部分が一体となっており，ただその区切りが判然としないドーム形状となっている本件建物について，あえて「ドーム型」等のように，屋根の形状を表示する必要性もないと考えられます（注2）。

　したがって，発泡ポリスチレン板の躯体が，屋根の機能を兼ね備えた一体型の構造である場合には，屋根の表示をするまでもないと解されることから，本件建物の構造は，「発泡ポリスチレン造平家建」とするのが相当であるとされたものと考えられます。

（注1）登研687号260頁

（注2）登研687号261頁

50　第2節 各 論

関連判例

最高裁昭和 37 年 3 月 29 日第一小法廷判決（民集 16 巻 3 号 643 頁）
「民法 86 条 1 項にいう土地の定着物とは，土地の構成部分ではないが土地に附着せしめられ且つその土地に永続的に附着せしめられた状態において使用されることがその物の取引上の性質であるものをいうと解すべきである。」

関連先例

①ビニール・ハウスに対する家屋の認定について
（昭和 36 年 9 月 25 日自治丁府発第 58 号自治省税務局府県税課長照会
　昭和 36 年 11 月 16 日民事三発第 1023 号民事第三課長回答）

▌照会

　標記について別添写のような照会があり，照会にかかる本件については家屋と解すべきであると考えられるが，若干疑義の生ずる向きもあるので，御多忙中恐縮ながら至急御検討のうえ，何分の儀御回答ありたく御依頼する。
（別紙）
　最近切花，そさい等の人口加温栽培のためビニールハウスと称する温室と類似のものが建設され，屋根及び壁の仕上についてはビニールが材質として使用され当該仕上部分についての耐用年数は概ね 1 ケ年とされているところから家屋としての認定にいささか疑義を生じましたので，御繁忙中恐縮ですが折返し御指示願います。
　　　　　記
一　ビニール・ハウスの実態
　（1）　構造　軽量鉄骨造平屋建（一部木造）
　（2）　規模　1 戸の建物はおおむね 100 坪〜150 坪程度
　（3）　材質　屋根及び壁の仕上についてはビニール張

(4) 部分別仕上状況

　　ア　基礎　　布コンクリート

　　イ　土台　　基礎軽量鉄骨の柱部分埋込み

　　ウ　小ヤ組　軽量鉄骨ただし母屋タルキ木材

　　エ　屋根　　ビニール張り

　　オ　柱　　　軽量鉄骨ただし間柱は木材

　　　　(ア)　軒高　6尺

　　　　(イ)　棟高　11.6尺

　　カ　壁　　　内，外壁の区分なくビニールの外張り

　　キ　建具　　出入口戸，窓とも枠木材ビニール張り

　　ク　付帯設備　電灯，給水設備それぞれ40コ程度

　　　　　　　　暖房設備は地上配管あり（複雑）

(5)　敷地　地目は畑

(6)　その他

　　ア　補助金の交付　新農山漁村建設総合対策要綱に基き市の補助金を
　　　　　　　　　　　交付されている。

　　イ　取得者　農事研究会園芸部（任意組合）

　　ウ　登記　　家屋の所有権保存登記をしていない。

　　エ　建築許可　建築基準法による許可を要する。

　　オ　写真の添付　外観，内部2葉添付（注写真省略）

　　カ　平面図添付

二　設問

(1)　構造，規模，材質等を総合的に判断した結果，たとえ屋根及び壁の
　　仕上材質がビニールであっても特殊な用途に応じ材質を選択している
　　にすぎず家屋でないという理由が見あたらないから家屋と認定する。

(2)　固定資産の耐用年数について木造家屋においては通常20年から30
　　年，非木造家屋においては30年から70年程度とされているが，当該
　　ビニール・ハウスの屋根及び壁仕上面は通常1ケ年程度とされ主体構
　　造部の2種以上が毎年更新される状態にあってはたとえ軽量鉄骨造の
　　骨組を有していても家屋と認定すべきではなく償却資産と解すべきで

52 第2節 各 論

ある。

▌回答

昭和36年9月25日付自治丁府発第58号をもって照会のあった標記の件については，所問の建造物を家屋として取り扱うことは相当でないと考える。

②ビニール・ハウスを家屋と認定することについて
（昭和36年10月14日日記登第342号水戸地方法務局長照会
昭和36年11月16日民事甲第2868号民事局長回答）

▌照会

左記構造のビニール・ハウスを家屋として認定してさしつかえないか，いささか疑義もありますので，お伺いいたします。

なお，当該ビニール・ハウスの写真3葉を添付いたします。

（注 写真省略）

記

一 構造 軽量鉄骨造平家建

二 規模 1棟の建坪は，おおむね100坪〜150坪程度

三 材質 屋根及び壁の仕上はビニール張

四 各部分別仕上状況

　イ 基礎 布コンクリート，モルタル仕上

　ロ 土台 基礎に軽量鉄骨の柱部分埋込み（非木造家屋の構造に同じ）

　ハ 小屋組 軽量鉄骨造り，母屋，タルキ部分は一部木材

　ニ 屋根 ビニール張り

　ホ 壁 ビニール張り

　ヘ 柱 軽量鉄骨，一部木材

　　ア 軒高 6尺

　　イ 棟高 11.6尺

　ト 建具出入口戸，窓サッシュとも木製ビニール張り

第 1 　建物の表題登記　　53

　　チ　附帯設備
　　　　電灯設備　40 灯
　　　　給水設備　40 ケ所
　　　　暖房設備　地上配管複雑なものあり
五　敷地　地目は畑
六　建築許可　建築基準法による許可を要する。

▌回答

　昭和 36 年 10 月 14 日付日記登第 342 号で問合せのあった標記の件については，所問の建造物を家屋と認定することは相当でないと考える。

関連質疑

表実第 4 巻 61 頁　問 23

　「銀行の現金自動支払機を収容する建造物（3.3 m²）を登記することの可否」

表実第 4 巻 272 頁　問 118

　「大規模なきのこ栽培施設の建物の種類」

建物の表題登記の取扱いについて

(平成19年4月13日民二第895号民事第二課長依命通知)

　標記の件について，別紙甲号のとおり日本郵政公社施設部門の長から照会があり，別紙乙号のとおり回答したので，この旨管下登記官に周知方取り計らい願います。

別紙甲号

郵施統第3034号
平成19年4月11日

　法務省民事局長　寺田逸郎　様

日本郵政公社
施設部門の長　岡田克行

　　　建物の表題登記の取扱いについて（照会）

　日本郵政公社では，全国に所在する公社名義の未登記建物の表題登記を進めているところです。

　ところで，郵便局の敷地外に，ATM（現金自動預払機）を設置する場合に，当該ATMを保護するための建造物（以下「ATMカプセル」という。）を設置することがあります。ATMカプセルは，全国各地に散在しており，その規模や形状にはさまざまなものがあることが明らかとなっています。

　現在，公社では，全国各地のATMカプセルに関する資料を収集し，機械室の有無及びその面積の大小に応じて，ATMカプセルを小型，中型，大型の三つのタイプに分類しました。いずれのタイプのATMカプセルについても，下記のとおり取り扱われている実態があり，公社としては，主たる建物として登記の対象にならないものと考えますが，このように解して差し支えないか，三つのタイプの具体的な事例について別添資料を添えて照会します。

　なお，差し支えない場合には，ご検討いただいた結果を貴管下法務局及

び地方法務局の登記官並びに日本土地家屋調査士会連合会にその周知方よろしくお願いします。

　　　　　　記

1　ATM カプセルは，ATM の保守作業のために係員が定期的に内部に立ち入ることがあるが，それ以外の目的で係員が ATM カプセル内に立ち入ることはない。

2　ATM の利用者は，ATM を利用する目的で，営業時間中，ATM カプセル内に立ち入ることができるが，各利用者の滞留時間は，ごくわずかである。

3　公社では，ATM カプセルのみを処分したり，ATM カプセルに抵当権を設定する等，ATM カプセルを独立の不動産として取引きの対象とすることはない。

4　公社では，ATM カプセルを撤去する必要が生じた場合には，ATM と ATM カプセルを同時に撤去し，ATM カプセルのみを存置することはない。

　　　　　　　　　　　　　　　　　　　　　　　　　　　　　　以上

56　第2節　各論

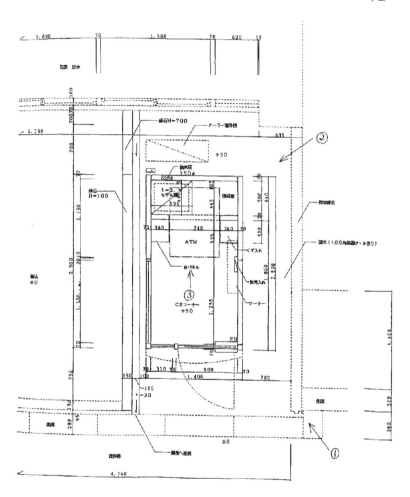

平面図　1／20

第1 建物の表題登記　　57

小型

①

②

小型

③

58　第2節 各 論

中型

①

②

60　第2節　各　論

③

④

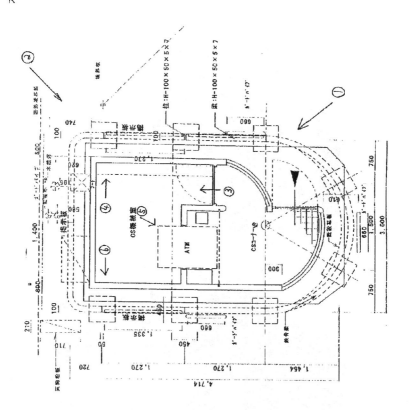

62　第2節　各 論

大型

①

②

大型

③
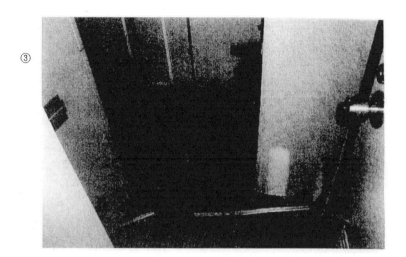

④

64　第2節　各　論

大型

⑤
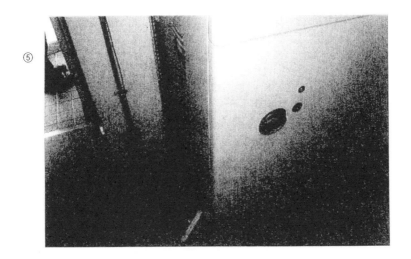

⑥

第 1　建物の表題登記　65

別紙乙号

法務省民二第 894 号

平成 19 年 4 月 13 日

日本郵政公社施設部門の長　岡田克行　殿

法務省民事局長　寺田逸郎

建物の表題登記の取扱いについて（回答）

　平成 19 年 4 月 11 日付け郵施統第 3034 号をもって照会のありました標記の件については，貴見のとおり取り扱われて差し支えないものと考えます。

　この旨法務局長及び地方法務局長並びに日本土地家屋調査士会連合会会長に通知しましたので，申し添えます。

　なお，貴公社におかれて，未登記建物の表題登記の申請をオンライン指定庁にされる場合には，可能な限りオンラインによる申請を御利用いただくようお願いします。

法務省民二第 896 号

平成 19 年 4 月 13 日

日本土地家屋調査士会連合会会長　松岡直武　殿

法務省民事局民事第二課長　小川秀樹

建物の表題登記の取扱いについて（依命通知）

　標記の件について，別紙甲号のとおり日本郵政公社施設部門の長から照会があり，別紙乙号のとおり回答しましたので，この旨を貴会員に周知方取り計らい願います。

　なお，日本郵政公社が進めている未登記建物の表題登記の申請をオンライン指定庁にされる場合には，可能な限りオンラインによる申請を御利用いただけるよう御配意願います。

解　説

1　照会の趣旨

66　第2節　各　論

　日本郵政公社の民営化前においては，郵便局舎は，固定資産税を課すことができない建物として，登記申請義務が免除されてきました（法附則9条）。しかし，民営化後は，この規定が適用されないこととなったため，日本郵政公社は，全国に所在する未登記の郵便局所有建物の表題登記の申請を一斉に行うことになりました。

　本件は，当該表題登記を申請するに際して，郵便局の敷地外に設置されているATM（現金自動預払機）を保護するための建造物であり，機械室の有無及びその面積の大小に応じて，小型，中型，大型の三つのタイプに分類される「ATMカプセル」について，主である建物として登記の対象となるかどうか照会されたものです。

　ATMカプセルとは，ATMを保護するための工作物であり，日本郵政公社では，店舗外に設置されたコンテナ型のものをATMカプセルと称しています。

2　登記能力を有する建物の要件の有無の検討

　登記能力を有する建物であるためには，「屋根及び周壁又はこれらに類するものを有し，土地に定着した建造物であって，その目的とする用途に供し得る状態にあるものでなければならない。」とされています（規則111条）。したがって，本件のATMカプセルについても，外気分断性，定着性，用途性（人貨滞留性）及び取引性の有無について検討する必要があります。

　まず，外気分断性については，本件の小型，中型，大型の三つのATMカプセルは，いずれも，屋根及び四方に壁を有し，外気が完全に分断されています。また，照会に添付された資料中の仕様概要によれば，屋根部分，壁部分及び扉部分等の接合部は，ボルト又は溶接により完全に接合されており，周壁の永続性，耐久性が認められることから，外気分断性の要件を満たしているものと考えられます。

　定着性については，三つのATMカプセルのいずれも基礎工事がされ，柱部分は，アンカーボルトで緊結され，その他の部分も溶接されて完全に土地に定着しており，建築工事現場の事務所や展示用のモデルハウス等のように，限られた期間の経過によって撤去されることが予定されてい

るものでもないことから，定着性の要件も満たしているものと考えられます。

　次に，用途性や人貨滞留性の判断に当たっては，建造物の規模，当該建造物の内部に人貨がどれだけ滞留することが予定されているかが問題になると考えられますが，料金所や電話ボックスは，人の出入りの有無に関係なく，建物としては規模が小さいものであるために，料金徴収機や電話機を囲う覆いに過ぎないとして，建物ではないと解されています。

　照会の添付資料によれば，本件の小型 ATM カプセルは，ATM の操作及びメンテナンスのために約 1.75 平方メートルの空間が確保されているのみであり，ATM の背面に人が入るスペースがないこと，また，ATM の操作者の滞留時間も 1 分程度と短く，メンテナンス作業以外の別の目的で当該空間を利用することも想定されていないことから，上記の料金所や電話ボックスと同様に，建物としての用途性は認められないものと考えられます。中型の ATM カプセルは，操作をするための約 1.38 平方メートルの空間のほかに，内部にメンテナンスのための約 0.99 平方メートルの空間があり，その内部には防犯ビデオ，分電盤，警備装置があるものの，この程度の空間では，ATM のメンテナンス以外の利用空間としての人貨滞留性を認めることはできないことから，建物としての用途性は認められないものと考えられます。大型の ATM カプセルも中型とほぼ同様の仕様ですが，内部のメンテナンスのための空間が約 1.84 平方メートルあることから，机等を設置することにより物置又は倉庫として利用することも可能であると考えられます。しかしながら，実際は，単に防犯ビデオの装置等が置いてあるだけであることから，他に利用する可能性のみをもって，建物としての用途性を認めることは相当でないと考えられます。

　取引性を登記能力を有する建物の要件とすることについては，反対説もありますが，不動産登記制度が取引の安全と円滑を図る制度である以上，その対象となるものは，それ自体が独立して不動産としての取引性の認められるものであることが必要であると解されます。本件の ATM カプセルは，それのみを処分したり，これに抵当権を設定する等，独立の不動産として取引の対象とすることはないとされています。また，ATM カプセ

68　第2節 各 論

ルを撤去する必要が生じた場合には，ATM と ATM カプセルを同時に撤去し，ATM カプセルのみを存置することはないとされています。したがって，本件の ATM カプセルについては，建物としての取引性は認められないものと考えられます。

以上のことから，本件照会に係る ATM カプセルは，事務所や物置としての用途性を有していないものであり，料金所や電話ボックスと同様に，ATM を囲む覆いに過ぎないと解されることから，主である建物として取り扱うことはできないと回答されたものと考えられます。

なお，都市部に存在する ATM が複数台設置されているものや，利用者の操作待ちのためのスペースが大きい ATM カプセルについては，本件照会・回答を類推して適用することは相当でなく，当該 ATM カプセルの規模や利用状況等を勘案した上で，登記官が，個別に建物認定を行うべきであると考えられます（注1）。

3　附属建物として登記することの可否

上記のとおり，本件照会・回答は，本件の ATM カプセルの規模があまりにも小さいために，主である建物として登記することは認められないとしたものであり，これを附属建物として登記することまでも否定したものではありません。

附属建物があるときは，これを主である建物と併せて1個の建物として登記するものとされています（法44条1項5号参照）。すなわち，効用上一体として利用される状態にある数棟の建物は，所有者の意思に反しない限り，1個の建物として取り扱うものとされています（準則78条1項）。そして，附属建物が登記されている主である建物のみが滅失したときは，原則として，附属建物を主である建物とする変更の登記をすることになります。

一方，母屋と同一の敷地又は近接地に，母屋とは別に建てられた便所，物置，浴室等は，母屋とは別棟であっても，効用としては母屋の構成部分となっているのと同様であり，母屋の存在を前提として，その効用を助けるためにのみ存在する従属的附属建物として，所有者の意思によって登記の対象とされます。この従属的附属建物は，それだけで独立した1個の建

物として観念されることはなく，常に附属建物としてのみ存在するものであるといえます。したがって，附属建物が従属的附属建物のみである場合に，主である建物が滅失したときは，当該従属的附属建物を主である建物に変更する登記をすることは認められず，この場合には，当該従属的附属建物も含めて滅失の登記をすることになります。

　以上のことから，本件ATMカプセルは，日本郵政公社の意思に基づいて，従属的附属建物として登記することについては，何らの問題もないと考えられ，本件回答も当該登記をすることまで否定しているものではありません。そして，上記のとおり，本件ATMカプセルが附属建物として登記されている主である建物が滅失したときは，当該附属建物も含めて滅失の登記がされることになることから，本件ATMカプセルを主である建物に変更する登記がされることはなく，本件照会・回答の趣旨にも反しないといえます。

　なお，本件ATMカプセルを附属建物として登記する場合における建物の種類は，例えば「機械室」とすることが考えられます（注2）。

（注1）表実4・63頁
（注2）登記研究717号71頁

関連質疑

表実第4巻32頁　問11
　「登記することができる建物とはどのようなものか」

70   第2節 各 論

2 特殊な建物

10 セメント貯蔵用サイロを建物として取り扱うことの可否について

（昭和 37 年 4 月 18 日札登第 63 号札幌法務局長照会
　昭和 37 年 6 月 12 日民事甲第 1487 号民事局長回答）

▮照会

　別紙資料掲載のセメント貯蔵用サイロは，通常人の出入を必要としない構造であるから，不動産登記法（旧家屋台帳法）上建物として取り扱うことができないものと解されますが，なお，疑義がありますので，至急何分の御指示を賜わりたくお伺いいたします。

　別紙

　　　　　　セメント貯蔵用サイロの概要

一　別添写真並びに図面に示すサイロ

　　1　構造　　鉄筋コンクリート造

　　2　床面積　183 平方メートル 30

　　3　階高　　22 メートル 80

　　4　容量　　5,000 屯

　　5　個数　　3 基列立

　　6　使用目的および機能的構造

　　　セメントをバラ詰めのまま何等の加工を施すことなく貯蔵し，必要に応じ隣接の包装工場に送り包装する目的で建築され，防湿，防塵の必要性から全閉構造を採り，円筒型側壁，ドーム状天蓋をもつ無柱無梁の鉄筋コンクリート造りであり，別添写真及び図面に示すとおり，エレベーター（参考写真一㈹）でセメントを搬上し，サイロ上部に建造するベルトコンベヤー（参考写真二㈹）にてセメントを各サイロに投入し，サイロの底部（参考写真二㈨）抽出孔（60糎×30 糎×3 個）から必要量のセメントをとり出し包装工場へコンベヤーによって送出されるものである。従って階段，換気および明

第1　建物の表題登記　　71

取用窓，通常出入口等の設備はなく，サイロ上部には投入口2個，
容量測定孔（30糎の円型）1個があるのみである。
〔参考写真省略〕

回答

　昭和37年4月18日付札登第63号で問合せのあった標記の件について
は，所問の建造物は，建物として取り扱うのを相当と考える。

解　説

1　建物の定着性

　建物は，土地の定着物として不動産とされるもの（民法86条1項）です
から，物理的に土地と一体として固着していなければなりませんが（定着
性），この固着の程度は，物理的に絶対に動かすことができない状態にあ
るものでなければならないというものではなく，定着性の有無を物理的な
固着の度合いによってのみ判断することは，相当ではありません。すなわ
ち，登記能力を有する建物としての要件である定着性については，物理的
な土地への固着の状態のみならず，当該建造物の構造，利用目的からみ
て，特定の土地に継続的に，かつ相当の長期間付着し，簡単に移動させる
ことのないものとして作られたものであるかどうかといった点も勘案して
判断することになります。

　そこで，判例は，石油タンクについて，「本件タンクは，地上に置かれ
るものとして設計，製作されたものであっても，一定の土地の上に永続的
に固着せしめることによってはじめてその効用を発揮するものとして作ら
れたわけのものではなく，また，土地に対する状態は，地上に附置されて
いるに過ぎず，特別の基礎工事により土地に固着されたものではないか
ら，未だもってそれが土地に附着しているものとは，認め難く，従って，
本件タンクは民法86条にいう土地の定着物には該当せず」と判示してい
ます（関連判例）。

　また，登記実務の取扱いにおいても，ガスタンク，石油タンク又は給水

タンクは，建物として取り扱わないものとされています（準則77条2号
ア）。

2 本件照会の趣旨

　本件は，通常，人の出入りを必要としない構造となっている「セメント
貯蔵用サイロ」について，不動産登記法上の建物として取り扱うことはで
きないのではないかとして，照会されたものです。

　本件のセメント貯蔵用サイロは，上記1の登記実務上建物として取り扱
われていない石油タンク等と外観が類似していること，また，石油タンク
は地上に附置されているに過ぎないものであり，土地に附着しているもの
とは認め難いとされているのと同様に，本件セメント貯蔵用サイロについ
ても，単にサイロという容器を地上に置いたものに過ぎないと解されるこ
とから，登記能力を有する建物として取り扱うことができるかについて，
疑義が生じたものと考えられます。

3 本件回答の趣旨

　サイロには，セメントサイロ，チップサイロ，飼料貯蔵用サイロ，穀物
類貯蔵用サイロ等多種のものが存在しますが，そのいずれもが，物資の貯
蔵を目的として建造されたものであり，その貯蔵物の搬出入の作業は，機
械によってされるのが通常であると考えられますから，その内部に人の出
入りを必要としないことは，むしろ当然のことであるといえます（注）。
すなわち，建造物の目的が住居，店舗，工場等の用に供されるものは人を
収容するためのものですから，人の出入りを要すること（人貨滞留性）は
いうまでもありません。これに対し，サイロは，上記のとおり，物資の貯
蔵が目的であり，貯蔵物の搬出入の作業が機械によって行われることに
よって，その目的を果たしていると解することができます。

　次に，本件セメント貯蔵用サイロは，防湿，防塵の必要性から全閉構造
を採用し，円筒型側壁，ドーム状天蓋を有する無柱無梁の鉄筋コンクリー
ト造であることから，登記能力を有する建物としての要件である「屋根及
び周壁又はこれらに類するものを有し」（規則111条）ていると解されます。

　さらに，上記のとおり，本件セメント貯蔵用サイロの構造は鉄筋コンク
リート造であり，床面積183・30平方メートル，階高22・80メートル，

容量5,000トンの4階ないしは5階建ての高さのビルに相当する建造物であるといえます。したがって，登記実務上建物として取り扱われない石油タンク等と外観が類似していても，本件サイロは，セメントの貯蔵用であることから，セメント工場の付帯設備として，一定の場所に置いて永久的に土地に付着した状態で使用されることを目的としており，その基礎工事により完全に土地に固着し，簡単に移動させることができないことは，明らかですから，この点において，石油タンク等とは，決定的な違いがあるものと解されます。

　以上のことから，本件セメント貯蔵用サイロについては，登記能力を有する建物としての用件である定着性を特に重視して，建物として取り扱うのが相当であると回答されたものと考えられます。

　なお，北海道特有の建造物で，鉄筋コンクリート又はブロック造，鋼板ぶきの農業経営のための家畜飼料貯蔵用サイロについても，建物として取り扱って差し支えないとされています（関連先例）。

（注）表実4・69頁

関連判例

最高裁昭和37年3月29日第一小法廷判決（民集16巻3号643頁）

　「本件タンクは，もともとドラム缶を地上に置いたようなものであって，その自重，荷重によって若干沈下したものであるから，本件タンクは，地上に置かれるものとして設計，製作されたものではあっても，一定の土地の上に永続的に固着せしめることによってはじめてその効用を発揮するものとして作られたわけのものではなく，また，その土地に対する状態は，地上に附置されているに過ぎず，特別の基礎工事により土地に固着されたものではないから，未だもってそれが土地に附着しているものとは，認め難く，従って，本件タンクは民法86条にいう土地の定着物には該当せず，前記地方税法および条例にいう不動産ではなく，これに対する本件不動産取得税の賦課処分は違法であって，取消を免れない。」

74　第2節 各 論

関連先例

家屋台帳事務取扱について
（昭和35年4月2日函法登第130号函館地方法務局長照会
　昭和35年4月15日民事甲第928号民事局長回答）

照会

　農業経営のためにする北海道特有の建造物で，鉄筋コンクリート又はブロック造，屋根は鋼板ぶきの家畜飼料貯蔵所（サイロ）を家屋として旧家屋台帳法第14条の規定による登録の申告があった場合これを家屋とみなし登録してさしつかえないものと考えられますがいささか疑義がありますので，何分の御指示をあおぎたく御伺い致します。

回答

　4月2日付函法登第130号をもって問合せのあった標記の件については，貴見のとおり取り扱ってさしつかえないものと考える。

関連質疑

表実第4巻32頁　問11
　「登記することができる建物とはどのようなものか」
表実第4巻36頁　問12
　「建物の建築工事がどの程度進めば登記できるか」
表実第4巻329頁　問139
　「建物の3階部分に階段が設置されていない場合の階数」

第1　建物の表題登記　　75

11 建物の認定について

（昭和 43 年 2 月 8 日自治府第 14 号自治省税務局府県税課長照会
　昭和 43 年 2 月 23 日民事三発第 140 号民事第三課長回答）

照会

　下記サイロについて，不動産取得税の課税上参考にいたしたいので，当該サイロが不動産登記法上建物に該当するかどうかについて御意見を賜わるようお願いします。

　なお，御多忙中まことに恐縮でありますが，本件についてはさし迫った事案でありますので至急御回答頂きますよう御配慮をお願いします。

記

1　サイロの構造

　　直経 4,820 mm，高さ 22,680 mm の鋼板製円筒形主サイロ 4 基ベビーサイロ 1 基が結合し，その下部は鋼管製の脚柱により土地に定着している。

2　サイロの用途

　　当該サイロは飼料の原料である「とうもろこし」の貯蔵を目的とし，添付写真 No.1 の示すように地上部分にある原料投入口からバケットコンベアーでサイロの上部から投入され，需要に応じ，サイロ基部（添付写真 No.4，5）よりベルトコンベアーにより加工工場に流出されている。

3　サイロの貯蔵能力

　　サイロの貯蔵能力は全部（主サイロ 4 基及びベビーサイロ 1 基）で 850 t であり，当該飼料工場の原料消化能力が 300 t であることからして，約 3 日分しか貯蔵の用をなさない。

4　サイロの外観

　　一見家屋とは全く異なり，鉄板をもって建設された貯蔵槽であり，サイロの中に人の出入はできない構造となっている。

添付書類

　ア　鋼板製円筒サイロ全体組立図　1 枚

76   第2節 各 論

イ　見積書　　　　　　　　　　1 通
ウ　耐用年数の短縮承認通知書　　1 通
エ　写真　　　　　　　　　　　12 枚
オ　会社案内　　　　　　　　　　1 冊
（添付書類省略）

回答

　本年 2 月 8 日付自治府第 14 号をもって照会のあった標記の件について
は，不動産登記法上，建物として取り扱うのを相当と考えます。

解　説

　本件は，飼料の原料である「とうもろこし」の貯蔵を目的とするサイロ
を，登記能力を有する建物として取り扱うことができるかについての照会
であり，前掲先例 10 と同様に，定着性及び外気分断性の点において，疑
義が生じたものと考えられますが，これに対する回答は，建物として取り
扱うのが相当であるとされました。

　前掲先例 10 で説明したとおり，北海道特有の建造物で，鉄筋コンク
リート又はブロック造，鋼板ぶきの農業経営のための家畜飼料貯蔵用サイ
ロ，及び防湿，防塵の必要性から全閉構造を採用し，円筒型側壁，ドーム
状天蓋を有する無柱無梁の鉄筋コンクリート造のセメント貯蔵用サイロに
ついて，建物として取り扱うことができるとされています。

　本件照会に係るサイロは，直経 4,820 mm，高さ 22,680 mm の鋼板製円
筒形主サイロ 4 基ベビーサイロ 1 基が結合し，その下部は鋼管製の脚柱に
より土地に定着していること，また，鉄板をもって建設され，サイロの中
に人の出入りはできない構造となっていることから，上記先例の場合と同
様に，一定の場所に置いて永久的に土地に付着した状態で使用されること
を目的としており，その基礎工事により完全に土地に固着されていると判
断されたものと考えられます（注）。

（注）表実 4・69 頁

関連質疑

表実第 4 巻 68 頁　問 26

　「水族館の水槽を建物として登記することの可否」

3 建物の個数

12 建物の個数の認定について

（昭和 42 年 11 月 29 日日記第 1020 号横浜地方法務局長照会
　昭和 43 年 3 月 28 日民事甲第 395 号民事局長回答）

▌照会

　別紙(1)の所有関係のある敷地に別紙(2)（鳥瞰図），別紙(3)（縦断面図）の
建物（店舗，事務所，駐車場等を含む駅ビル）を建築して図示のように A 建
物及び B 建物（B 建物は区分建物）をそれぞれ別棟の 2 個の建物として表
示登記の申請があった場合，受理してさしつかえないものと考えますが，
不動産登記事務取扱手続準則第 123 条との関係でいささか疑義もあります
ので，至急何分の御指示を仰ぎたく照会します。

　なお，参考として 2, 3 の事項をつけ加えると次のとおりです。

1. 外観上（外装）は全体として 1 棟の建物の観を呈することとなるが，
　柱等構造上は両部分独立のものとして建築する。

2. 2, 3 階については，A，B 両建物を貫いて鉄道がはいるが，その他の
　階については A，B 両建物の境界にシャッターを設備して遮断しうる状
　態とする。

3. 所有者の意思は，特に，敷地の関係を考慮して，A，B 両建物に分
　ち，B 建物についてのみ甲，乙の区分所有とすることにある。

4. 本件建物は建築主において目下設計の段階で，数年後に登記申請がな
　される予定のものであるが，本件表示登記の可否によって早急に設計図
　を確定したい意向である。なお，敷地の（1 階部分）の面積は A 建物が
　約 16,000 平方米，B 建物が約 3,500 平方米総床面積は A 建物が約
　152,000 平方米，B 建物が約 35,500 平方米となる予定である。

別紙(1)

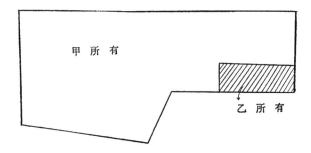

別紙(2)

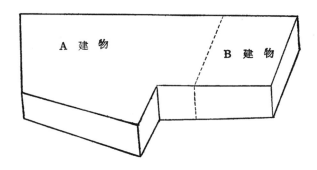

別紙(3)

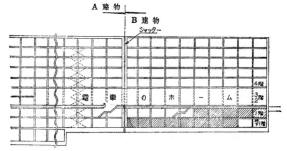

註　1　2階，3階部分はB建物及びA建物の一部を通貫して電車のホームとする。
　　2　A建物は甲の所有，B建物は区分の建物として，斜線部分を乙の所有とし
　　　その他を甲の所有とする。

80 第2節 各 論

▌回答

昭和42年11月29日付日記第1020号をもって照会のあった標記の件については，A，B両建物をそれぞれ別棟の建物として取り扱うことは相当でないと考える。

解 説

本件は，外観上（外装）は全体として1棟の建物と見受けられる地下1階付き8階建ての建物を，鉄道が貫いて入る2・3階部分（電車のホームに当たる部分）を除いて，境界にシャッターを設備して遮断する方法によりA建物とB建物（B建物は区分建物）に分けた場合において，A建物及びB建物を，それぞれ別個の2棟の2個の建物とする表題登記の申請を受理することができるかについて，照会されたものです。

登記能力を有する建物であるための要件については，「屋根及び周壁又はこれらに類するものを有し，土地に定着した建造物であって，その目的とする用途に供し得る状態にあるものでなければならない。」（規則111条）とされています。すなわち，登記能力を有する建物であるためには，外気分断性，定着性，用途性を有するものでなければなりません。

本件照会に係る建物については，外観上は全体として1棟である建物について，柱等の構造上においてA建物とB建物が独立して建築されていることを理由として，A建物とB建物を遮断するためのシャッターを設置することによって，A建物とB建物を独立した別棟の建物として取り扱うことができるのではないかと考えられたようですが，当該シャッターは，単に内気を分断するに過ぎないものであり，電車のホームに当たる2階・3階部分は，シャッターの設備もないことから，内気も分断されていないことになります（注）。

以上のことから，本件照会に対しては，A建物及びB建物をそれぞれ別棟の建物として取り扱うことは相当でないと回答されたものと考えられます。

ところで，建物は，物理的に区分された人工物ですから，事実上の1棟

を基準として，その個数を決定するのが原則であると考えられます。しかし，建物の利用上又は取引上，物理的な1棟のみが個数の絶対的な基準とされない場合もあると考えられます。

そのため，登記実務上は，効用上一体として利用される状態にある数棟の建物は，所有者の意思に反しない限り，1個の建物として取り扱うものとされています（準則78条1項）。すなわち，建物の個数の決定に当たっては，所有者の意思が重要な要素を占めることになります。しかしながら，この規定の趣旨は，いかなる場合においても所有者の意思によって建物の個数が決定されるというものではなく，当該建物について，効用上の一体性が客観的に認められないときは，所有者の意思によっても数個の建物として取り扱うことはできないとするものです。

そこで，例えば，母屋と別棟の便所，物置，浴室等は，その効用上，母屋の一部と同様であり，母屋の効用を助けるためにのみ存在する従属的附属建物と解されますから，所有者の意思に関係なく，それぞれを1個の建物とすることは認められないとするのが，登記実務における取扱いです。したがって，母屋と別棟の便所，物置，浴室等を1個の建物として登記することになります。

本件照会に係る建物については，特に，敷地の関係を考慮して，A建物及びB建物に分け，B建物についてのみ甲，乙の区分所有とするのが所有者の意思であるとのことですが，上記のとおり，本件照会に係る建物については，登記能力を有するための要件を欠くことから，所有者の意思にかかわらず，A建物及びB建物を別個の建物とすることは認められないことになります。

なお，1棟の建物の一部がシャッターで仕切られている場合には，シャッターの構成材料や設置状況のほか，当該建物の利用状況等を総合的にみて，当該部分が構造上独立しているかどうかを判断すべきであり，したがって，当該シャッターが耐久性のあるものであり，かつ，支柱が固定され，容易に移動又は取り外しができない堅固なものであり，さらに，建物の構造上，その構成部分となっていると認められる場合には，当該シャッターをもって，区分建物の要件の一つである「構造上区分されてい

82　第2節 各 論

る」という要件を満たすと考えられることから，シャッターと壁（ガラス
ドア）が設置されている場合，当該シャッターは区分建物の障壁と認めら
れ，各専有部分は区分所有権の目的とすることができるとする先例があり
ます（関連先例）。
（注）区分先例15頁

関連先例

区分建物の認定について
（昭和42年6月7日登発第136号岡山地方法務局長照会
　昭和42年9月25日民事甲第2454号民事局長回答）

▌照会

　左記の建物は「建物の区分所有等に関する法律」（昭和37年法律第69
号）の趣旨に反し，区分建物と認定するのは相当でないものと思料します
が，最近特に土地，建物の高度利用を必要とする社会情勢からして，所有
者より区分建物として認定方の要望が一般的に強く，かつ，その可否につ
き，いささか疑義もありますので，何分のご指示を賜わりたくお伺いしま
す。

　　　　　　　　記

1　店舗として使用しているA建物（鉄筋コンクリート造り以下同じ）
　に，B建物を接続して新築し，接続部分は鉄のシャッターで仕切り開店
　中はシャッターをあげて営業し，閉店後はおろす。又C建物はB建物
　より，ややはなして新築し，地下に通路を設けB，C両建物間をむすん
　でいる。（別添図面㈠参照）

　　ただし，A，B建物の屋根は同一であるが，C建物の屋根は別であ
　る。又所有者はA，B，C各相違する。

2　ビル内地下に，別添図面㈡のとおり1方，又は，2方を壁とし，2方
　又は3方を鉄のシャッターで仕切つた店舗で，営業中はシャッターをあ
　げ，閉店後はおろす。各店舗の所有者は相違する。（別添図面㈡参照）

第1　建物の表題登記　83

参照　昭和41年12月7日民事甲第3317号回答

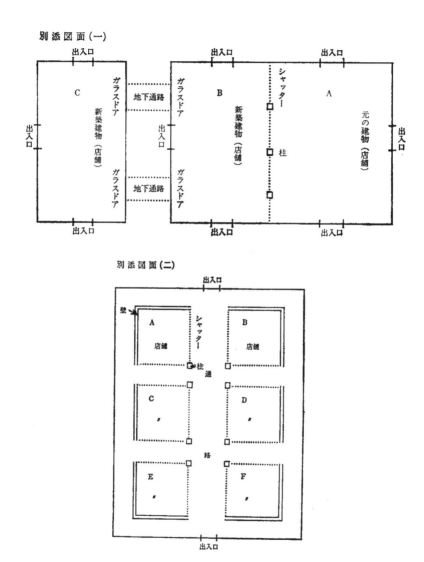

回答

　本年6月7日付登発第136号をもって照会のあった標記の件については，次のように考える。

84　第2節 各 論

　　　　　記

1項　A・B・C各建物は，区分所有権の目的となる。

2項　各店舗はそれぞれ区分所有権の目的となる。

第1 建物の表題登記　85

13 建物の個数の認定について

（昭和52年7月26日不登第437号名古屋法務局民事行政部長照会
　昭和52年10月5日民三第5113号民事第三課長回答）

▮照会

　集団的賃貸倉庫の1棟（別図参照）について附属建物新築の登記申請が
あり，調査の結果，当該建物は，既登記建物と効用上一体的な関係がない
と認められるので，右既登記建物とは別に，1個の建物として登記すべき
ものと考えますが，本件のように集団的に建築され，同一の目的に供され
る数棟の建物は，所有者の意思に反しない限り附属建物として登記すべき
ものとする反対意見もあり，いささか疑義がありますので，至急何分の御
指示をお願いします。

　（参考）

　一　本問の集団的賃貸倉庫は，臨海埋立地における流通団地の倉庫施設
　　　の賃貸を目的として建築されたものである。

　二　各棟の建物は，それぞれ内部に賃借会社の事務所を有し，屋上又は
　　　建物の側面に会社名を表示しており，各棟間には，利用上の関係はな
　　　い。

　三　1棟の建物の規模・構造は，鉄筋コンクリート造5ないし6階建，
　　　延床面積約13,000平方メートルないし15,000平方メートルである。

　四　既登記倉庫の所有権保存登記の登録免許税額は，2,760,000円であ
　　　る。

別図（次頁）

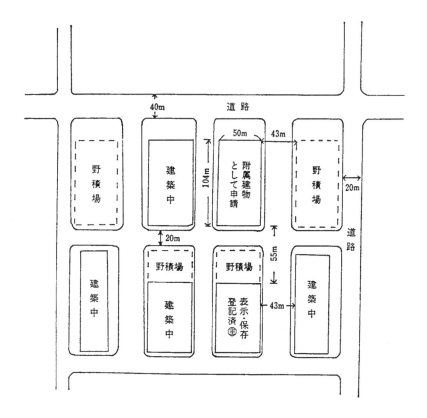

回答

　本年7月26日付け不登第437号をもって当職あて照会のあった標記の件については，所問の数棟の建物は，貴見のとおりそれぞれ独立の1個の建物として登記すべきものと考えます。

解　説

　建物は，物理的に区分された人工物ですから，事実上の1棟を基準として，その個数を決定するのが原則であると考えられます。しかし，建物の利用上又は取引上，物理的な1棟のみが個数の絶対的な基準とされない場合もあると考えられます。

そのため，登記実務上は，効用上一体として利用される状態にある数棟の建物は，所有者の意思に反しない限り，1個の建物として取り扱うものとされています（準則78条1項）。この規定の趣旨は，建物の個数の決定に当たっては，所有者の意思が重要な要素を占めるが，いかなる場合においても所有者の意思によって建物の個数が決定されるというものではなく，当該建物について，効用上の一体性が客観的に認められないときは，所有者の意思によっても数個の建物として取り扱うことはできないとするものです。

例えば，母屋と別棟の便所，物置，浴室等は，その効用上，母屋の一部と同様であり，母屋の効用を助けるためにのみ存在する従属的附属建物と解されますから，所有者の意思に関係なく，それぞれを1個の建物とすることは認められないとするのが，登記実務における取扱いです。したがって，母屋と別棟の便所，物置，浴室等を1個の建物として登記することになります。これに対して，母屋に対する離れ家，店舗に対する倉庫，工場に対する従業員用の宿舎等のように，建物相互間に主従の関係が存在するか否かが必ずしも明確でなく，かつ，各建物が独立性を有しているものについては，これらが一体として利用されることにより全体としての効用を高めていると考えられますから，このような場合の個数の決定には，所有者の意思が反映されることになるものと考えられます（注1）。

しかし，数棟の建物が，単にその利用目的を同じとするだけで，相互に効用を高めるという関係にないときは，たとえ所有者の意思によっても全体を1個の建物とすることはできないと解されます。

本件は，流通団地の倉庫施設の賃貸を目的として建築された集団的賃貸倉庫について，既存の倉庫の附属建物とする附属建物新築の登記申請がされた事案です。

本件建物は，個々に独立していて，その内部に賃借会社の事務所を有し，屋上又は建物の側面に会社名が表示されています。また，個々に独立していることから，それぞれの建物間には，利用上の関係はないとされています。したがって，当該建物は，既登記建物と効用上一体的な関係がないと認められたことから，それぞれ独立の1個の建物として登記すべきで

88　第2節　各　論

あると回答されたものです。

　なお，準則78条1項に規定する「効用上一体」とは，上記の母屋に対する離れ家，店舗に対する倉庫，工場に対する従業員用の宿舎等のように，主従の関係があって一体として利用されることにより全体としての効用を高める関係にあるものをいうのであって，本件照会に係る建物のように，集団的賃貸倉庫という目的が同一である場合をいうのではないことに注意すべきです（注2）。

（注1）有馬Ⅰ・339頁

（注2）先例解説17巻11号8頁

関連質疑

表実第4巻82頁　問33

　「建物の個数の決定と所有者の意思が反映される程度」

表実第4巻113頁　問47

　「附属建物とはどのような建物をいうのか」

表実第4巻123頁　問51

　「同一規模の数棟の賃貸倉庫のうちの1棟を主たる建物とすることの可否」

表実第4巻128頁　問53

　「木造の主たる建物（居宅）を存置し附属建物のみを取り壊した跡地に鉄筋コンクリートの居宅を建築してこれを附属建物とすることの可否」

表実第4巻130頁　問54

　「国道や河川を隔てて建築された数棟の建物を主たる建物と附属建物として登記することの可否」

表実第4巻133頁　問55

　「同規模の社員の社宅5棟のうち1棟を主たる建物とし他を附属建物とすることの可否」

表実第5巻77頁　問28

　「附属建物が数棟ある主たる建物を取り壊した場合の登記手続」

第1　建物の表題登記　　89

14　建物の個数の認定について

（昭和49年11月14日那覇地方法務局長照会
　昭和50年2月13日民三第834号民事第三課長回答）

▌照会

　左記のようなカプセルハウス群（1階部分13個，2階部分13個）について，これを1個の建物とする表示の登記の申請は，受理すべきでないと考えますが，これを構成する2階建の各カプセルハウスを，1個の建物とする建物の表示の登記の申請があった場合には，受理して差し支えないものと考えますが，いささか疑義がありますので何分の御指示を賜りたく，写真及び資料をそえてご照会します。

　おって，本件は，さしかかった事案ですので，勝手ながら，至急ご回答を賜わりたくお願いします。

　　　　　　　記

一　カプセルハウス（以下カプセルという。）群を構成する各カプセルは，いずれも，間口3.00メートル，奥行7.20メートル，高さ2.50メートルの鋼鉄製箱型カプセルであり，バス，トイレ，配電施設及び上下水道が完備されている。

二　カプセルの1階部分は，鋼鉄柱8本を基脚として，基礎石（30センチメートル×30-60センチメートル）にボルト締めにより固定されている。1階部分の上には，同型のカプセルが積み重ねられてありこれが2階部分となっているが，その基脚8本は，1階のカプセルと，熔接により，その屋根部分に固定されている。

　なお，1階部分と2階部分との間には，25センチメートルの間隙がある。

三　右のような2階建のカプセルが各40センチメートルの間隙をおき，13個横に並んでいるが，中間のカプセルは，その基脚を隣接するカプセルと同一の基礎石にボルト締めによって固定されている。なお，相隣接するカプセルは，屋根の部分において，太さ3センチメートルの鉄材

90 第2節 各 論

4本で連結固定されている。

四 各カプセルには，それぞれ専用の出入口があり，2階部分のカプセル前面には，鉄製の廊下（巾1.50メートル，屋根がなく，通行人の落下防止のため，高さ1.00メートルの格子状手摺がある。）が連続してもうけられているが，この廊下へは，地上より2か所において，階段で接続されている。なお，この廊下は，他のカプセルハウス群へも接続している。

五 以上のようなカプセルは，現場においてすべて組立てられたのではなく，個々のカプセルとして，すでに本土で組立てられたものを船及びトレラーで現場に運搬し，これを基礎石上に設置してその基脚を前記のような方法でボルト締めしたうえで，上下水道の配管，配電設備，廊下，階段，各カプセル間の連結工事等を施工している。

（写真及び資料 省略）

▌回答

客年11月14日付け登第349号をもって照会のあった標記の件については，貴見のとおり取扱って差し支えないものと考える。

解 説

建物は，物理的に区分された人工物ですから，建物の個数については，事実上の1棟である建物を1個と数えるのが原則です。しかし，建物の形態及び構造は，極めて多様化していることから，一見しただけでは，1棟であるか否の判断に苦慮する場合がありますが，複数の建物が密着し，又は接近して存在している場合であっても，それぞれが物理的に別個に独立して登記能力を有する建物の要件である外気分断性を有し，生活空間を有しているものであれば，それらは別棟（数個）の建物であると判断することができます。

本件は，1階部分13個，2階部分13個からなるカプセルハウス群を1個の建物とする表題登記の申請の受否について，照会されたものです。

本件の各カプセルは，いずれも，間口3.00メートル，奥行7.20メート

ル，高さ 2.50 メートルの鋼鉄製箱型カプセルであり，1 階部分が鋼鉄柱 8 本を基脚として，基礎石にボルト締めにより固定され，その 1 階部分の上に，25 センチメートルの間隙をおいて同型のカプセルが積み重ねられており，その 2 階部分の基脚 8 本は，1 階のカプセルと，熔接により，その屋根部分に固定されています。そして，このような 2 階建のカプセルが，各 40 センチメートルの間隙をおき 13 個横に並んでおり，中間のカプセルは，その基脚を隣接するカプセルと同一の基礎石にボルト締めによって固定され，相隣接するカプセルは，屋根の部分において，太さ 3 センチメートルの鉄材 4 本で連結固定されています。

また，各カプセルには，それぞれ専用の出入口があり，2 階部分のカプセル前面には，地上より 2 か所において階段で接続され，他のカプセルハウス群へも接続している鉄製の廊下が連続して設けられており，バス，トイレ，配電施設及び上下水道が完備されています。

本件の 2 階建の各カプセルは，屋根の部分においては連結固定されていますが，各カプセル間には 40 センチメートルの間隙があることから，登記能力を有する建物であるための要件である外気分断性を有し，また，それぞれに専用の出入口があり，バス，トイレ，配電施設及び上下水道が完備されていることから，生活空間を有しているものと考えられます。

本件照会については，以上のような各カプセルの形態を考慮して，カプセルハウス群全体を 1 個の建物とする表題登記の申請は受理すべきでないが，カプセルハウス群を構成する 2 階建の各カプセルハウスを 1 個の建物とする建物の表題登記の申請があった場合には，受理して差し支えないとされたものです。

92 第2節 各 論

15 区分所有建物の認定について

(昭和44年12月24日総第7410号大阪法務局長照会
昭和45年3月24日民事三発第267号民事第三課長回答)

▌照会

現在大阪市の中心部船場地区において，高架道路（大阪市高架街路，阪
神高速道路）の路下占用の許可を受けて，高架下に幾筋もの道路を挟んで
別添見取図のとおり幅42メートル，延長930メートルに及ぶ鉄筋コンク
リート造一部鉄骨鉄筋コンクリート造地下2階（一部地下3階）地上2～4
階のビル（店舗，事務所，駐車場，機械設備室等）が建築されている。この
ビルは，上空通路及び地下構築物（御堂筋下は大阪市交通局の軌道施設，堺
筋下はビルの施設）で連絡しており，また，設備面では，ビル内の各部分
の電気，給排水，冷暖房，空気調節その他各種設備の操作，計測，電話の
交換処理，火災感知等はすべて中央監視室から中央制御方式によって行な
われることになっているほか，エレベーター，エスカレーター，通路，機
械室等の共用部分にしてもビルの所有者全員に対して，共有持分権を与え
る旨の規約が作成されている。

次に，このビルの敷地は，前記のとおりすべて高架下の道路敷であっ
て，道路法上の占用権が認められるが，占用を許可する場合，所有者個々
人に対して場所を特定して許可することは不可能で，ビルを1個の占用物
件としてその敷地全部について所有者全員を対象とするグループ占用の形
をとることにしている。一方このビルの柱，はり等は，道路の支柱を兼ね
ており，構造上ビルと道路は全く一体的に建設されている。従って，ビル
の維持保全は道路の管理と不即不離の関係にたっているのである。

なお，区分分譲の売価については，1号館から10号館までの全部を1
棟としてこれに要した用地買収費と建築工事費の総額のほかにビルの全共
用部分に対する利用価値をも含めて単価が割り出されており，各分譲部分
はすべて全ビルの一部としての資産価値を有しているのである。

この場合1号館から10号館までの全部を含めてこれを1棟の建物とし

てその各部分を区分所有の目的とする取扱いをしてさしつかえないと考え
ますが，いささか疑義があるので，何分のご回示をお願いします。

（添付書類）

　船場センタービル略図

　実地調査書

　　　　　民事局第三課

　　　　　　　飛　沢　隆　志

　　　　　　　海老根　　　進

一　調査の目的

　　本件建物が1棟とみるべきものか，数棟とみるべきものかが問題とな
　るものと考えられるので，当該建物の1号館から10号館までの接続関
　係を重点的に調査した。

二　調査の結果

　㈠　1，2，3号館及び4，5，6，7，8，9号館の接続関係

　　㈠　地表部分はいずれも公衆用道路であって相互の接続関係はない。

　　㈡　地上2階部分と3階部分は幅約3メートルの連絡通路2本をもっ
　　　て接続されている。

　　㈢　地上4階部分にはクーリングタワーの施設が設けられていて接続
　　　しているが人の通行は予定されていない。

　　㈣　地下1階部分と2階部分は店舗，荷さばき場，駐車場の施設が設
　　　けられていて完全に接続している状態にある。

　　　したがって，1，2，3号館と4，5，6，7，8，9号館をそれぞれ1
　　棟と認めることには格別の問題はないものと認められた。

　㈡　3号館と4号館との接続関係

　　㈠　地表部分は堺筋と呼ばれる幅約40メートルの公衆用道路であ
　　　り，地上2，3，4階部分においても両館を接続する連絡通路等の施
　　　設はなく，したがって，地上部分においては，両館は全く別個の建
　　　物と認められた。

　　㈡　地下1階部分においても両館を接続する施設はなく，地下2階の
　　　部分は地下鉄堺筋線に分断されている。

94　第2節　各　論

　　㈔　両館を接続する施設としては，両館の地下2階部分から地下鉄堺
　　　筋線の下すなわち地下3階部分を通つて連絡する幅約10メートル
　　　の通路が存するのみである。

　　　したがって，両館を接続するものは地下3階部分を通ずる連絡通路
　　1本ということになり，3号館と4号館が1棟の建物と認められる程
　　度に接続しているものとは認めがたい。

　㈢　9号館と10号館との接続関係

　　㈪　地表部分は御堂筋と呼ばれる幅50メートルの公衆用道路であ
　　　り，地上2階部分に連絡通路等の施設もなく，地上部分においては
　　　両館は全く別個の建物と認められた。

　　㈥　地下1階部分には両館を接続する施設はなく，地下2階の部分は
　　　地下鉄御堂筋線によって分断されている。

　　㈔　両館を接続する施設としては，地下鉄御堂筋線の上すなわち地下
　　　1階部分を通って，両館の地下2階部分に通ずる幅約5メートルの
　　　連絡通路2本があるのみであるが，この通路は地下鉄乗降客の連絡
　　　通路として設けられているものであり，当該建物の部分ではない。

　　　したがって，9号館及び10号館は物理的に全く接続していないも
　　のというべく，両館は構造上別個の建物とみるほかはないものと認め
　　られた。

　　以上のとおりであって，1，2，3号館，4，5，6，7，8，9号館，10
　号館がそれぞれ1棟の建物であるものと認めるのが相当であり，結局本
　件建物は3棟の建物として処理するのが妥当と認められた。

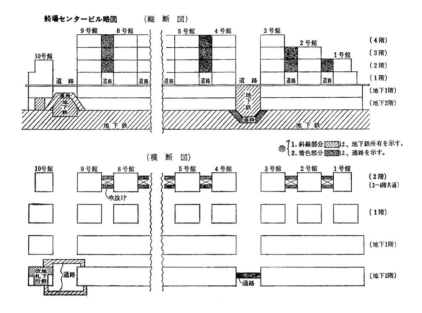

回答

　客年12月24日付総第7410号をもって当局局長あて問合せのあった標記の件については，1号館から3号館までを1棟，4号館から9号館までを1棟，10号館を1棟とし，計3棟の建物として取り扱うのが相当と考えます。

解　説

　建物は，物理的に区分された人工物ですから，建物の個数については，事実上の1棟である建物を1個と数えるのが原則です。しかし，建物の形態及び構造は，極めて多様化していることから，一見しただけでは，1棟であるか否の判断に苦慮する場合があります。また，建物の利用上又は取引上，物理的な1棟のみが個数の絶対的な基準とされない場合もあると考えられます。

　複数の建物が密着し，又は接近して存在している場合であっても，それぞれが物理的に別個に独立して登記能力を有する建物の要件である外気分

96　第2節　各　論

断性を有し，生活空間を有しているものであれば，それらは別棟（数個）の建物であると判断することができます。しかし，大規模店舗，マンション，ホテル等の大規模建物のように，一見して独立しているとみられる数棟の建物が，空中又は地下の一部で物理的に接続している構造を有している場合，例えば，独立する2個の建物が連絡通路等により接続されている場合に，全体としてこれを1棟の建物と認定できるかについては，まず，2個の建物が単に屋根だけの渡り廊下等で接続されているような場合，その接続部分には，外気分断性がなく，建物部分とは認められませんから，全体を1棟の建物と認めることはできないと解されます。

　次に，接続部分自体にも，これに接続している本体の建物と同様の生活空間があり，その用途に従った人貨滞留性がある場合には，全体として1個の建物と認めることができるものと解されます。例えば，本体の建物が店舗の用に供されている場合において，接続部分もまた店舗の用に供されている実態があれば，全体として1個の建物と認めることができますが，接続部分が主に通行のためにのみ利用される状態にある連絡通路である場合には，当該接続部分が生活空間を有していると認めることはできませんから，全体を1個の建物と認めることはできないと解されます。また，例えば，接続部分を通って他方の建物に行かなければ外部への出入口がないような場合には，いずれの建物についても独立性が認められないことから，全体を1個の建物と認めることはできないと解されます（注1）。

　本件は，1号館から10号館まである高架道路の高架下の道路敷を敷地として建築され，その柱，はり等が道路の支柱を兼ねており，構造上，道路とまったく一体的に建設されている建物について，1号館から10号館までの全部を含めて1棟の建物とし，その各部分を区分所有の目的とする取扱いをすることができるかどうか，照会されたものです。

　本件建物は，地表に出ている形でみると，1号館から10号館までの10棟の建物であるかのように見えますが，地下1階と地下2階は，地下通路によって1号館から10号館まで完全に接続しているため，1号館から10号館までの全部を含めて1棟の建物として取り扱うことができるかどうかが，問題となったものです。

しかし，当該建物の1号館から10号館までの接続関係を重点的に調査した結果，3号館と4号館，及び9号館と10号館の間は，単に地下通路で接続しているだけであり，当該地下通路は，接続する建物の用途に従った人貨滞留性，生活空間を有しているとは認められないことから，別棟の建物として取り扱わざるを得ない状況にあります。一方，1号館から3号館まで及び4号館から9号館までは，それぞれ地下1階と地下2階が建築されており，完全に地下で接続していることから，接続する建物の用途に従った人貨滞留性，生活空間を有しているものと認められます（注2）。

　以上のことから，本件建物については，1号館から3号館までを1棟，4号館から9号館までを1棟，10号館を1棟とする合計3棟の建物であるものと認めるのが相当であるとされたものです。

（注1）教材42頁

（注2）区分先例21頁

関連質疑

表実第4巻96頁　問40

　「8階建と7階建の建物の6階と3階に連絡通路のある場合」

表実第4巻99頁　問41

　「2棟の建物が地下通路（売店が併設）により連絡している場合」

表実第4巻107頁　問45

　「2棟の建物の間に共通の外階段があり接続している場合の表題登記」

表実第4巻110頁　問46

　「渡廊下で接続してる2棟の平家建の建物の表題登記」

98　第2節 各 論

16　建物の表示登記の取扱いについて（抄・建物の個数）

（昭和63年1月12日不登第13号大阪法務局民事行政部長照会
　昭和63年3月24日民三第1826号民事第三課長回答）

照会

　西日本旅客鉄道株式会社から，「旅客鉄道株式会社及び日本貨物鉄道株式会社に関する法律」附則第6条の規定により出資を受けた建物について，その表示登記の取り扱いに関し相談を受けましたが，出資を受けた建物の大半は，鉄道事業遂行の為の施設として建築されたもので特異な名称を付した建物も多く，種類・構造の認定，床面積の算定等において通常の建物登記にみられない特異性を有しているうえ，これらの建物は，同社の営業区域である当局管区管内はもとより，広島法務局管区管内全域及び名古屋法務局管区管内の津・福井・金沢・富山局管内並びに東京法務局管区管内の長野・新潟局管内にまたがる広範囲な地域に多数所在している実情にあります。

　したがいまして，その処理に当たっては，統一した取り扱いが求められるところから，相談者から特異な建物についての資料の提出を求めるとともに，当局及び管内地方法務局の表示登記専門官が東海道本線芦屋駅・神戸駅等において実地調査を行ったその成果並びに同趣旨の相談がなされた広島法務局表示登記専門官の意見をも参考にして，今後の適正かつ，円滑な事務処理の手引きとするため，種類・構造等の認定事例集（案）を別添のとおり作成しました。

　つきましては，同認定事例集（案）で今後当局管区管内における統一した事務処理を行いたいと思料いたしますが，別紙資料（省略）のとおり，近く当局管区管内全域にわたって建物の表示登記の申請が予定される状況にあり，他局管内法務局・地方法務局に与える影響も大きいことから，何分のご指示を願いたく照会します。

（別紙）

　西日本旅客鉄道株式会社所有建物の種類・構造等の認定事例集（案）

第4 建物の個数

　ホーム上屋の一部を撤去し，撤去部分に新築した建物（駅舎）の床部分を上屋として利用している場合，及び増・改築の結果，上屋と駅舎は利用上，効用上一体化した状態となっている場合は，駅舎と上屋は1個の建物として取り扱う（図(29)，写真(30)参照）。

図(29)

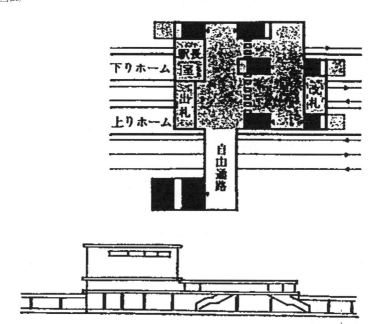

写真(30)

回答

本年1月12日付け不登第13号をもって照会のあった標記については，貴見によって取り扱って差し支えないものと考えます。

解　説

日本国有鉄道は，会社を設立するに際し，会社に対し，その財産を出資するものとされています（旅客鉄道株式会社及び日本貨物鉄道株式会社に関する法律（昭和61年法律第88号）附則第6条）。

本件は，出資を受けた建物の多くが，鉄道事業を遂行するための施設として建築されたものであり，一般の建物とは異なる特異性を有し，また，各地に広く所在していることから，その表示登記の取扱いを統一するため，西日本旅客鉄道株式会社（JR西日本）が，上記法律の規定により出資を受けた建物の個数の認定について，照会及び回答がされたものです。

具体的には，ホーム上屋の一部を撤去し，撤去部分に新築した建物（駅舎）の床部分を上屋として利用している場合，及び増・改築の結果，上屋と駅舎は利用上，効用上一体化した状態となっている場合には，駅舎と上屋は1個の建物として取り扱うものとされています。

関連質疑

表実第4巻317頁　問134

「傾斜地に建築した建物の地下と地上階の区分」

4 附属建物

17 主たる建物と敷地を異にする建物を附属建物とすることの可否（抄）

（明治 32 年 7 月 17 日福岡地方裁判所長照会
明治 32 年 8 月 1 日民刑第 1361 号民刑局長回答）

▌照会

第一項　附属建物ハ主タル建物ト敷地ノ接続セル（国道ヲ隔タル如キヲ云フ）場所ニ在ルモノト雖モ主タル建物ノ登記用紙ニ登記シ可然義ニ候哉又ハ右等ノ附属建物ハ 1 個ノ建物トシテ取扱フヘキ義ニ候哉

▌回答

本年 7 月 17 日第 1680 号御問合ノ件ハ左ノ通思考ス
第一項　前段貴見ノ通

解　説

　附属建物があるときは，これを主である建物と併せて 1 個の建物として登記するものとされており（法 44 条 1 項 5 号参照），効用上一体として利用される状態にある数棟の建物は，所有者の意思に反しない限り，1 個の建物として取り扱うものとされています（準則 78 条 1 項）。すなわち，物理的な 1 棟の建物を 1 個の建物として，一登記記録の表題部に記録するのが原則ですが，利用上の一体性や所有者の意思等を考慮して，数棟の建物であっても，その中心となる 1 棟の建物を主である建物とし，他の建物を附属建物として，一登記記録の表題部に記録することとされているものです。

　附属建物の典型的なものは，母屋に対する別棟の便所，物置，浴室等であり，これらの建物は，その効用上，母屋の一部と同様であり，母屋の効用を助けるためにのみ存在する従属的附属建物と解されますから，所有者

の意思に関係なく，それぞれを1個の建物とすることは認められないとするのが，登記実務における取扱いです。したがって，母屋と別棟の便所，物置，浴室等を1個の建物として登記することになります。

これに対して，母屋に対する離れ家，店舗に対する倉庫，工場に対する従業員用の宿舎等のように，建物相互間に主従の関係が存在するか否かが必ずしも明確でなく，かつ，各建物が独立性を有しているものについては，これらが一体として利用されることにより全体としての効用を高めていると考えられますから，このような場合の個数の決定には，所有者の意思が反映されることになるものと考えられます（注）。

本件照会・回答は，主である建物と同一の敷地ではなく，国道を隔てた土地に新築された建物を，当該主である建物の附属建物とすることを認めたものです。しかし，国道の幅員が相当あり，かつ，新築された建物の床面積が，主である建物としようとする建物に比べて規模の大きなものである場合には，当該建物が互いに関連のあるものであるとしても，これを附属建物とすることが認められない場合もあると考えられます。

附属建物であると認定されるための要件の一つである主である建物と効用上一体として利用される状態にあるか否かの判断に当たっては，それぞれの建物の規模，配置関係，利用状況及び取引上の経済的価値等を，社会通念によって総合的に判断する必要があるものと考えられます。

（注）有馬1・339頁

関連質疑

表実第4巻140頁　問58
「国道を挟んで建築した店舗を附属建物とすることの可否」

第1 建物の表題登記　103

5　所在地番

18 地番区域を異にする建物の所在及び地番の訂正等について

（昭和43年6月24日登第369号大津地方法務局長照会
昭和43年9月26日民事甲第3083号民事局長回答）

▌照会

当局管内の出張所において，左記のとおり登記の処理がなされておりますが，事案の内容にかんがみ，その処理は相当であると考えます。しかし，甲建物についてした地番区域を異にする所在及び地番の訂正については，その訂正が許容される限度を超えるものとして，許されないとの見解もあり，これに従うと，乙建物の所有権保存登記を回復するとともに（昭和42，3，14最高裁三小判参照），甲建物を不存在として，当該表示の登記を抹消することになりますが，取扱上疑義がありますので，至急ご回示をお願いします。

　　　　　　　記

一　昭和39，1，7債権者代位により，A地番区域に属するX郡Y村大字安食西868番地家屋番号同所99番の建物（木造瓦葺2階建居宅1棟，建坪1階11坪5合，2階6坪，附属建物木造亜鉛鋼板葺平家建物置1棟，建坪9坪。以下「甲建物」という。）について，甲名義に建築登録，昭和39，1，8所有権保存登記。

二　昭和39，1，10右債権者のため甲建物について，仮差押登記，昭和39，3，4強制競売申立登記。

三　昭和39，7，10右債権者の代位により，甲建物の所在及び地番を，隣接するB地番区域に属するX郡Y村大字安食南657番地に訂正申告。

四　右訂正申告に伴う登記官の実地調査の結果，B地番区域に属するX郡Y村大字安食南657番地上には，次のとおり乙名義に登録・登記された建物（以下「乙建物」という。）が存在し，甲，乙両建物の同一

性確認（別紙所在図参照）。
(1) 家屋番号同所 657 番
　　木造瓦，亜鉛メツキ鋼板交葺 2 階建居宅兼事務所 1 棟，建坪 1 階 14 坪 2 合 1 勺，2 階 7 坪 2 合 6 勺，附属建物木造亜鉛メツキ鋼板葺平家建作業場 1 棟，建坪 10 坪 3 合 9 勺。
(2) 昭和 39．5．9 建築登録，昭和 39．5．20 所有権保存登記。
五　昭和 39．7．10 甲建物について，所在及び地番を，申告どおり B 地番区域に属する X 郡 Y 村大字安食南 657 番地に訂正，昭和 39．7．20 前記債権者の代位により，表示更正登記。
六　昭和 40．2．28 登記簿台帳一元化完了，期日指定（昭和 40．2．12 法務省告示第 219 号）。
七　昭和 40．3．8 甲建物について，前記債権者のため競落による所有権移転登記。
八　右同日乙建物の表示登記について，重複登記を原因として職権抹消登記（登記用紙閉鎖）。

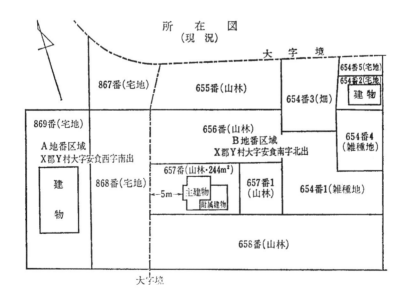

第1 建物の表題登記　105

回答

　昭和43年6月24日付登第369号をもって問合せのあった標記の件については，所問の場合は貴見のとおりと考える。

解　説

　本件照会に係る事案は，次のとおりです。

　仮差押債権者の代位申請により，甲を所有者とするA地番区域に属するX郡Y村大字安食西868番地家屋番号同署99番の建物（甲建物）の表題登記，所有権の保存の登記及び仮差押えの登記がされました。

　その6か月後，同一債権者の代位申請により，甲建物の所在地番を隣接するB地番区域に属するX郡Y村大字安食南657番地に訂正する登記申請（申告）がされました。

　当該訂正申告に伴う登記官の実地調査の結果，B地番区域に属するX郡Y村大字安食南657番地には，甲所有建物の登記後に表題登記及び所有権の保存の登記がされた乙名義の建物（家屋番号同所657番の乙建物）が存在していますが，甲，乙両建物は同一のものであることが確認されました。

　そこで，上記の所在地番の訂正申告どおりに，A地番区域に属する甲建物の所在地番をB地番区域に属するX郡Y村大字安食南657番地に訂正する更正の登記がされ，その後，乙建物については，重複登記を原因として職権抹消され，登記用紙を閉鎖する処理が行われたというものです。

　照会庁は，上記の登記処理は相当であると考えたようですが，地番区域を異にする所在地番の訂正については，その訂正が許容される限度を超えるものとして許されないのではないかとの疑義が生じたものです。

　建物の表示に関する登記における所在地番は，当該建物を特定するための最も重要な登記事項であることから，これを誤って登記した場合には，もはや更正の登記をすることは認められないとする意見もあるものと考えられます（注1）。

　しかしながら，地番区域を誤って登記した建物の効力については，具体

的な事案により判断せざるを得ないと考えられます。例えば，現実に建物
が存在している地番区域が登記記録の建物の地番区域と隣接し，かつ，当
該地番も隣接している場合，登記記録の所在地番に他の建物が全く存在せ
ず，その近隣にも類似する建物が存在しない場合，現地において地番区域
の境界が明確でない場合等の事情があるときは，特段の事由がない限り，
全体的に建物の同一性は認められるとして，所在地番の更正が認められる
ものと解されます（注2）。

　本件照会に係る事案については，照会に添付された所在図によれば，公
図上においては，地番区域が明確に区別されているものの，現地において
は，地番区域である大字界を示す標識はなく，どの地域から地番区域を異
にするか判然としていないこと，また，建物が存在するとされる両土地
が，現地において隣接していること，さらには，近隣に同様類似の建物が
存在していないこと等を根拠として，甲，乙両建物の同一性が認められる
ものとして，甲建物の所在地番の更正の登記をした登記処理は，相当で
あったとされたものと考えられます。

　ただし，本件照会に対する回答は，地番区域を異にするすべての場合に
おいて所在地番の更正の登記を認めたものではなく，上記のとおり，具体
的な事案により個別的に検討して判断する必要があるものと考えられます
（注3）。

（注1）先例解説9巻2号5頁

（注2）表実4・168頁

（注3）（注1）8頁

関連質疑

表実第4巻168頁　問70
　「地番区域を誤って登記した建物の登記の効力」

表実第5巻436頁　問145
　「所在地番を誤って登記している建物について当該土地所有者が表題部
の登記事項を抹消する登記の申出をすることの可否」

第1 建物の表題登記　107

19 建物表示登記の抹消について

（昭和 46 年 3 月 24 日仙台法務局民事行政部長照会
　昭和 46 年 5 月 10 日民事三発第 267 号民事第三課長回答）

▌照会

　当局管内石巻支局長から別紙事案の処理について伺いがありましたが，当職としては，甲建物を不存在を原因として職権で抹消するのが相当であると考えますが，事務取り扱い上いささか疑義がありますので至急何分の御指示を願います。

別紙

　左記の甲，乙建物について，裁判所から重複登記の疑いがあるとの通報にもとづき調査したところ，

　1　甲建物の所在地番には建物は存在せず，甲建物は所在地番を乙建物と同一所在地番として申請すべきを誤って申請し，そのまま登記したものであること。

　2　本件建物は昭和 43 年 5 月頃一部焼失し，その後修復したため甲・乙建物の床面積，種類が相違しているが，現存する建物は，所在，種類，構造，床面積とも乙建物と一致している。

　3　甲建物の所在地番と乙建物の所在地番とは約 130 メートル離れている。（別添所在図参照）

　4　甲建物の表示登記には，所有権証明書として甲・乙間の売買契約書が添付されている。

　　　　　　　記

（甲建物）

　所在　Ａ市Ａ字新東中里 18 番地 1　家屋番号 18 番 1 の 3

　構造　軽量鉄骨および木造亜鉛メツキ鋼板葺 2 階建

　　　　　床面積　1 階　325.59 m^2

　　　　　　　　　2 階　115.93 m^2

　種類　倉庫兼事務所

108　第2節　各　論

　　　1　昭和43・1・17　表示登記
　　　　　所有者甲
　　　2　昭和43・8・14　所有権保存登記
　　　　　所有者甲
（乙建物）
　　所在　Ａ市Ａ字新東中里16番地5，16番地4，15番地3，15番地2
　　　　　家屋番号16番5
　　構造　木および軽量鉄骨造亜鉛メツキ鋼板葺2階建
　　　　　床面積　1階　343.98 m²
　　　　　　　　　2階　 46.59 m²
　　種類　工場兼倉庫兼事務所兼車庫
　　　1　昭和43・7・8　　　仮差押嘱託により表示登記
　　　2　同　　　　　右　〃　　　　　　　所有権保存登記
　　　　　所有者乙
　　　3　同　　　　　　右　仮差押登記
　　　　　丙
　　　4　昭和43・10・11　強制競売申立登記
　　　　　丙
（別添所在図省略）

▌回答

　本年3月24日付登第27号をもって照会のあった標記の件については，貴見により処理してさしつかえないものと考える。

解　説

　本件は，甲建物と乙建物について，裁判所からの重複登記の疑いがある旨の通報に基づき調査したところ，甲建物の所在地番として登記されている「Ａ市Ａ字新東中里18番地1」に建物は存在せず，本来の所在地番は，そこから約130メートル離れ，乙建物の所在地番として登記されてい

る「A市A字新東中里16番地5，16番地4，15番地3，15番地2」を所在地番として申請すべきところを，その所在地番を誤って申請し，そのまま登記されたことが判明した事案について，前掲先例18の事案と異なり，誤って登記された所在地番と正しい所在地番の距離が約130メートル離れている場合には，もはや両土地は隣接しているとは認められないことから，その所在地番の更正の登記をすることは認められないとされたものです。この場合，甲建物には，甲を所有者とする所有権の保存の登記がされ，他に権利に関する登記で現に効力を有する登記はなく，他方，甲建物より後に仮差押えの嘱託の登記に基づき職権で登記された乙建物には，乙を所有者とする所有権の保存の登記，仮差押え及び強制競売の登記がされていることから，甲建物の登記記録を不存在を原因として，職権で抹消するのが相当であると回答されたものです（後掲先例25参照）。

関連質疑

表実第4巻168頁　問70

「地番区域を誤って登記した建物の登記の効力」

表実第5巻436頁　問145

「所在地番を誤って登記している建物について当該土地所有者が表題部の登記事項を抹消する登記の申出をすることの可否」

110 第2節 各 論

20 寄洲上に建築された建物の所在の表示方法

（昭和36年5月9日日記民政総第898号名古屋法務局民事行政部長
照会
　昭和36年6月6日民事三発第459号民事第三課長回答）

▌照会

　公有水面が自然に埋め立てられた甲町，乙町にまたがる地域の寄洲に家
屋を建築して，その申告があった場合，同地の所属が未定のためその土地
の所在（登記所の管轄）が確定しないので，当該家屋の登録はできないと
思いますが，当該土地が明らかに甲町の行政区画内の字の区域に編入され
るものと考えられる場合は，家屋の所在の表示を「甲町字何何番地先」と
記載して登録することはできませんか。いささか疑義があり，数件さしか
かった事件がありますので，電信にて何分の御教示賜わりたく，お願いし
ます。

▌回答

　5月9日付日記民政総第898号をもって問合せの件，寄洲は，その附合
した土地の一部であるから，当該土地の地番をもって当該建物の所在を表
示すべきであり，当該敷地の部分が，いずれの土地に附合するものである
か明らかでないときは，貴見後段により取り扱ってさしつかえない。

解　説

　河口，海岸などに動産である土砂が吹き寄せられて（接合して）自然に
形成された陸地を寄洲（よりす）といいます。
　寄洲の所有権がだれに帰属するかについては，「海流の作用によって土
砂が堆積して形成された海浜地は，接岸地に附合することなく，国の所有
に帰属するものと解すべきである。」（山口地裁昭和60年11月18日下関支
部判決・判例地方自治30号65頁）とされていることから，寄洲は，既存の

陸地に附合するのではなく，海面下にあったときと同様に，既存の陸地とはまったく別個の独立した不動産として存在するものであり，無主の不動産（民法239条2項）として，国庫に帰属するとする見解が有力です。すなわち，寄州部分の地盤は，元々公有水面であって，公共用物ですから，明示的又は黙示的に公用が廃止されない限り，私的所有の対象にはならないとするものです。一方，登記実務においては，寄州の所有権は，民法242条により，既存の土地の所有権に吸収されるとする見解を採用しています。

　ところで，建物の登記記録の表題部に所在事項を記録する場合には，当該建物が他の都道府県にまたがって存在する場合を除き，都道府県名を冠記する必要はなく（準則88条1項），2筆以上の土地にまたがる建物の所在事項を記録する場合には，床面積の多い部分又は主たる建物の所在する土地の地番を先に記録し，他の土地の地番は後に記録するものとされています（同条2項）。また，建物が永久的な施設としてのさん橋の上に存在する場合又は固定した浮船を利用したものである場合には，その建物から最も近い土地の地番を用い，「何番地先」のように記録するものとされています（同条4項）。

　本件は，上記の寄州の所有権は民法242条により既存の土地の所有権に吸収されるとする見解に従い，「寄州は，その附合した土地の一部であるから，当該土地の地番をもって当該建物の所在を表示すべきであ」るとしています。そこで，例えば，甲町と乙町にまたがる地域の寄州に建物を建築したものの，当該寄州を管轄する登記所が確定しない場合であっても，当該寄州が附合した土地が明らかに甲町の行政区画内の字の区域に編入されるものと考えられるときは，当該建物の所在の表示は「甲町字何何番地」とすべきであり，甲町，乙町のいずれの土地に附合するものであるかが明らかでないときは，上記準則の規定に準じて「甲町字何何番地先」とする取扱いによって差し支えないとされたものです。

　なお，国営干拓地内に建築された建物について，当該の所在が確定した後でなければ，家屋台帳に登録することはできない取扱いであり（関連先例①），また，公有水面の埋立地及び新たに生じた土地等で，所属未定の

112 第2節 各 論

土地に建物が存在している場合には，所属すべき行政区画が地理的に明確
な土地であっても，土地の表題登記により当該土地の所在及び地番が確定
しなければ，その土地に存在する建物の表題登記は，受理することができ
ないとされています（関連先例②）。

関連先例

①国営干拓地内の家屋登録について
（昭和31年1月7日登第9号佐賀地方法務局長照会
　昭和31年1月13日民事甲第43号民事局長回答）

▌照会

　標記地域内の個人所有家屋の家屋台帳法第4条第1項第1号の表示は，
最寄町村の地先として左記のとおり取り扱ってさしつかえないか，至急何
分の御回示をお願いします。

　　　　　　　記
杵島郡有明村地先有明国営干拓地内

▌回答

　本月7日付登第9号をもって照会のあった標記の件については，昭和
30年5月17日民事甲第930号本職通達のとおり当該土地の所在が確定し
た後でなければ，家屋台帳に登録することはできないものと考える。

②所属未定の埋立地に建築された建物の表示登記申請の受否について
（昭和42年9月25日登第494号福岡法務局長照会
　昭和43年4月2日民事甲第723号民事局長回答）

▌照会

　公有水面埋立地で，地方自治法の規定による告示がされていないいわゆ
る所属未定地に建築された建物の表示登記申請については，その土地の所

属が未確定であり，かつその土地の登記管轄が特定しないところから受理できないものとされておりますが，現今の経済取引面から，この種表示登記についての受理を求める関係機関等の強い要請がしばしばなされており，これらの実情を考慮する場合，当該建物の敷地となっている土地の編入されるべき行政区画が地理的に特に明白であるときに限り，既登記土地の地先所在の建物として，便宜これを受理する取扱いをすることは許されないものか，何分の御指示をお願いいたします。

回答

客年9月25日付登第494号で問合せのあった標記の件については，受理することはできないものと考える。

関連質疑

表実第1巻174頁　問69
　「新たに生じた寄洲について町から表題登記が嘱託された場合の受否」
表実第2巻89頁　問35
　「地積の変更の趣旨」
表実第4巻170頁　問71
　「地番のない土地に建築された建物の所在地番」

114　第2節 各 論

21　仮換地上に建築された建物の所在の記載方法について

（昭和42年9月18日2登1第797号横浜地方法務局長照会
　昭和43年2月14日民事甲第170号民事局長回答）

▌照会

　標記については昭和40年4月10日付民事甲第837号民事局長回答が出されておりますが，その解釈につき甲，乙両説があり，現地での取扱いが区々にわたっているやに見受けられます。当職は，後記の理由により乙説が妥当と考えますが，いささか疑義がありますので至急何分の御指示を賜りたくお伺いいたします。

甲説　右回答中の「何区何町何丁目何番地の仮換地」の「何区何町何丁目
　　何番地」とは，例えばA区A町A番地の土地（仮りに元地という。以
　　下同じ。区画整理法上の用語としては従前の土地）の仮換地としてA区B
　　町B番地の土地（仮りに底地という。以下同じ。）が指定された場合には
　　（建物は仮換地即ちA区B町B番地上に建築されている），A区A町A番
　　地（元地）を指すものと解する。

乙説　右の場合，A区B町B番地（底地）を指すものと解する。

　　なお，記載方法を次のように改めるのが妥当である。

　　A区B町B番地

　　（A区A町A番地の仮換地）

　　（換地A区B町予定地番C番地）

　　また，底地が数筆にまたがる場合には現に建物の存する底地の地番の
　みを記載すれば足りるものと解する。

理由

　1. 現地が仮換地の状態で整地されていても換地処分があるまでは当該
　　建物の敷地の法律上（登記簿上）の地番は底地の地番である。

　2. 従前の土地（元地）の地番を表示するのみでは，登記簿上当該建物
　　の現実の所在場所が確定できない（仮換地が現実にどこに在るか建物図
　　面を見ない限り登記簿上では不明である）。

3. 甲説によるときは，元地と底地が地番区域を異にする場合現実に建物の存しない区域の登記簿に編綴されることとなり取扱上不便である。更に，数筆の元地に対して1筆の仮換地が与えられる場合（合併換地）や元地と底地が登記管轄を異にする場合の取扱いに窮する。

▌回答

昭和42年9月18日付2登1第797号で問合せのあった標記の件については，貴見のとおり取り扱ってさしつかえないと考える。なお，乙説の記載方法中「A区A町A番地の仮換地」の記載は要しない。

解　説

土地区画整理における換地処分において，仮換地が指定された場合は，仮換地の指定の効力発生の日から換地処分の公告のある日まで，仮換地又はその部分について，従前の宅地について有する権利と同一の内容の使用収益権を取得しますが，従前の宅地については，使用収益することができないとされています（土地区画整理法99条1項）。

そこで，仮換地の上に建物を建築し表題登記を申請する場合の当該建物の所在地番については，「何区何町何丁目何番地の仮換地」とするものとされていました（後掲先例22参照）。

しかし，この「何区何町何丁目何番地の仮換地」のうち「何区何町何丁目何番地」とは，例えば，A区A町A番地の土地（以下「元地」（区画整理法上の用語としては従前の土地）といいます。）の仮換地としてA区B町B番地の土地（以下「底地」といいます。）が指定され，建物が仮換地であるA区B町B番地上に建築されている場合には，「A区A町A番地（元地）」を指すのか，あるいは「A区B町B番地（底地）」を指すのかについて疑義が生じたことから，本件照会がされたものであり，この場合には，区画整理前の従前の土地（上記の底地）の地番を表示し，換地の予定地番又はブロック番号及び符号をかっこ書で並べて記録する旨回答されたものであり，この場合には，従前の土地及び換地である旨の記録は要しな

いとされています。

　具体的には，「○○市○○町○丁目○○番地（仮換地，○○土地区画整理事業地区内○街区○画地）」の例によることになります。また，保留地の上に建築した建物の所在地番については，上記例のかっこ書の「仮換地」を「保留地」とすることになります。

関連質疑

表実第3巻253頁　問103

「区画整理地区の保留地に建築した建物の表題登記を申請する場合の建物の所在」

表実第5巻475頁　問163

「仮換地上の建物の所在を建物図面に記録する方法」

仮換地上に建築された建物の所在の記載方法等について

(昭和40年1月23日登第38号東京法務局長照会
昭和40年4月10日民事甲第837号民事局長回答)

▎照会

　土地区画整理法第98条第1項の規定により仮換地の指定がされた土地（以下「仮換地」という。）の上に建築した建物について，同法第103条第4項の規定による換地処分の公告前に建物の表示の登記を申請する場合には，建物の所在の記載方法及び建物図面に建物の敷地を表示するには，次の方法によってさしつかえないものと考えますが，いささか疑義がありますので，何分の御指示を賜わりたくお伺いします。

　　　　　　記
一　建物の所在は，次のように記載する。
　　　何区何町何丁目何番地の仮換地
一　建物図面に建物の敷地を表示するには，仮換地の形状及び建物の位置を実線で図示する。

▎回答

　昭和40年1月23日付登第38号をもって問合せのあった標記の件については，貴見のとおり取り扱ってさしつかえないものと考える。

解説

　本件は，前掲先例21の照会文で引用された先例であり，仮換地の上に建物を建築し表題登記を申請する場合の当該建物の所在地番については，「何区何町何丁目番地の仮換地」とするものとされたものです。
　しかし，この表示のうち「何区何町何丁目何番地」とは，例えば，A区A町A番地の土地（以下「元地」（区画整理法上の用語としては従前の土地）といいます。）の仮換地としてA区B町B番地の土地（以下「底地」と

いいます。）が指定され，建物が仮換地であるＡ区Ｂ町Ｂ番地上に建築されている場合には，「Ａ区Ａ町Ａ番地（元地）」を指すのか，あるいは「Ａ区Ｂ町Ｂ番地（底地）」を指すのかについて疑義が生じたことから，前掲先例21により，この場合には，区画整理前の従前の土地（上記の底地）の地番を表示し，換地の予定地番又はブロック番号及び符号をかっこ書で並べて記録するものであることが，明らかにされたものです。

　なお，仮換地上に建築された建物の表題登記の添付情報である建物図面に当該建物の敷地を表示するときは，仮換地の形状及び建物の位置を実線で図示するものとされています。

関連質疑

表実第3巻253頁　問103
　「区画整理地区の保留地に建築した建物の表題登記を申請する場合の建物の所在」
表実第5巻475頁　問163
　「仮換地上の建物の所在を建物図面に記録する方法」

6 建物の所有権を証する情報

 不動産登記事務取扱手続準則等について（抄・建物の表題登記に提供する所有権を証する情報）

（昭和37年10月8日民事甲第2885号民事局長通達）

標記の件について，別紙甲号のとおり神戸地方法務局長から問合せがあり，別紙乙号のとおり回答したので，この旨貴管下登記官吏に周知方しかるべく取り計らわれたい。

別紙甲号

標記に関し，左記の疑義が生じ取扱いを統一いたしたいと思いますので，至急に何分のご指示をお願いします。

　　　　　記

三　建物の表示の登記申請書に所有権を証する書面として，建築基準法第6条の規定による確認及び同法第7条の規定による検査のあったことを証する書面を添付すべきでありますが，そのいずれか一方の書面を紛失した場合には建築主事の相当証明書を，後段の検査のあったことを証する書面の交付前である場合は，建築請負人または敷地所有者の証明書をもってそれぞれこれに代えることができるでしょうか。

　右双方の書面が最初から存しない場合は，建築請負人または敷地所有者の証明書でもさしつかえなく，ただ敷地所有者が共有の場合にはその全員の連署の証明書を添付するのが妥当のように考えますが，いかがなものでしょうか（準則第130条参照）。

別紙乙号

6月27日付日記総第4634号をもって問合せのあった標記の件については，つぎのように考える。

　　　　　記

三　一項及び二項前段については貴見のとおり。二項後段については共有者の一部の者の証明でもさしつかえない。

120 第2節 各 論

解 説

　本件は，昭和52年準則147条及び昭和37年準則130条において，「建物の表示の登記の申請書に添付すべき所有権を証する書面は，建築基準法第6条の規定による確認及び同法第7条の規定による検査のあったことを証する書面，建築請負人又は敷地所有者の証明書，国有建物の払下の契約書，固定資産税の納付証明書その他申請人の所有権の取得を証するに足る書面とする。」とされていたところ，建築基準法6条の規定による確認及び同法7条の規定による検査のあったことを証する書面のいずれか一方の書面を紛失した場合には建築主事の相当証明書を，同法7条の規定による検査のあったことを証する書面の交付前である場合は，建築請負人又は敷地所有者の証明書をもって，それぞれこれに代えることができるとされたものであり，また，敷地所有者が共有の場合には，共有者全員の証明がないことをもって，当該書面の正確性が担保されないとまではいえないから，共有者の一部の者の証明でも差し支えないとされたものです。

　なお，現行準則においては，昭和52年準則147条と同様に，「建物の表題登記の申請をする場合における表題部所有者となる者の所有権を証する情報，建築基準法（昭和25年法律第201号）第6条の確認及び同法第7条の検査のあったことを証する情報，建築請負人又は敷地所有者の証明情報，国有建物の払下げの契約に係る情報，固定資産税の納付証明に係る情報その他申請人の所有権の取得を証するに足る情報とする。」旨の規定が設けられています（現行準則87条1項）。

関連質疑

表実第4巻197頁　問83
　「建築確認通知書を紛失したため所有権を証する情報としてその写しを提出することの可否」

第 1　建物の表題登記　121

7　請負人との関係

 不動産登記法第 49 条について

（昭和 39 年 5 月 12 日電報番号第 114 号大阪法務局民事行政部長電報
照会
昭和 39 年 5 月 27 日民事三発第 444 号民事第三課長電報回答）

▍照会

　同一建物につき所有者の異なる申請人から夫々所有権を証する書面を添付し相前後して建物表示登記の申請があり，実地調査の結果所有者を確認することができないとして却下する場合の適用条文について法第 49 条第 10 号の「建物の表示に関する事項が登記官の調査の結果と符合せざるとき」にあたるとするものと添付した所有権を証する書面がその所有者であることを証するに不十分なものであるから，同条第 8 号の「申請書に必要なる書面を添付せざるとき」に該当するという両説があるがいずれによるべきか，至急電信で御指示願います。

▍回答

　本月 12 日付電報番号第 114 号で問合せの件，前説のとおり。

解　説

　本件は，同一建物について，異なる申請人から相前後して，それぞれ所有権を証する情報を提供して建物の表題登記の申請があった場合において，実地調査の結果，所有者を確認することができないとして当該登記申請を却下するときの適用条項は，法 25 条 11 号（旧法 49 条 10 号）の「表示に関する登記の申請に係る不動産の表示が第 29 条の規定による登記官の調査の結果と合致しないとき。」，又は同条 9 号（旧法 49 条 8 号）の「第 22 条本文若しくは第 61 条の規定又はこの法律に基づく命令若しくはその

122　第2節　各　論

他の法令の規定により申請情報と併せて提供しなければならないとされている情報が提供されないとき。」のいずれによるべきであるかとの照会に対して，法25条11号により却下すべきであると回答されたものです。

建物の表題登記を申請するときは，表題部所有者となる者が所有権を有することを証する情報を提供するものとされており（令別表12の項添付情報欄ハ），当該情報は，具体的には，「建物の表題登記の申請をする場合における表題部所有者となる者の所有権を証する情報，建築基準法（昭和25年法律第201号）第6条の確認及び同法第7条の検査のあったことを証する情報，建築請負人又は敷地所有者の証明情報，国有建物の払下げの契約に係る情報，固定資産税の納付証明に係る情報その他申請人の所有権の取得を証するに足る情報」とされています（準則87条1項）。

本件照会に係る事案の場合には，それぞれの申請情報に表題部所有者となる者が所有権を有することを証する情報が提供されてはいますが，いずれも当該建物の所有者であることを証する情報とはいえないことから，法25条9号により当該表題登記の申請を却下すべきであるとも考えられます（注1）。

しかしながら，形式的ではあるものの，いずれの申請情報にも表題部所有者となる者が所有権を有することを証する情報が提供されていることから，登記官の形式的審査権から判断すれば，法25条9号の却下事由には該当しないと解すべきです

ところで，不動産登記法は，登記官は，表示に関する登記の申請があった場合において，必要があると認めるときは，当該不動産の表示に関する事項を調査することができる（法29条1項）として，登記官の実地調査権を認めています。

そこで，本件照会事案のように，同一建物について，異なる申請人から相前後して，それぞれ所有権を証する情報を提供して建物の表題登記の申請があった場合には，登記官は，申請の前後に関係なく，それぞれの申請に基づいて，各申請人から事情を聴取し，又は実地調査を行うことにより，当該登記申請の受否を判断することになります。

そして，登記官の実地調査においては，所有者に関する事項もその対象

となるものであると解され，提供された所有権を証する情報のみによって
も所有者を判断することができないときは，実地調査により関係者から事
情を聴取し，また，関係情報の提供を求めるなどして，誰が真の所有者で
あるかについて，十分に調査して認定すべきであり，その実地調査の結果
でも真の所有者を認定することができないときは，いずれの登記申請も法
25条11号により却下することになります（注2）。

（注1）先例解説28巻6号84頁

（注2）表実4・208頁

関連質疑

表実第4巻207頁　問88

「同一建物について建築主と工事施工者から同時に表題登記が申請され
た場合の処理」

8　職権による登記

25　重複登記の処理について

（昭和 38 年 12 月 24 日 2 登不 7 第 488 号千葉地方法務局長照会
昭和 39 年 2 月 21 日民事甲第 384 号民事局長通達）

　標記の件について，紙甲号のとおり千葉地方法務局長から問合せがあり，別紙乙号のとおり回答したから，この旨貴管下登記官吏に周知方しかるべく取り計らわれたい。

別紙甲号

　不動産登記法の一部を改正する等の法律（昭和 35 年法律第 14 号）附則第 2 条第 2 項の登記簿，台帳一元化完了の指定期日（以下，指定期日という。）後の庁において，指定期日前に重複登記がなされており，かつ，後になされた登記用紙には指定期日前に所有権移転登記，抵当権設定登記その他権利に関する登記がなされており，前の登記用紙には所有権保存登記のみで，他に権利に関する登記がない場合においては，

(1)　重複登記の所有権保存登記名義人が同一人である場合は，便宜，前の登記を職権で抹消（不動産登記法第 25 条ノ 2）してさしつかえない。

(2)　重複登記の所有権保存登記名義人が異なる場合は，いずれの登記も職権で抹消する取扱いはできない。

　又，後の登記につき登記申請がなされた場合は，その登記申請をそのまま受理せざるを得ない。

と考えますが，いささか疑義があるのでお伺いします。

別紙乙号

　昭和 38 年 12 月 24 日 2 登不 7 第 488 号をもって問合せのあった標記の件については，次のように取り扱ってさしつかえないものと考える。

　　　記

(1)　貴見のとおり。

(2)　前段　後でなされた登記について，重複登記を登記原因として，職権

第1 建物の表題登記　125

で土地又は建物の表示の登記を抹消する。

後段　前段により了知されたい。

解　説

1　二重登記の意義及び発生要因

　1個の不動産について重複して登記され，二つの登記記録が設けられていることを，二重登記といいます。

　不動産登記法は，登記記録について，「表示に関する登記又は権利に関する登記について，一筆の土地又は一個の建物ごとに第12条の規定により作成される電磁的記録をいう。」（法2条5号）と定義し，一不動産一登記記録の原則を採用することを明言していますから，二重登記は，この原則に反し，不動産取引の安全と円滑に資するという不動産登記制度の目的（法1条）を阻害することになります。

　二重登記のほとんどは，昭和35年法律第14号の不動産登記法の一部改正により表示に関する登記制度が創設される以前に生じたものであり，その発生要因としては，①かつては，登記簿が地番順ではなく登記番号順に編てつされていたこと，②建物については，当初，家屋台帳が存在せず，家屋台帳創設後も，家屋番号は，地番とは無関係に付番されていたこと，③土地台帳時代に道路等を買収した場合に，その旨の登記を省略していた事例があったこと，④農地改革に伴い，自作農創設特別措置登記令による便宜的な取扱い（いわゆる耳登記）が認められていたこと，⑤登記簿が滅失した場合に，回復期間内に滅失回復の登記が申請されない事案があったこと，⑥明治22年の市制町村制の施行による明治の大合併に伴い町村名，字名，地番の変更が行われたこと等の事情が考えられます。

2　二重登記の解消方法

(1)　表示に関する登記制度創設以前の取扱い

　　上記の昭和35年法律第14号の不動産登記法の一部改正以前における表示に関する登記は，土地台帳及び家屋台帳に記載され，登記用紙は，所有権の保存の登記申請によって，当該土地台帳又は家屋台帳に

126　第2節 各 論

基づき，新設されていました。したがって，当時の二重登記の問題
は，所有権に関する二重登記として捉えられていました。そこで，二
重に所有権の保存の登記がされた場合の登記実務の取扱いは，次のよ
うにするものとされていました。

　ア　同一の建物について二重登記であることが判明したときは，改
　　正前の法149条ノ2以下の規定（現行法71条の規定と同旨の規定）
　　により，職権で，後にされた所有権の保存の登記を抹消する（関
　　連先例①記二本文）。

　イ　同一の建物について二重登記であることが判明した場合におい
　　て，後に所有権の保存の登記のされた登記用紙に現に効力を有す
　　る所有権の登記以外の登記（例えば，抵当権設定の登記）があり，
　　前に所有権の保存の登記のされた登記用紙にはこのような登記が
　　ないとき（過去に抵当権設定の登記がされたことがあるが，既に抹消
　　の登記がされている場合を含む。）は，便宜，前にされた所有権の
　　保存の登記を抹消する（関連先例①記二ただし書・関連先例②）。

　ウ　登記名義を異にして二重に所有権の保存の登記がされている場
　　合には，申請によりいずれか一方の所有権の保存の登記を抹消
　　し，その抹消がされるまでは，所有権の登記名義人を登記義務者
　　とする他の登記の申請があった場合には，その申請は，旧法49
　　条6号（現行法25条7号）（申請情報の内容である登記義務者の氏名
　　若しくは名称又は住所が登記記録と合致しないとき。）により却下す
　　る。

(2)　表示に関する登記制度創設以後の取扱い

　　昭和35年法律第14号の不動産登記法の一部改正によって，表示に
　関する登記制度が創設された以後における二重登記は，土地又は建物
　の表示の登記（表題登記）の登記用紙（登記記録）が重複する場合で
　あり，その解消は，登記官が，職権ですることができる（旧法25条ノ
　2，現行法28条）ものとされました。そこで，現行法において二重に
　表題登記がされた場合の登記実務の取扱いは，次のようにするものと
　されています。

ア　強制競売申立登記の嘱託により，職権で建物の表示の登記及び甲を所有者とする所有権の登記がされた建物について，甲より乙に代物弁済により所有権を移転したことを証する書面を添付して，乙から建物の表示の登記及び所有権の保存の登記申請があり，誤ってこれを登記したため重複登記となった後，甲を登記義務者とする競落による所有権の移転の登記の嘱託があったときは，受理して差し支えないとされ，この場合には，原則として，後にされた登記は無効であるから，後でされた建物の登記については，重複登記を登記原因として，職権（旧法25条ノ2）で建物の表示の登記を抹消するのが相当である（関連先例③）。

　なお，この取扱いに関する通達により，関連先例①の通達は，廃止されたことが明言されている。

イ　重複登記について，後にされた登記用紙には所有権の移転の登記，抵当権の設定の登記その他権利に関する登記がされており，前の登記用紙には所有権の保存の登記のみで，他に権利に関する登記がない場合において，所有権の保存の登記名義人が同一人であるときは，便宜，前の登記を職権（旧法25条ノ2）で抹消して差し支えない。

　他方，所有権の保存の登記名義人が異なるときは，後でされた登記について，重複登記を登記原因として，職権で表示の登記を抹消する（本件通達）。

3　二重登記の解消に関する先例の考え方

　以上のことからすると，二重登記の解消に関する先例の考え方は，所有権の登記名義人を同じくするか異にするかで，以下のとおり大別することができると考えられます。

　(1)　所有権の登記名義人を同じくする場合

　　原則として，後にされた表題登記を職権（法28条）で抹消し，当該登記記録を閉鎖する。

　　ただし，後に登記された登記記録に所有権の移転の登記，抵当権の設定の登記その他の権利に関する登記がされているときは，例外

的に，先にされた表題登記を職権で抹消し，当該登記記録を閉鎖する。

(2) 所有権の登記名義人を異にする場合

原則として，後にされた表題登記を職権（法28条）で抹消し，当該登記記録を閉鎖する。

ただし，現在における登記名義人が異なっている場合であっても，登記の経緯の内容からみて，登記名義人が同一の場合と同視することができ，先にされた登記記録を閉鎖することが妥当であると判断できるときは，例外的に，先にされた表題登記を職権で抹消し，当該登記記録を閉鎖する。

関連先例

①建物表示更正の登記取扱方について

（昭和30年5月25日日記総第2088号大津地方法務局長照会

昭和30年7月4日民事甲第1346号民事局長通達（回答））

標記の件について，別紙甲号のとおり大津地方法務局長から問合せがあったので，別紙乙号のとおり回答したから，この旨貴管下登記官吏に周知方しかるべく取り計らわれたい。

追って，既に同一の不動産について二重の登録及び登記がなされている場合においても，この通達による回答と同様に取り扱うべきであるから，併せて周知されたい。

照会

（別紙甲号）

家屋税法（昭和15年法律第108号）による家屋台帳制定以前に，所有権保存の登記のなされたものにつき，建物表示更正の登記申請があったが，これを登記すると，他の登記用紙に家屋台帳法（昭和22年法律第31号）施行後に所有権保存登記（これに対しては後日差押の登記がなされている）のなされた建物と同一表示で，重複登記となることが明かな場合は，該登

記の申請は，不動産登記法第49条第2号により却下すべきものと考えますがいかがでしょうか。

▌回答

（別紙乙号）

　本年5月25日付日記総第2088号で問合せのあった標記の件については，後に所有権保存の登記のなされた建物の家屋台帳とは別個に当該表示更正の登記申請に係る建物の家屋台帳が存する場合には，その表示更正登記の申請を受理してさしつかえないが，右の家屋台帳が存しない場合には，不動産登記法第49条第10号により却下すべきである。

　なお，右により登記した後，同一の建物につき二重の登録及び登記であることが判明した場合には，次のように取り扱うのを相当と考える。

　　　　　記

一　当該建物について，異なる家屋番号が付されているときは，職権で，まず一方の家屋番号を他の家屋番号と同一のものに訂正し，家屋番号変更の登記をして，両者の家屋番号を家屋台帳及び登記簿上同一のものとする。

二　次に，若し当該建物が同一の所有者名義である場合には，いずれか一方の家屋台帳を二重登録を事由として抹消して，その旨を市町村長に通知し，次いで，不動産登記法第149条ノ2以下の規定により職権で後になされた保存登記を抹消する。ただし，この場合，後に保存登記のなされた登記用紙に現に効力を有する所有権の登記以外の登記が存し，前に保存登記のなされた登記用紙にかかる登記の存しない場合には，前になされた保存登記を抹消する。

三　若し当該建物が異なる所有者名義である場合には，申請によりいずれか一方の保存登記を抹消し，その後当該抹消に係る建物の家屋台帳を二重登録を事由として抹消する。右の抹消がなされるまでは，所有権の登記名義人を登記義務者とする他の登記の申請があった場合には，その申請は，不動産登記法第49条第6号により却下する。

130　第2節　各　論

②登記事務の取扱について
（昭和30年3月1日登第319号横浜地方法務局長照会
　昭和30年4月22日民事甲第698号民事局長回答）

▎照会

　同一の登記所の管轄に属する大字A町と大字B町とに跨つて建築され
た建物につき保存登記をした後，その建物に増築をし，これを既に登記し
てある部分とともに更に保存登記をしたため，増築前の部分について二重
の保存登記がなされているところ，今般先に登記された建物に対し，錯誤
を原因として所有権登記のまっ消登記の申請があった。二重登記の場合に
は，後になされた登記をまっ消するのが本則であると考えられるが，右の
後に登記された建物には既に抵当権の設定登記があり，先に登記された建
物には所有権の登記のみであって他の権利に関する登記がない（抵当権設
定の登記がなされたことがあるが既にまっ消登記済）ので，便宜右申請を受
理してさしつかえないとも考えられますが，聊か疑義がありますので至急
御指示をお願いいたします。

▎回答

　本年3月1日付登第319号をもって問合せのあった標記の件について
は，便宜後段貴見のとおり取り扱ってさしつかえないものと考える。
　なお，当該家屋が家屋台帳にも二重に登録されている場合には，登記官
吏は，職権で，A町の家屋台帳の登録をまっ消し，その旨関係市町長に
通知すべきであるから，念のため申し添える。

③重複登記の一方についてあらたな登記の嘱託があった場合の受否につい
　て
（昭和37年8月10日日記民政総第1682号名古屋法務局長照会
　昭和37年10月4日民事甲第2820号民事局長通達）

　標記の件について，別紙甲号のとおり名古屋法務局長から照会があった
ので，別紙乙号のとおり回答したから，この旨貴管下登記官吏に周知方し

かるべく取り計らわれたい。

別紙甲号

建物の表示の登記及び所有権の登記のないものについて，強制競売申立登記の嘱託があり不動産登記法第104条の規定により，職権で建物の表示の登記及び甲を所有者とする所有権の登記をなした上，強制競売申立の登記をなしたるところ，同一建物について，甲より乙に代物弁済により所有権を移転したことを証する書面を添付して，乙から建物の表示の登記申請及び所有権保存登記申請があり，誤ってこれを登記したため重複登記となったものについて，このたび甲を登記義務者とする競落による所有権移転登記の嘱託があった。同嘱託書を形式的に審査すれば，同一の建物について異なる所有権の登記名義人が併存することとなるので，かかる場合は嘱託書に記載した登記義務者の表示が登記簿上の表示と符合しないものとして，不動産登記法第49条第6号の規定により却下すべきものとされていますが（昭和30年7月4日付民事甲第1346号民事局長通達）本年1月23日の最高裁判所の判決の例もあり，いささか疑義がありますので，さしかかった事件のため，電信にて至急何分のご垂示を賜わりたく，お願いします。

別紙乙号

8月10日付民政総第1682号で問合せの二重登記の件については，所問の嘱託による登記を受理してさしつかえない。

なお，所問の場合，後でなされた建物の登記については，重複登記を登記原因として，職権で建物の表示の登記を抹消するのが相当である（不動産登記法第25条ノ2，第62条参照）。

おって，引用の本職通達は，不動産登記法の一部を改正する等の法律（昭和35年法律第14号）附則第2条第2項の登記簿，台帳一元化完了の指定期日後は廃止されたものと了知されたい。

関連質疑

表実第1巻107頁　問45

132 第2節 各 論

「二重登記の意味」

表実第1巻110頁　問46

「二重登記の解消方法」

表実第1巻112頁　問47

「二重登記の例外的な解消方法」

表実第1巻115頁　問48

「登記官が職権でした登記が二重登記であった場合の処理方法」

表実第1巻118頁　問49

「二重登記の先の登記のみに抵当権の登記がある場合に抵当権者の承諾を証する情報を提供して当該登記記録を抹消することの可否」

第1 建物の表題登記　133

26 登記簿・台帳一元化完了期日指定後における重複登記の処理について

（昭和44年1月31日訟第81号広島法務局長照会
　昭和44年4月21日民事甲第868号民事局長回答）

▌照会

　大蔵省名義の別紙記載の土地は，農林省に所管換された後，自創法16条により甲某に売渡されているが，別紙記載のとおり重複登記となっているためその登記が未了である。

　所管農政局では，後になされた登記が職権により抹消される場合を考慮して，前になされた登記につき物納による所有権移転登記の前提として仮処分の申請を考えているところ，右仮処分登記の受否，重複登記の処理についてつぎのとおりの見解がある。丁説を相当と思料しますが，いささか疑義がありますのでご回答をお願いします。

　なお，所轄登記所においては一元化作業は完了している。

　　　　　記

甲説

　　当事者の申請により，いずれか一方の登記が抹消されない限り所有権登記名義人を義務者とする他の登記の申請は受理できない。

乙説

　　前になされた登記につき仮処分の登記の嘱託があったときは受理してよいが，本件重複登記を職権で抹消することは最高裁判所昭和34年(オ)第150号同37年1月23日第三小法廷判決の趣旨に反するので，前後いずれの登記も職権で抹消することはできない。

丙説

　　前になされた登記に対する仮処分登記の嘱託は受理してよく，後になされた登記は職権（不登法25条の2）で抹消すべきである。重複登記の早期解消は登記制度の基本的要請に基づくものであり，前記最高裁判決も重複登記を存続せしむべきことを是認したものではないから，後になされた登記を職権で抹消することは右判決の趣旨に反しない。

丁説

　本件重複登記は，現在においては所有名義人が相違しているが，経過
内容から保存登記名義人が同一の場合と同視してよく，便宜前になされ
た登記を職権（不登法 25 条の 2）で抹消してよい。これにより重複登記
を解消できれば仮処分の問題は生じない。

参照

　　昭和 30 年 4 月 22 日民甲第 698 号，昭和 30 年 5 月 27 日民甲第 1036 号

　　昭和 30 年 7 月 4 日民甲第 1346 号，昭和 37 年 10 月 4 日民甲第 2820 号

　　昭和 38 年 9 月 12 日民甲第 2601 号，昭和 39 年 2 月 21 日民甲第 384 号

　　昭和 42 年 3 月 14 日民三第 139 号，昭和 43 年 3 月 28 日民三第 920 号

別紙

（前になされた登記―ただし，他に権利に関する登記で現に効力を有する登記事
項はない。―）

　　倉敷市亀山字 12 割 851 番の 2　田 616 平方メートル

　　甲区 1 番

　　　明治 34 年 1 月 8 日受附第 38 号同 33 年 12 月 8 日付売買証書により児
　　　島郡藤戸村大字天城 281 番邸 A 某のため所有権の取得を登記す

　　　昭和 17 年 8 月 26 日受附第 1517 号

　　甲区 2 番

　　　昭和 17 年 8 月 26 日受附第 1522 号同 13 年 3 月 16 日家督相続により
　　　児島郡藤戸町大字天城 15 番地 B 某のため所有権の取得を登記す

（後になされた登記―ただし，他に権利に関する登記で現に効力を有する登記事
項はない。―）

　　倉敷市亀山字 12 割 851 番の 2　田 616 平方メートル

　　甲区 1 番

　　　昭和 22 年 11 月 4 日受附第 2534 号児島郡藤戸町大字天城 15 番地 B
　　　某のため所有権を登記す

　　甲区 2 番

　　　昭和 22 年 11 月 4 日受附第 2535 号同年 5 月 20 日付財産税法第 56 条
　　　1 項に基づく物納により大蔵省のため所有権の取得を登記す

第1　建物の表題登記　135

回答

　1月31日付訟第81号をもって問合せのあった標記の件については，所問の場合には貴見により取り扱ってさしつかえないものと考える。

解　説

　本件は，前掲先例25で説明した昭和35年法律第14号の不動産登記法の一部改正によって，表示に関する登記制度が創設された以後における重複登記の解消方法について照会されたものであり，その解消が，登記官が，職権ですることができる（法28条，旧法25条ノ2）ものとされています。

　具体的には，前にされた登記用紙には，Aのための所有権の保存の登記，及び家督相続によるBのための所有権の移転の登記がされ，他に権利に関する登記で現に効力を有する登記事項はなく，他方，後にされた登記用紙には，Bのための所有権の保存の登記，及びBから財務省（当時の大蔵省）への所有権の移転の登記がされ，他に権利に関する登記で現に効力を有する登記事項がない場合，現在の所有権の登記名義人は異なるが，登記の経緯の内容から，登記名義人が同一の場合と同視してよく，便宜，前になされた登記を職権で抹消してよいとされたものであり，関連先例①も同趣旨と考えられます。

　したがって，重複登記の解消に関する先例の考え方は，①所有権の登記名義人を同じくする場合は，原則として，後にされた表題登記を職権（法28条）で抹消し，当該登記記録を閉鎖する。ただし，後に登記された登記記録に所有権の移転の登記，抵当権の設定の登記その他の権利に関する登記がされているときは，例外的に，先にされた表題登記を職権で抹消し，当該登記記録を閉鎖する。②所有権の登記名義人を異にする場合は，原則として，後にされた表題登記を職権（法28条）で抹消し，当該登記記録を閉鎖する。関連先例②は，この原則に従った処理がされたものと考えられます。ただし，現在における登記名義人が異なっている場合であっても，登記の経緯の内容からみて，登記名義人が同一の場合と同視すること

136　第2節　各　論

ができ，先にされた登記記録を閉鎖することが妥当であると判断できると
きは，例外的に，先にされた表題登記を職権で抹消し，当該登記記録を閉
鎖するとされているものと解されます。

関連先例

①重複登記の処理について
（昭和46年1月7日不登第5号名古屋法務局長照会
　昭和46年3月26日民事甲第1194号民事局長回答）

▌照会

　登記簿，台帳一元化作業が完了した当局岡崎支局において，左記のよう
な重複登記を発見いたしました。よって，左記当局意見のとおり処理した
いと考えますが，いささか疑義がありますのでご指示をお願いいたします。
　記
事例
1　甲はA土地について，遺産相続を原因として，明治29年3月26日
　旧登記簿にこれが所有権移転登記をなした。
2　大正9年10月14日甲の家督相続人乙は，A土地が既登記であるこ
　とを知らず，自己名義の所有権保存登記を申請したところ，登記官も前
　項の登記を見落し，未登記と誤認して，右保存登記を受理した。
3　乙は昭和13年1月12日A土地を丙に売渡し，これが所有権移転登
　記をなした。
4　岡崎支局（当時は岡崎区裁判所）は，昭和20年7月20日戦災により
　焼失し，登記に関する帳簿は滅失した。ただし，旧登記簿は焼失をまぬ
　がれた。そこで同登記所は登記権利者に対し，昭和21年10月31日
　（後に更に1年延長された。）までに登記の回復を申請するよう告知した。
5　丙は昭和21年11月7日3の所有権移転登記の回復を申請し，受理さ
　れた。
6　岡崎支局登記官は，昭和27年2月5日前記1の甲の所有権移転登記

を新登記簿に移記した。よって，Ａ土地について，登記名義人甲と，同丙の登記が重複した。

7　なお，Ａ土地は3回分筆されたが，分筆された土地の一部について，丙の相続人による所有権移転登記および右相続人から第三者へ所有権移転登記がなされたが，右以外の土地については，前記甲，丙以外の登記はない。

当局の意見

　一元化作業の完了した登記所における重複登記の処理については，原則として後に設けられた登記用紙を職権で閉鎖すべきであるが，重複登記用紙にたまたま同一登記名義人の所有権保存登記がなされ，しかも後の登記用紙のみに第三者の権利の登記がある場合には，登記経済の面から，便宜先に設けられた登記用紙を職権で閉鎖してもさしつかえない（昭和39，2，21民事甲第384号民事局長通達）取り扱いである。

　ところで，本件Ａ土地の登記は，甲の家督相続人乙が所有権保存登記をなしたときに，重複登記となったのであるが，以来重複であることが発見されず，昭和13年1月12日に丙に所有権移転の登記がなされて後，戦災により焼失してしまったのである。

　したがって後の登記用紙が戦災で滅失しなければ，前述の便宜処理例とほぼ同一視（ただし先例では同一名義人であるが，本件においては，相続人と被相続人である点が相違しているが，同一人と同視できるものと考える。）できうる事案であり，被相続人と相続人との関係を確認して先例の便宜処理が可能と考えます。しかし，本件においては，後の登記用紙が戦災で滅失したため，乙，丙間に所有権移転登記のなされたことが，登記簿上確認することができないけれども，戦災をまぬがれた旧土地台帳の左記記載によれば，乙，丙間において所有権移転登記をなした事実を確認することができるのである。

　記

（旧土地台帳の一部抜すい）

登記年月日	事故	所有質取主住所	所有質取主氏名
			某
明治二九年三月二六日			甲
大正九年○月一日	所有権保存	○○郡○○村大字○番地○	乙
昭和二三年一月一二日	所有権取得		丙

　したがって，本件については職権をもって甲，乙の相続関係を調査し，戸籍謄本によって乙が甲の家督相続人であることが確認されたときは，前記旧土地台帳の記載により，Ａ土地について乙，丙間に所有権移転登記のなされたことも確認されるので，前記先例の趣旨により便宜前の甲名義の登記用紙を閉鎖してさしつかえないと考えます。

回答

　１月７日付不登第５号をもって照会のあった標記の件については，便宜貴見により処理してさしつかえないものと考える。

②二重登記の処理について

（昭和41年11月14日大阪法務局民事行政部長照会
　昭和42年3月14日民事三発第139号民事第三課長回答）

照会

　標記の件について，左記のとおりいささか疑義を生じましたので至急何

分の御指示をお願いします。

　おって，左記物件のいずれについても新登記の申請があり，急を要しますので特に御高配を願います。

　　　　　　記

一　昭和40年8月26日甲某を所有者として建物表示登記申請があり，別添謄本㈠のとおり家屋番号84番1の登記完了，同年9月6日所有権保存登記をも完了した。

二　同年9月7日大阪地方裁判所から乙某を登記義務者として仮差押登記の嘱託があり，別添謄本㈡のとおり家屋番号84番1の2の登記を完了した。

　その後実地調査の結果，右の両建物は，種類は異っているが，同一建物で重複した登記がなされていることを発見した。

　二重登記の処理については，昭和37年10月4日付民事甲第2820号，昭和38年9月12日付民事甲第2601号，昭和39年2月21日付民事甲第384号の民事局長通達及び昭和39年2月24日付民事三発150号貴職御回答等があり，その趣旨からして後でなされた乙某名義の建物登記について不動産登記法第25条ノ2の規定に基づいて登記官が職権で表示登記の抹消をすべきであると考えますが，右の通達及び回答はいずれも所有権についての争いが比較的少ない事案であって，本件のように後でなされた登記が裁判所からの嘱託に基づくものであり，いずれが正当な所有者であるか判断ができないので，登記官の職権抹消については消極的な取扱いをするのが妥当ではないかとも考えられ，かつ，この種の事案についても管内の取扱が必ずしも統一されていないので，これが徹底を期したく，重ねて基本方針を承りたい。

（別紙第1）（次頁）

（附属建物の表示）表題部

所有者			符号
大阪市南区長堀橋筋一丁目二〇　乙某			①種類
			②構造
			③床面積　㎡坪
			原因及びその日付
			登記の日付

84—1
84・1

（主たる建物の表示）表題部

数枚
1
(2)
3
4
5
6
7
8
9
10
11
12
13
14
15
所在図番号

所在	豊中市大字庄根八四番地
家屋番号	八四番壱
①種類	共同住宅　附属
②構造	木造瓦葺弐
④床面積　㎡坪	壱階　七壱　五六／弐階　七壱　五六
原因及びその日付	昭和四〇年八月壱日新築
登記の日付	昭和四〇年八月弐六日

84・1　地番家屋番号

甲区　（所有権）

順位番号	事項欄
壱	所有権保存　昭和四拾年九月六日　受附第五〇九弐九号　所有者　大阪市南区長堀橋筋壱丁目弐〇番地　乙某
順位番号	事項欄
順位番号	事項欄

右は登記簿の謄本である
昭和四拾壱年六月弐拾壱日
大阪法務局豊中出張所
登記官　岡本嘉一　印

（別紙第2）

（示表の物建属附）　表題部

所有者		符号
		①種類
箕面市桜二九九の二		②構造
		③床面積　㎡坪
甲　某		原因及びその日付
		登記の日付

84—1
84・1〜2

（示表の物建るた主）　表題部

数枚	所在	家屋番号		
1				①種類　居宅
2				②構造　木造瓦葺弐階建
3				③床面積　㎡坪
4	豊中市大字箕根八四番地の壱	八四番壱の弐	面積は尺貫法による表示	一階　弐壱　八四
5				二階　弐壱　八四
…				原因及びその日付　仮差押の登記をするため
15				登記の日付　昭和四拾年九月七日
所在図番号				

84・1〜2　地番・家屋番号

甲　区　（有権所）

順位番号	事項欄
壱	所有権保存　昭和四拾年九月七日順位壱番の弐　甲　某　大阪府箕面市桜弐九九番地の弐　仮差押登記をするため登記
弐	仮差押　昭和四拾年九月七日　受付第弐〇四九号　原因昭和四拾年八月弐壱日大阪地方裁判所仮差押　債権者　大阪府大東市中垣内七百九拾弐番地　丙　某

順位番号	事項欄
	右は登記簿の謄本である　昭和四拾壱年六月弐拾壱日　大阪法務局豊中出張所　登記官　山本喜一㊞

▌回答

客年11月14日付総第9754号をもって問合せのあった標記の件については，家屋番号84番1の2の建物につき，重複登記を登記原因として職権で建物の表示の登記を抹消してさしつかえないものと考えます。

建物の一部が二重登記となつている場合の処理について

（昭和40年1月7日登第6号東京法務局長照会
昭和40年3月23日民事甲第623号民事局長通達）

　標記の件について，別紙甲号のとおり東京法務局長から問合せがあり，別紙乙号のとおり回答したから，この旨貴管下登記官に周知方しかるべく取り計らわれたい。

別紙甲号

　鉄筋コンクリート造6階建（屋階付）の建物が建設され，甲から3階ないし6階の部分につき区分所有建物の表示の登記の申請があり，その表示の登記をなし，次に，右の区分所有建物の属する一棟の建物全部を一個の建物として（鉄筋コンクリート造7階建として），債務者（所有者）を乙，債権者を丙とする仮差押の登記が嘱託されたので，当該建物全部につき，不動産登記法第104条の規定により，建物の表示の登記及び乙の名義に所有権保存の登記をした上仮差押の登記をした。その後，右の乙の名義に登記をした建物につき実地調査を行なったところ，甲名義の区分所有建物と乙名義に登記をした建物は同一の建物であって，二重登記であることが確認された場合には，不動産登記法第25条ノ2の規定によりその一方の登記を抹消すべきものと考えますが，その抹消につき左記3説があり，甲説によるべきものと考えますが，いささか疑義がありますので，何分の御指示を賜わりたくお伺いします。

　　　　　　記

甲説　乙名義の建物につき不動産登記法第15条ただし書の規定による登記用紙を設け（ただし一棟の建物の表題部の用紙を除く。），当該建物を1階及び2階の部分，3階ないし6階の部分，7階の部分の3個の建物とする建物の区分の登記をなし，乙名義の3階ないし6階の部分の建物については，重複登記を登記原因として職権で建物の表示の登記を抹消し，その登記用紙を閉鎖する。

乙説　乙名義の建物の登記を重複登記を登記原因として職権で抹消する。

144 第2節 各 論

丙説 甲名義の区分所有建物の表示の登記を重複登記を登記原因として職
　　権で抹消する。乙名義の建物の実地調査前に甲から所有権保存登記の申
　　請がなされ，甲名義に所有権保存の登記がなされても，同様である。
別紙乙号
　本年1月7日付登第6号をもって問合せのあった標記の件については，
甲名義で区分建物の表示の登記のされた不動産登記法第15条ただし書の
規定による登記用紙に，同法第99条ノ2第1項前段及び第2項の規定に
準じて乙名義で登記された建物の1階及び2階の部分，3階から6階まで
の部分並びに7階の部分について区分した建物の表題部及び甲区の用紙を
設け，ついで乙名義の3階から6階までの部分の区分建物について貴見甲
説の職権による表示の登記の抹消をするのが相当と考える。

解 説

　本件は，鉄筋コンクリート造6階建（屋階付）の建物の3階から6階部
分について，甲が，区分建物の表題登記をした後，さらに，当該甲名義の
区分建物が属する1棟の建物全部を1個の建物として（鉄筋コンクリート
造7階建として），債務者（所有者）を乙，債権者を丙とする仮差押の登記
が嘱託されたため，当該建物全部について，法76条2項及び3項（旧法
104条）の規定により，職権で建物の表題登記，乙名義の所有権の保存の
登記及び仮差押の登記をした後，乙名義で登記した建物について実地調査
を行ったところ，甲名義の区分所有建物と乙名義に登記をした建物は，同
一の建物であって，二重登記であることが確認された場合の処理方法につ
いて，照会されたものです。

　前掲先例25及び26で説明したとおり，所有権の登記名義人を異にする
場合の重複登記の解消に関する先例の考え方は，原則として，後にされた
表題登記を職権（法28条）で抹消し，当該登記記録を閉鎖する。ただ
し，現在における登記名義人が異なっている場合であっても，登記の経緯
の内容からみて，登記名義人が同一の場合と同視することができ，先にさ
れた登記記録を閉鎖することが妥当であると判断できるときは，例外的

に，先にされた表題登記を職権で抹消し，当該登記記録を閉鎖するとされているものと解されます。したがって，本件照会に係る事案については，後にされた乙名義の表題登記を職権（法28条）で抹消し，当該登記記録を閉鎖することになるものと考えられます。

　しかしながら，本件事例のように，当該1棟の建物に属する一部について区分建物の登記がされていて，それが後にされた建物の一部と重複するような場合には，先にされた登記に係る建物が，1棟の建物を区分した建物の一部であることが明かである限り，重複する部分と重複しない部分とに区分することができると考えられます。したがって，このような場合にも，上記の原則どおりに，後にされた乙名義の表題登記を職権で抹消することは相当でないと考えられます

　そこで，本件重複登記の解消方法としては，区分建物でない甲建物を乙建物とする建物の区分の登記をするときは，区分後の各建物について新たに登記記録を作成する（規則120条1項，旧法99条ノ3第1項前段及び2項。本件照会時の条項は99条ノ2）ものとされていることから，この取扱いに準じて，甲名義の区分建物の登記記録に，乙名義で登記された建物の1階及び2階の部分，3階から6階までの部分並びに7階の部分について区分した建物の表題部及び甲区の登記記録を設けた上で，乙名義の3階から6階までの部分の区分建物については，重複登記を登記原因として，表題登記を職権で抹消するのが相当であるとされたものです。

第2 建物の種類

28 建物の表示に関する登記事務の取扱いについて（抄・建物の種類）

（昭和46年3月19日日調連総発第94号日本土地家屋調査士会連合会長照会
昭和46年4月16日民事甲第1527号民事局長回答
昭和46年4月16日民事三発第238号民事第三課長依命通知）

標記の件について別紙甲号のとおり日本土地家屋調査士会連合会長から民事局長あて問い合せがあり，別紙乙号のとおり回答がなされたので，通知します。

別紙甲号

建物の種類，構造および床面積については，左記により取り扱いたいと思いますが，さしつかえないかお伺いします。

なお，さしつかえない場合は，登記官に対し周知方ご依頼いたします。

　　　建物の種類，構造および床面積の取り扱いについて

目次（省略）

一　建物の種類の表示について

建物の主たる用途が2以上の場合は，その種類を次のように表示する。

　　居宅・店舗

　　店舗・事務所・共同住宅

別紙乙号

3月19日付日調連総発第94号をもって問い合せのあった標記の件については，貴見により取り扱ってさしつかえないものと考えます。

なお，登記官への周知方については，当局機関誌（民事月報）に掲載してすることとしたから了承願います。

第2　建物の種類　147

解　説

　建物の種類とは，建物の利用形態（目的となる用途）のことであり，建物を特定するための一つの要素として，登記事項とされており（法44条1項3号），建物の種類に関し必要な事項は，法務省令（規則）で定めるものとされています（同条2項）。そこで，この規定を受けて，「建物の種類は，建物の主な用途により，居宅，店舗，寄宿舎，共同住宅，事務所，旅館，料理店，工場，倉庫，車庫，発電所及び変電所に区分して定め，こられの区分に該当しない建物については，これに準じて定めるものとする。」とされています（規則113条1項）。さらに，準則80条1項においては，「規則第113条第1項に規定する建物の種類の区分に該当しない建物の種類は，その用途により，次のように区分して定めるものとする。なお，これにより難い場合には，建物の用途により適当に定めるものとする。」とされており，その区分として，「校舎，講堂，研究所，病院，診療所，集会所，公会堂，停車場，劇場，映画館，遊技場，競技場，野球場，競馬場，公衆浴場，火葬場，守衛所，茶室，温室，蚕室，物置，便所，鶏舎，酪農舎，給油所」が掲げられ，規則及び準則合わせて37の種類が定められています。

　上記のとおり，建物の種類は，その建物の主な用途により定めることになりますが，建物の主たる用途が二つ以上ある場合には，例えば「居宅・店舗」のようにそれぞれの用途に見合った種類を併せて表示するものとされています（準則80条2項）。

　本件は，準則に上記のような規定がない当時，日本土地家屋調査士会連合会長からの照会に対して，法務省民事局が同会との間で問題点を種々検討協議した結果，同会の取扱いによって差し支えないと回答されたものです（注1）。

　ところで，土地の地目と異なり，建物の種類については，上記のとおり，規則及び準則に掲げられた種類に該当しない建物については，その用途により適当に定めることができるものとされています。これは，近年の建築技術の向上により，構造上又は利用目的が多様化したことにより，

148 第2節 各 論

様々な建造物がみられるようになっていることから，新しい用途に供される建物については，一般の人が当該建物の登記記録を見たときに，当該建物の外観や利用状況等を明確に判断することができる場合には，新しい種類を登記することを認めているものと解されます（注2）。しかしながら，建物の種類は，あくまでも当該建物を特定されるために登記事項とされているものであることから，登記官が規則及び準則の規定以外の種類を定める場合には，社会通念において通用する用語により，的確，かつ，合理的に定める必要があると考えられます（注3）。

そこで，登記実務においては，就学前の子どもに関する教育，保育等の総合的な提供の推進に関する法律（平成18年法律第77号）6条2項に規定する認定こども園の用に供する建物について，同項に規定する認定こども園に該当することを証する情報として，都道府県知事の作成する認定通知書等を提供したときは，当該建物の種類を「認定こども園」とすることができるとされ（注4），また，水素専用の供給施設内にあり，水素を供給するために用いられる建物の種類は，政府が策定したエネルギー基本計画（平成26年4月11日閣議決定）において呼称されている「水素ステーション」と定めるのが相当であるとされています（注5）。

なお，東京ディズニーランドにおいて，「シンデレラ城」という名称で呼ばれている建物の種類は「店舗　劇場」として登記されており，また，「スペース・マウンテン」という名称の建物の種類は「遊技場」として登記されています。これに対して，丸太ボートで映画の世界を巡り，最後は滝を滑る「スプラッシュ・マウンテン」という名称の建物の種類は，そのまま「スプラッシュマウンテン」として登記されています。

以上のほか，具体的な建物の種類の認定事例については，「表実4」の問98（230頁）から問120（276頁）において説明されていますので，一読ください。また，日本土地家屋調査士会の「土地家屋調査士　調査・測量実施要領」（第6版・2005）においては，その別紙16に建物の種類とその具体的な利用上の用途の一覧を掲げていますので，参考として掲載します。

（注1）有馬2・173頁

（注2）表実4・222頁

（注3）教材 90 頁

（注4）登研 810 号 213 頁・質疑応答〔7971〕。なお，当該質疑応答では，当該法律の該当条項を第2条第6項としているが，正しくは，第6条第2項であると思われる。

（注5）登研 831 号 171 頁・質疑応答〔7984〕

（参考）「土地家屋調査士　調査・測量実施要領」

建物の用途による種類の区分

	建物の種類	建物の利用上の用途・適用等	適用法令等
い	市場 居宅	卸売市場法による施設等の建物 　　例示　青果市場，鮮魚市場，生花市場 居宅（きょたく）参照	建物認定 P220
え	映画館 園舎	興業場法による映画上映の常設館 幼稚園，保育園（所） 　注　校舎・保育所（園）・幼稚園の項参照	準則 80 条
お	屋内プール	水泳教室を目的とした比較的規模の小さな施設 　注　建物の規模及び利用目的により教習所，体育館とする。 　注　室内水泳場・スポーツセンターの項参照	準則 80 条
	温室	植物を特別に促成栽培するため内部の温度を高めるようにしたガラス張りの建物	
か	会館	結婚式場，貸会議室，貸ホール等を有する比較的大規模な建物　例示　催会場，福祉会館，青年福祉会館，貸会館，児童会館，多目的ホール，雑居ビル，多目的ビル，葬祭会館	建物認定 P217
	蚕室	養蚕施設等の建物	準則 80 条
	会堂	教会の会堂（聖堂，天主堂）	宗教 3 条
	学生会館	学生が利用するための図書室，資料室，集会所等の施設が設けられているもの。	
	火葬場	墓地，埋葬等に関する法律による葬祭場，斎場の施設の建物	準則 80 条

	合宿所	学生が年間を通じてスポーツ活動を行うために共同生活を営み体力の強化，精神の鍛錬等を図る施設	
	乾燥場	木材・麺・農産物・海産物等を乾燥するための建物	
き	機械室	機械の収納，保守に供される建物 　注　その用途に応じ，ポンプ室，制御室，ボイラー室，気缶室等とすることができる。	
	寄宿舎	学生や社員等のための寮のように，多数の者が各施設を共用し，それぞれの居住単位の区画内で独立した生活が営めない建物	登記規則113条
	休憩（息）所	休憩するための建物	
	給油所	ガソリンスタンドの建物	準則80条
	居宅	専ら居住の用に供される建物 　例示　社員用社宅，職員用宿舎，別荘，山荘，民宿	登記規則113条
	教会	宗派を同じくする人の組織体で主としてキリスト教で用いるが，他の宗教でも用いる。	
	競技場	陸上，球技の競技施設	準則80条
	教習所	学校教育法の適用されない学習塾等の建物 　例示　ソロバン塾，生花，絵画，音楽，舞踏，裁縫，手芸，茶道，体育，自動車教習所等，空手・柔道など武術の道場	建物認定P211
	教職舎	教会の教職舎	宗教3条
	経蔵	大蔵経を納めてある建物（経庫，経楼，経堂）	
	教団事務所	宗教団体の事務を執る建物	宗教3条
	共同住宅	居住の用に供される建物のうち，1棟の内部が数個の区画に仕切られていて，数世帯が独立して生活できる建物 　例示　アパート，マンション，コーポ，棟割長屋型式の建物	登記規則113条
	教務院	宗門上の事務を執る建物	宗教3条

第2　建物の種類　151

	銀行	銀行法が適用される銀行，信託銀行等の建物	
く	庫裏（裡）	寺の台所・住職とその家族の居間	宗教3条
	クラブハウス	ゴルフクラブハウス，乗馬クラブハウス等（店舗と表示してもよい）	
け	警察署	地方公共団体の建物	
	鶏舎	鶏を養育する建物	準則80条
	競馬場	競馬法が適用される中央競馬・地方競馬の競馬場	準則80条
	劇場	興業場法による演劇，寄席等の興行上の用に供される建物	準則80条
	研究所	学術の研究，製品の試験・研究等を行うための建物	準則80条
	研修所	各種の研修施設	
	県庁舎	地方公共団体の建物	
こ	更衣所（室）	会社，工場等で衣服を着替えるための建物	
	公会堂	公衆向けの各種行事の開催等を目的とする比較的大規模な建物	準則80条
	校舎	学校教育法，各種学校教育法による学校の教室等教育用の建物。幼稚園については，校舎又は園舎として差し支えない。	準則80条
	公衆浴場	公衆浴場法による銭湯等温湯又は温泉その他を利用して公衆を入浴させる施設 　　例示　個室付浴場，サウナ風呂営業　　　　　　等のための建物	準則80条
	工場	機械・設備等を備え，物品を製造加工する大規模な建物製品の製造，加工等を行うための比較的規模の大きい建物	登記規則113条 建物認定P203
	講堂	学校教育法，各種学校教育法による儀式，訓話，講演等を行うための教育用の建物	準則80条
	公民館	地方公共団体の建物で，団地・自治会等の住民が会合・冠婚葬祭式場等に使用する建物	

152　第2節　各　論

	娯楽室	工場等で従業員のための娯楽の用に供する建物	
	ゴルフ練習場	ゴルフの練習場 　注　練習場の項参照	
さ	サイロ	牧草・トウモロコシ等を発酵させて，貯蔵する建物	
	作業所（場）	専ら労力作業を主として行う仕事場や家内工業的な製造・加工等を行うための小規模な建物	建物認定 P204
し	実習所（場）	各種機械の操作等の実習を行うための建物	
	室内水泳場	スイミングスクール等の建物	
	事務所	個人，組合，法人等の営業活動，社会活動に伴う事務の用に供されるもの。 　例示　個人所有の特定郵便局	登記規則 113 条
	車庫	自動車・電車等の車両を格納する建物	登記規則 113 条
	社務所	神社の事務等を行う建物	宗教 3 条
	守衛所	官庁，学校，会社，工場等の警固のための詰所等の建物	準則 80 条
	集会所	専ら会議をするための会館，冠婚葬祭式場等のもので比較的小規模な建物	準則 80 条
	集塵庫	マンションの入居者のためのゴミ置場	
	宗務庁	宗教上事務の用に供される建物	宗教 3 条
	食堂	単独の構造を有する，食事をするための建物	
	消防署	地方公共団体の建物	
	塵芥集積場	注　集塵庫の項参照	
	信者修行所	信者の教化育成等の目的に供せられる建物	宗教 3 条
	診療所	医療法が適用されるもので，医師又は歯科医師が医業を営む場所で，患者の入院施設を有しない建物又は患者 19 人以下の収容施設を有する建物	準則 80 条 医療 1 条の 5
す	炊事場	単独の構造を有する，食物を煮たきする建物	
	スポーツセンター	プール，トレーニングジム等スポーツを中心とした多目的ビル	

せ	撰果場	果実の出荷の際，大きさ等を機械を利用して選別する建物	
	洗車場	屋内に機械設備のある洗車施設に供される建物	
	洗面所	単独の構造を有する，洗面の設備を備えた建物	
そ	僧院	教会の修道院	宗教3条
	倉庫	物品の収納，保管の用に供する比較的規模の大きな建物	登記規則113条
	僧堂	寺院の僧房，僧堂等	宗教3条
た	体育館	柔道，剣道，弓道，体操，水泳などの武道，体育等の訓練に用いることを目的とする建物 　例示　体育館，道場，室内プール等	建物認定P213
	託児所	児童福祉法による施設で，乳幼児を預かり保育にあたる施設	
ち	畜舎	牛，馬，豚等の家畜の飼育を目的とする建物	建物認定P224
	茶室	茶会を行うに必要な茶席，水屋等を備えた建物	準則80条
	駐車場	不特定多数の者の自動車等を駐車させるための建物	
	駐輪場	不特定多数の者の自転車等を駐輪させるための建物	建物認定P207
	治療院（所）	接骨院，はり，きゅう，マッサージ等の治療施設	
て	デイサービスセンター	老人福祉法第20条の2の2に定める施設 　注　老人デイサービスセンターが老人ホームに併設されている場合は老人ホームとしても差し支えない。	
	停車場	駅舎等で上屋を有するもの。	準則80条
	テニス練習場	テニスの練習場	
	展示場	販売を目的としない品物，作品を並べて見せる建物 　例示　交通科学館，蒸気機関車館	
	店舗	商品を陳列して販売する店 　例示　洋品店，靴店，薬局，八百屋等	登記規則113条

154 第2節 各 論

		飲食物を調理して提供する店 　例示　飲食店，食堂，喫茶店，レストラン，スナック，バー，クラブ，酒場等	建物認定 P190
		技術を提供する店 　例示　理髪店，美容院，理容院，鍼灸院，マッサージ院，家畜診療所	建物認定 P189
		その他 　例示　ガード下のマーケット，カラオケハウス，貸店舗	
	展望室	景色等を眺望するための施設等	
	電波塔	各種電波の送受信施設等の建物	
と	道場	各種の稽古道場，修養道場 　例示　柔剣道，空手，合気，弓道等 　注　練習場の項参照	
	図書館	図書・記録その他の資料を収集・整理・保管し，必要とする人の利用に供する施設の建物	
な	納屋	農作物や農機具等を収納・保管するための建物	建物認定 P206
に	荷捌所	物の集荷場を示すもので，単に作業を目的としたものと区別する。	
は	拝殿	神社で拝むために本殿の前に建てられた建物	宗教3条
	配電室	電力会社から送電を受け，配電盤により各建物・各部屋に配給する施設	
	博物館	学術的資料等を保管，陳列し，公衆に展覧する施設	
	発電所	電気事業法による水力，火力，原子力等による発電施設	
ひ	美術館	美術品を保管，陳列し，一般の展覧，研究に資する施設	
	百貨店	大規模小売店舗における小売業の事業活動の調整に関する法律第2条の大規模小売店舗 　例示　デパート，大規模スーパー	建物認定 P188
	病院	医療法が適用されるもので，医師又は歯科医師が医業を営む場所で，患者20人以上の収容施設を有する建物	準則80条 医療1条の5

第2 建物の種類　155

へ	変電所	変圧器等を備え，発電所から送られた電気を変成し配電する施設	登記規則 113 条
	便所	独立した大小便用の建物	準則 80 条
ほ	保育所（園）	保育園，保育所は保育所とする。	建物認定 P210
	ボイラー室	密閉した鋼鉄容器内で水を加熱し高温・高圧の蒸気を発生させる装置を備え付けたもの。	
	宝物殿（庫）	仏像等の保管をするための倉庫的な建物	
	ホテル	旅館業法及び国際観光ホテル整備法によるホテル 　　例示　ロッジ，モーテル，洋風旅 　　　　　館，ビジネスホテル	建物認定 P201
	保養所	会社等が社員等の保養の用に供している建物	建物認定 P202
	本殿	神社の社殿のうち，神霊を安置してある建物	宗教 3 条
	本堂	寺院で本尊を安置してある建物	宗教 3 条
	ポンプ室	圧力の働きで液体を送る装置が設置してある建物	
ま	待合所	鉄道のホーム上の建物（詰所，待合室等）	
	町役場	地方公共団体の建物	
み	民宿	民宿専用の建物	
む	村役場	地方公共団体の建物	
も	物置	日常雑貨等を収納保管する規模の小さな建物	準則 80 条
や	野球場	野球場の屋根を有する部分及び観覧席の下にある事務所等の建物を一体とした施設等建物	準則 80 条
ゆ	遊技場	遊技の用に供される娯楽施設等の建物 　　例示　パチンコ，ボーリング，ビリ 　　　　　ヤード，麻雀，ダンスホール， 　　　　　ディスコ，射的，囲碁，将棋等	準則 80 条 建物認定 P219
	郵便局舎	郵便業務を行う大規模な建物	
よ	養護所（院）	老人，身障者等の養護施設	

156　第2節 各 論

	幼稚園	幼稚園については，校舎又は園舎として差し支えない。	
	浴室	単独の構造を有する風呂場	
	浴場	公衆浴場以外の浴場	
ら	酪農舎	乳牛等を飼育する建物	準則80条
り	料理店	料理を提供する店　例示　料亭，割烹等	登記規則113条
	旅館	旅館業法が適用される建物　　例示　旅館，ロッジ，モーテル，ペンション，ユースホステル，民宿等	登記規則113条建物認定P201
	臨床検査センター	各種検査を業うための施設等建物	
れ	霊安所	死体を一時安置する建物	
	冷蔵倉庫	冷凍冷蔵庫，低温倉庫，貯氷倉庫等	
	冷蔵室	内部を低温に保つようにした施設等建物	
	冷凍室	凍結させまた保存するための施設等建物	
	礼拝所（堂）	建物の一部に祭壇を設けて礼拝の用に供している建物	
	練習場（所）	ゴルフ練習場，テニス練習場，バッティングセンター等の打席等の屋根のある部分　　注　ゴルフ練習場・テニス練習場の項参照	建物認定P223
ろ	老人ホーム	養護老人ホーム	
	老人福祉施設	老人福祉法第5条の3に定める老人デイサービスセンター，老人短期入所施設，養護老人ホーム，特別養護老人ホーム，軽費老人ホーム，老人福祉センター，老人介護支援センターをいい，複数の施設が併設されていてその用途から建物の種類を定めがたい場合は，老人福祉施設として差し支えない。　　注　老人デイサービスセンターはデイサービスセンターの項参照　　注　老人短期入所施設，養護老人ホーム，特別養護老人ホーム，軽費老人ホームは，一括して老人	

| | | ホームという名称で既に一般的に定着しているので老人ホームとする。
注　老人デイサービスセンターが老人ホームに併設されている場合は老人ホームとする。 | |
| | 老人保健施設 | 老人保健法第46条の8に定める建物 | |

関連質疑

表実第4巻101頁　問42

「事務所と工場及び倉庫が通路で連絡している場合」

表実第4巻107頁　問45

「2棟の建物の間に共通の外階段があり接続している場合の表題登記」

表実第4巻262頁　問113

「4階建の下から本堂，庫裏，納骨堂，住居とされている建物の種類の表示」

158 第2節 各 論

29 建物の表示登記の取扱いについて（抄・建物の種類）

（昭和63年1月12日不登第13号大阪法務局民事行政部長照会
昭和63年3月24日民三第1826号民事第三課長回答）

▍照会

　西日本旅客鉄道株式会社から，「旅客鉄道株式会社及び日本貨物鉄道株式会社に関する法律」附則第6条の規定により出資を受けた建物について，その表示登記の取り扱いに関し相談を受けましたが，出資を受けた建物の大半は，鉄道事業遂行の為の施設として建築されたもので特異な名称を付した建物も多く，種類・構造の認定，床面積の算定等において通常の建物登記にみられない特異性を有しているうえ，これらの建物は，同社の営業区域である当局管区管内はもとより，広島法務局管区管内全域及び名古屋法務局管区管内の津・福井・金沢・富山局管内並びに東京法務局管区管内の長野・新潟局管内にまたがる広範囲な地域に多数所在している実情にあります。

　したがいまして，その処理に当たっては，統一した取り扱いが求められるところから，相談者から特異な建物についての資料の提出を求めるとともに，当局及び管内地方法務局の表示登記専門官が東海道本線芦屋駅・神戸駅等において実地調査を行ったその成果並びに同趣旨の相談がなされた広島法務局表示登記専門官の意見をも参考にして，今後の適正かつ，円滑な事務処理の手引きとするため，種類・構造等の認定事例集（案）を別添のとおり作成しました。

　つきましては，同認定事例集（案）で今後当局管区管内における統一した事務処理を行いたいと思料いたしますが，別紙資料（省略）のとおり，近く当局管区管内全域にわたって建物の表示登記の申請が予定される状況にあり，他局管内法務局・地方法務局に与える影響も大きいことから，何分のご指示を願いたく照会します。

（別紙）
西日本旅客鉄道株式会社所有建物の種類・構造等の認定事例集（案）
第2　建物の「種類」

	建　物　の　用　途	ＪＲ名称	種　類	備　　　考
1	管理部門において事務を行うところ	事務所	事務所	本社、支社等これに類する機能を有する建物施設
2	作業のために詰めているところ。事務所としての機能も有している。			
	(イ) 主として駅構内における保線(区)、電気(区)、建築(区)等複数の業務機関を収容。 不燃構造で床面積が概ね500m²以上のもの	総合詰所	事務所	
	(ロ) 上記以外の比較的規模の小さい、単数の業務機関のための施設。	詰　所	事務所	「保線の中間休憩所」「列車の誘導保詰所」「転てつ詰所」等は、主たる用途により「休憩所」「作業場」又は「物置」とする場合もある。
3	保線(区)、電気(区)等現業機関の事務を行うところ 総合詰所より規模大	現業事務所	事務所	
4	手・小荷物の事務を取扱うところ	手小荷物扱所	事務所	

	建　物　の　用　途	ＪＲ名称	種　類	備　　　考
5	貨物の事務を取扱うところ	貨物扱所	事務所	
6	社員の教育・養成を行うための研修センター（学園）			62.4以降　学校教育法の適用なし
	(イ) 管理部門を有する施設	本　館	校　舎	
	(ロ) 学園の教室	校　舎	校　舎	
	(ハ) 学園の生徒が実習又は実験を行う施設	実習場	校　舎	
	(ニ) 学園の生徒が体操等を行う施設	体操場	体育館又は講堂	
	(ホ) 学園の生徒の宿舎	寄宿舎	寄宿舎	
7	独身・単身者が共同生活を営むところ	寮	寄宿舎	
8	宿泊及び休養のための施設	社員宿泊所	保養所	
9	ホテル（旅館業法の適用あり）	本　館	ホテル又は旅館	
10	「海の家」「山の家」等保養のための施設	本　館	保養所	

160　第2節　各　論

	建物の用途	JR名称	種類	備考
11	交通科学館	本　館	展示場	
11-1	機関車、電車等の模型を展示する施設	陳列所	展示場	
12	保健・医療のための施設			
	(イ) 病人を収容し、診療、治療をする施設(ベット数200以上を有する)	本　館	病　院	
	(ロ) 収容施設を有しないもの又は病人を収容し、診療、治療をする施設（ベット数19以下を有する）	本館・診療舎	診療所	病院敷地内に所在するときは病院
	(ハ) 死体を一時安置するところ	霊安所	霊安所	病院敷地内の別棟
13	社員家族の居住に供される建物			
	(イ) 1戸建	社　宅	居　宅	
	(ロ) 1個の建物内に数世帯が居住する建物	社　宅	共同住宅	
14	各種会議、研究会、講習会等を行う施設			
	(イ) 団地内、駅前等に所在	集会所	集会所	
	(ロ) 駅構内に所在	会議所	集会所	

	建物の用途	JR名称	種類	備考
15	団地内にあって集会等にあてる施設			
	(イ) 専ら集会のための建物	管理舎	集会所	
	(ロ) 管理人等の居住施設を兼ねている建物	管理舎	居宅・集会所	
16	寄宿舎、寮、社員宿泊所等において専ら賄い人の居住のための建物	管理舎	居　宅	
17	駅　舎			
	(イ) 一般駅事務（出・改札事務を含む）、待合室、売店等の施設を有する建物	本　屋	事務所	複数の用途に供され、主たる用途を定め難い場合は、種類を併記する。写真⑩参照
	(ロ) 本屋外において出札事務を行う建物	出札所	事務所	
	(ハ) 旅客の待合所	待合所	事務所	
	(ニ) 無人駅の駅舎	待合所	待合所	在来駅舎をそのまま使用している場合無人化に伴う改築、改良等により出・改札室、事務室等がない場合写真⑪参照

第2　建物の種類　161

	建物の用途	JR名称	種類	備考
18	停車場			・上屋のみの場合は「停車場」とし、更に三方に周壁又はこれに類するものがあって、待合設備のあるものは「待合所」とする。
	(イ) 旅客の乗降のためのホーム。上屋構造を有するもの。	旅客上家	停車場	
	(ロ) 手小荷物取扱いのためのホーム。上屋構造を有するもの。	手小荷物上家	停車場	
	(ハ) 貨物を取扱うためのホーム。上屋構造を有するもの。	貨物上家	停車場	
19	旅客用、社員用の便所	便所	便所	
20	倉庫			物品の収納保管のため比較的規模の大きい建物は「倉庫」、日常雑貨等の収納保管のための規模の小さい建物は物置とする。
	(イ) 駅、現場機関、社宅等にあって専ら物品を保管するための建物	倉庫	倉庫又は物置	
	(ロ) ガソリン、灯油等を保管する建物	危険品庫	倉庫又は物置	
	(ハ) 手小荷物を保管する建物	手小荷物保管庫	倉庫	
	(ニ) 貨物を保管する建物	貨物保管庫	倉庫	
	(ホ) 機械、鋼材等を保管する建物	用品倉庫又は上家	倉庫	

	建物の用途	JR名称	種類	備考
21	職場			
	(イ) 動力により自動作業を行う無人施設	職場	機械室	
	受水のためのポンプ室		機械室	
	電話交換機室		機械室	
	(ロ) 検査、修繕、試験、制作等の作業を行う施設	職場	作業所又は工場	
22	電話交換のための有人施設	電話交換所	事務所	
23	電信機械を設備した有人施設	電信所	事務所	
24	無線通信機械を設備し電信電話等の中継を行う有人施設	無線中継所	事務所	
25	車庫			
	(イ) 業務用の自動車を収容するための建物	自動車庫	車庫	
	(ロ) 線路保守用車、自転車等を収容するための建物	諸車庫	車庫	写真 (⑫) 参照

	建物の用途	JR名称	種類	備考
	(ハ) 自動車を収容するための建物	駐車場	車庫又は駐車場	不特定多数人が一時車両を止めておく建物は「駐車場」とする。
	(ニ) 機関車を収容するための建物	機関車庫	車庫	
	(ホ) 客車、気動車を収容するための建物	客車庫	車庫	
	(ヘ) 貨車を収容するための建物	貨車庫	車庫	
	(ト) 電車を収容するための建物	電車庫	車庫	
	(チ) 雪かき車を収容するための建物	排雪車庫	車庫	
26	電気関係の機械設備を備えた建物			
	(イ) 変電所	変電所	変電所	
	(ロ) 給電のための施設	給電所	変電所	
	(ハ) 電気の開閉のための施設	開閉所	変電所	
	(ニ) 配電のための施設	配電所	変電所	
	(ホ) 変電所間において電圧低下防止のための施設	区分所	変電所	写真 (13) 参照
	(ヘ) 発電所	発電所	発電所	
27	信号機械を設備し、取扱う施設	信号所	機械室	

	建物の用途	JR名称	種類	備考
28	専ら社員が食事をするところ	会食所	食堂	
29	専ら社員が服を着替えるところ	更衣所	更衣所	
30	専ら社員が休憩又は仮眠をするところ	休憩所	休憩所	
31	専ら社員が洗面するところ	洗面所	洗面所	
32	独身寮等の炊事をするための施設	炊事場	炊事場	独身寮等とは別棟である。
33	諸舎			
	(イ) 駅ビルのデパート部分	諸舎	店舗又は百貨店	百貨店法の適用がある場合は、百貨店とする。
	(ロ) 駅ビルの事務所部分	諸舎	事務所	
	(ハ) 駅ビルの駐車場部分	諸舎	車庫又は駐車場	

写真⑩　駅舎関係

駅舎（木造）の出入口が4ケ所開放になっている（扉・シャッター等がない）
　種　　類　事務所
　床面積　柱の中心線で囲まれた部分

写真⑪　駅舎関係

無人化の駅舎（待合所）と上屋が一体となっている。
　　種　　類　待合所・停車場
　　床　面　積　駅舎部分　柱又は壁の中心線で囲まれた
　　　　　　　　　　　　　部分
　　　　　　　　　　　　　但、ホーム側の柱又は壁は床
　　　　　　　　　　　　　面積に算入
　　　　　　　ホーム部分　上屋を有する部分

164　第2節　各　論

写真⑫　諸車庫　線路保守用車を収容する車庫

写真⑬　区分所建物

給電、配電、分断、開閉等を操作する施設は変電所とする。

回答

　本年1月12日付け不登第13号をもって照会のあった標記については，貴見によって取り扱って差し支えないものと考えます。

解　説

　日本国有鉄道は，会社を設立するに際し，会社に対し，その財産を出資するものとされています（旅客鉄道株式会社及び日本貨物鉄道株式会社に関する法律（昭和61年法律第88号）附則第6条）。

　本件は，出資を受けた建物の多くが，鉄道事業を遂行するための施設として建築されたものであり，一般の建物とは異なる特異性を有し，また，各地に広く所在していることから，その表示登記の取扱いを統一するため，西日本旅客鉄道株式会社（JR西日本）が，上記法律の規定により出資を受けた建物の種類について，照会及び回答がされたものです。

　具体的には，本社・支社等で管理部門等の事務を取り扱うところや駅舎は「事務所」，海の家・山の家等の保養施設は「保養所」，交通科学館は「展示場」等，33の建物の用途に応じた種類が列挙されています。

166　第2節　各　論

第3　建物の構造

30　建物の表示に関する登記事務の取扱いについて
（抄・建物の構造）

（昭和 46 年 3 月 19 日日調連総発第 94 号日本土地家屋調査士会連合
会長照会
　昭和 46 年 4 月 16 日民事甲第 1527 号民事局長回答
　昭和 46 年 4 月 16 日民事三発第 238 号民事第三課長依命通知）

　標記の件について別紙甲号のとおり日本土地家屋調査士会連合会長から
民事局長あて問い合せがあり，別紙乙号のとおり回答がなされたので，通
知します。

別紙甲号

　建物の種類，構造および床面積については，左記により取り扱いたいと
思いますが，さしつかえないかお伺いします。

　なお，さしつかえない場合は，登記官に対し周知方ご依頼いたします。

　　　建物の種類，構造および床面積の取り扱いについて

　目次（省略）

二　建物の構造の表示について

　㈠　建物の主たる部分の構成材料が異なる場合は，その構造を次のよう
　　に表示する。

　　　木・土蔵造　鉄筋コンクリート・鉄骨造

　㈡　屋根の主たる部分の構成材料が異なる場合は，次のように表示する。

　　　瓦・亜鉛メッキ鋼板葺

　㈢　渡廊下付の 1 棟の建物は次のように表示する。

　　　木造瓦葺　渡廊下付　2 階建旅館

　㈣　傾斜地に建築された建物の甲，乙の部分（図参照）が接続していて
　　1 棟の建物と認められる場合には，甲，乙および階段室の部分を第 2
　　階として取り扱う。

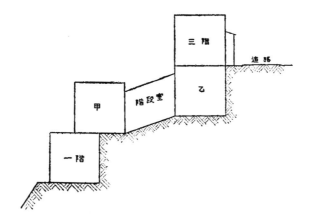

別紙乙号

　3月19日付日調連総発第94号をもって問い合せのあった標記の件については，貴見により取り扱ってさしつかえないものと考えます。

　なお，登記官への周知方については，当局機関誌（民事月報）に掲載してすることとしたから了承願います。

解　説

　建物の構造は，当該建物の物理的な形状であり，建物を特定するための一つの要素として，登記事項とされています（法44条1項3号）。

　建物の構造は，1棟の建物ごとに，また，附属建物のある建物にあっては主である建物と附属建物のそれぞれに，区分建物にあっては1棟の建物及び各専有部分について定めることになります。

　建物の構造に関し必要な事項は，法務省令（規則）で定めるものとされており（同条2項），この規定を受けて，建物の構造は，建物の主な部分の構成材料，屋根の種類及び階数により区分して定めるものとされ（規則114条，準則81条1項），これらを併せて，例えば「鉄筋コンクリート造陸屋根5階建」のように登記されることになります。

　建物の主たる部分の構成材料が異なる場合には，例えば「木・鉄骨造」と，屋根の種類が異なる場合には，例えば「かわら・亜鉛メッキ鋼板ぶ

168 第2節 各 論

き」と登記します（準則81条2項）。また，建物を階層的に区分してその一部を1個の建物とする場合（階層型区分建物の専有部分）に建物の構造を登記するときは，屋根の種類を登記する必要はありません（同条3項）。

　本件は，準則に上記のような規定がない当時，日本土地家屋調査士会連合会長からの照会に対して，法務省民事局が同会との間で問題点を種々検討協議した結果，同会の取扱いによって差し支えないと回答されたものです。

　建物の構造の具体的な記録方法について，建物の主たる部分の構成材料が異なる場合は，「木・土蔵造」，「鉄筋コンクリート・鉄骨造」のように，屋根の主たる部分の構成材料が異なる場合は，「瓦・亜鉛メッキ鋼板葺」（現行の実務上は「かわら・亜鉛メッキ鋼板ぶき」）のように表示し，渡廊下付の1棟の建物の構造は，「木造瓦葺（かわらぶき）　渡廊下付2階建」と記録するものとされています。

　また，照会文の図のような旅館などに多くみられる傾斜地に建てられた建物は，2階部分を階段室で連結して一体的に利用していることから，1棟の建物と認められます。そして，当該建物は，外観上は4階建とみることもできますが，階段室で接続されている部分の全体を一層とみて2階部分として取り扱うのが相当であることから，全体としては3階建と記録することになります。

　具体的な建物の構造の記録方法については，「表実4」の問121（278頁）から問141（334頁）において説明されていますので，一読ください。また，日本土地家屋調査士会の「土地家屋調査士　調査・測量実施要領」（第6版・2005）においては，その別紙17-(1)に建物の主たる部分の構成材料と建物の構造の一覧を掲げていますので，参考として掲載します

（参考）「土地家屋調査士　調査・測量実施要領」別紙 17−(1)

建物の主たる部分の構成材料と建物の構造

木造	柱，はり及び小屋組（屋根）に木材を用いた建物（はりに重量又は軽量形鋼を用いた建物及び枠組壁構法の建物を含む）	外壁に石綿系，木質系，金属系，セメント系，タイル系，コンクリート系（ALC薄板等）等の外装材料を張った建物
コンクリートブロック造	コンクリートブロックを壁に組積し，はり及び屋根板をコンクリートで打設した建物，又は他の材料で屋根を覆った建物	空洞コンクリートブロックの形状は，390×190×厚（100，120，150，200）で，普通，防水ブロックの2種がある
鉄骨造	柱，はりに重量形鋼，角形鋼，鋼管等（JIS規格によるもの）を用いて組み立てた建物	外壁に石綿系，木質系，金属系，セメント系，タイル系，コンクリート系（ALC薄板等）等の外装材料を張った建物
鉄筋コンクリート造	1　柱，はり，壁，床，屋根板等主要構造部に，鉄筋を組み込み，コンクリートを打設した建物 2　柱，はりに鉄筋を組み込み，コンクリートを打設し，外壁，床，屋根板に工場製品の軽量気泡コンクリート板一般（床）パネルを取り付けた建物 3　柱，はり，床，屋根に鉄筋を組み込み，コンクリートを打設し，外壁に工場製品の軽量気泡コンクリート板一般パネル，PCコンクリート板大型パネル，コンクリートブロック，カーテンウォール等を取り付けた建物 4　柱，はり，壁，床に鉄筋を組み込み，コンクリートを打設し，屋根は構成材料で葺いた建物 5　壁式構造で，工場製品の軽量気泡コンクリート大型ブロック板を組積した建物	構造形式には，壁式構造とラーメン構造がある。 軽量気泡コンクリート板一般パネル及び床パネルは，通常ALC板と呼ばれ，床パネルは鉄筋補強で厚さ100 mm以上，一般パネルは鉄筋補強で厚さ75 mm〜150 mm，PCコンクリート板大型パネルは通常タイル貼りが多く，鉄筋補強で厚さ120 mm〜150 mmである。 カーテンウォールは鋼製サッシと枠及び硝子を一体化させた外装材である。
鉄骨鉄筋コンクリート造	1　柱，はりに重量形鋼，角形鋼，鋼管を骨組みとして用いて鉄筋を組み	

	込み，壁，床，屋根板に鉄筋を組み込み，コンクリートを打設した建物 2 柱，はりに重量形鋼，角形鋼，鋼管を骨組みとして用いて鉄筋を組み込み，コンクリートを打設し，外壁，床，屋根板に工場製品の軽量気泡コンクリート板一般パネル，PCコンクリート板大型パネル，コンクリートブロック，カーテンウォール等を取り付けた建物 3 柱，はりに重量形鋼，角形鋼，鋼管を骨組みとして用いて鉄筋を組み込み，床，屋根板に鉄筋を組み込み，コンクリートを打設し，外壁に工場製品の軽量気泡コンクリート板一般パネル，PCコンクリート板大型パネル，コンクリートブロック，カーテンウォール等を取り付けた建物	
土蔵造	柱，はりに木材を用い，壁は土塗壁の構造の建物	
石造	主として石材（大谷石，伊豆石等）を壁に組積した建物	
れんが造	壁，床面等の大部分をれんがで組積した建物	
木骨石造	柱，はりに木材を用い，壁を石材で組積した建物	
木骨れんが造	柱，はりに木材を用い，壁をれんがで組積した建物	
軽量鉄骨造	柱，はりに軽量形鋼（JIS規格1.6 mm～4.6 mm）を用いて組み立てた建物	外壁に石綿系，木質系，金属系，セメント系，タイル系，コンクリート系（ALC薄板等）等の外装材料を張った建物
鉄骨（軽量鉄骨）・木造	構造上主要な柱（隅柱，通し柱等），梁に重量（軽量）形鋼を用い，他の部分は木材を用いて建てられた建物	外壁に石綿系，木質系，金属系，セメント系，コンクリート系（ALC板等）タイル系，等の外装材料を張った建物

第3 建物の構造　171

鉄骨（軽量鉄骨）・コンクリートブロック造	柱，梁又は屋根に重量（軽量）形鋼を用い，壁にコンクリートブロックを組積した建物	
鉄骨（軽量鉄骨）・鉄筋コンクリート造	1　柱，梁に重量（軽量）形鋼，角形鋼，鋼管　等を用い床又は外壁は，工場で軽量気泡コンクリートにより構造耐力上，壁式構造として鉄骨（軽量鉄骨）と一体化（PALC）させた構造の建物 2　その他重量（軽量）形鋼と軽量コンクリートとが構造耐力上一体化している建物	1　工場で製作されたユニット工法によるプレハブの建物 2　現場で外壁に取付けた軽量気泡コンクリート板（ALC板）あるいはPCコンクリート板等は外装材料であって，構造に含まれない。
発泡ポリスチレン造		平成16.10.28法務省民二第2980号民事局民事第二課長回答

関連質疑

表実第4巻314頁　問133

　「階層の数え方と床面積に算入する範囲」

表実第4巻319頁　問135

　「傾斜地の2階が道路に面する高床式3階層建物の構造の表示」

表実第4巻322頁　問136

　「高床式2階層建物の構造の表示」

表実第4巻326頁　問138

　「中2階の建物の階層及び床面積」

172　第2節 各 論

31　建物表示登記申請の疑義について

（昭和37年10月8日全調連総発第74号全国土地家屋調査士会連合
会会長照会
昭和37年12月15日民事甲第3600号民事局長通達）

　標記の件について，別紙甲号のとおり全国土地家屋調査士会連合会会長
から問合せがあり，別紙乙号のとおり回答したから，この旨貴管下登記官
吏に周知方しかるべく取り計らわれたい。

別紙甲号

　東京土地家屋調査士会より別紙㈠のとおり照会がありましたので，別紙
㈡のように回答してさしつかえないか，お伺いいたします。

別紙㈠

　当会支部会員より別紙のとおり疑義について照会がありましたが，まち
まちな見解よりして解釈の相違を表わすことは会員の指導上考慮を要すの
で，法務省民事局と打合せの上しかるべく御教示をお願いします。

（別紙）

一　別紙のような建物について従前は

　　構　造　　　鉄筋コンクリート造陸屋根屋階（又は塔屋1階等）付3階建

　　種　類　　何　何

　　床面積　　1　階　　　　　　400.00 m²

　　　　　　　中2階　　　　　　100.00 m²

　　　　　　　2　階　　　　　　400.00 m²

　　　　　　　3　階　　　　　　400.00 m²

　　　　　　　屋　階（又は塔屋1階）　50.00 m²

の如く表示しておりましたところ，一部登記所において屋階（塔屋1階
等）は床面積及び構造に含まない。

　中2階は1つの階層とみなすと言う取扱いをするように承っております。

（尤も屋階は実質的に事務所に使用して居る場合は，1階層とする旨ですが）

　従って右取扱いとすれば，屋階の一部を事務所に使用して居ることを考

慮すれば

構　造　鉄筋コンクリート造5階建

種　類　何　何

床面積　1階　400.00 m²

　　　　2階　100.00 m²

　　　　3階　400.00 m²

　　　　4階　400.00 m²

　　　　5階　 50.00 m²

の如くなるものと思います。

　然し，申請人（所有者）の意思，建築基準法上の階数，並びに建物の形状等を考察いたしますと，従前の取扱いの方が適当のようにも思われますので，前記取扱いはいずれが正しいのか御回答を御願いします。

　なお，塔屋を総て床面積に含まないと解すると，固定資産税関係評価床面積とも相当の相違を来たすものと思います。

174 第2節 各 論

平 面 図　　　　　　　別紙

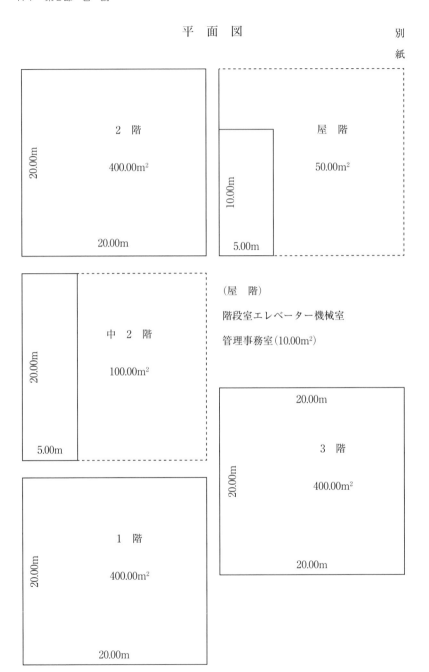

別紙(二)

　中2階及び屋階の用途に供する部分の天井高が各々1米50糎以上であるから階数に算入し、かつ床面積に算入すべきであり、従って構造及び床面積は鉄筋コンクリート造陸屋根5階建

　1階　　400 m^2 00

　2階　　100 m^2 00

　3階　　400 m^2 00

　4階　　400 m^2 00

　5階　　 50 m^2 00

と表示するが相当と考える。

別紙乙号

　本年10月8日付全調連総発第74号をもって照会のあった標記の件については、貴見により回答されてさしつかえないものと考える。

解　説

　前掲先例30で説明したとおり、登記事項である建物の構造は、建物の主な部分の構成材料、屋根の種類及び階数により区分して定めるものとされ（規則114条、準則81条1項）、これらを併せて、例えば「鉄筋コンクリート造陸屋根5階建」のように登記されることになります。

　建物の主たる部分の構成材料が異なる場合には、例えば「木・鉄骨造」と、屋根の種類が異なる場合には、例えば「かわら・亜鉛メッキ鋼板ぶき」と登記します（準則81条2項）。また、建物を階層的に区分してその一部を1個の建物とする場合（階層型区分建物の専有部分）に建物の構造を登記するときは、屋根の種類を登記する必要はありません（同条3項）。

　なお、天井の高さ1.5メートル未満の地階及び屋階等（特殊階）は、階数に算入しないものとされています（同条4項）。

　本件は、土地家屋調査士が、照会文の別紙図面のような中2階又は屋階（塔屋）を有する建物の表題登記を申請する場合に、従来、構造については、当該部分は階数に参入せずに、例えば「鉄筋コンクリート造陸屋根屋

176   第2節　各　論

階（又は塔屋1階等）付3階建」と表示し，他方，床面積については，中
2階又は屋階（塔屋1階）部分についても，「中2階　100 m²」，「屋階（又
は塔屋1階）　50 m²」と表示していたところ，一部の登記所においては，
屋階（又は塔屋1階等）は床面積及び構造には含まれないものとされ，ま
た，中2階は一つの階層とみなすという取扱いがされており，建物の一部
が床面積に含まれるか否かは，取引上ばかりでなく，固定資産税等の課税
上においても影響を及ぼすことから，その取扱いについて，照会されたも
のです。

　まず，一般的に，中2階については1棟の建物の各階層の高さと比較し
て2メートル程度の階層をいうものと考えられますが，登記実務上は，こ
のような階層について中2階と表示しなければならないとする規定もあり
ません。そこで，天井の高さ1.5メートル未満の地階及び屋階等（特殊階）
は，階数に算入しなとする準則81条4項の規定からして，天井の高さが
2メートルある本件建物の中2階部分については，階数に算入し，床面積
にも含まれると考えられます。なお，この場合の階数の表示は，中2階と
するまでもなく，単に2階若しくは3階と表示することで足りると考えら
れます（注1）。

　次に，屋階（塔屋）とは，一般的には，屋上にある事務室，機械室，展
望室又は屋上に出るための屋根及び周壁を設けた階段室等をいうものと考
えられます。上記のとおり，準則81条4項は天井の高さ1.5メートル未
満の屋階は階数に算入しないと規定していますが，本件建物における屋階
部分は，高さが3.5メートルあり，階段室やエレベーター機械室等の建物
の付属施設のほかに，管理事務室としても使用されていることから，生活
空間が認められるため，当該屋階部分の全部を建物の階数及び床面積に算
入するのが相当であると考えられます。

　したがって，本件建物の中2階及び屋階の用途に供する部分は，天井の
高さが，それぞれ1.5メートル以上であるから階数及び床面積に算入すべ
きであり，この場合の構造は「鉄筋コンクリート造陸屋根5階建」と表示
し，床面積は「1階　400 m²00，2階　100 m²00，3階　400 m²00，4階
400 m²00，5階　50 m²00」と表示するが相当であると回答されたもので

す。

　なお，屋階（塔屋）部分が単に屋上に出るための階段室であったり，エレベーターの巻上げ機の機械室やクーリングタワー等，構造上建物の付属施設として建築されている場合には，単にこれらの機械装置を覆う物に過ぎないと考えられますから，たとえ当該部分の天井の高さが1.5メートル以上ある場合であっても，建物の階数及び床面積に算入することはできないと解されます（注2）。

（注1）区分先例99頁

（注2）表実4・315頁

関連質疑

表実第4巻314頁　問133

　「階層の数え方と床面積に算入する範囲」

表実第4巻324頁　問137

　「建築基準法で階数に算入しない部分と登記の取扱い」

表実第4巻334頁　問141

　「鉄筋コンクリート4階建で3階層の搭屋のある建物の構造の記録方法」

表実第4巻344頁　問145

　「4階建の建物の1階の4分の1を占める部分を貯水槽としている場合の床面積」

表実第4巻349頁　問147

　「屋根裏部屋を床面積に算入することの要否」

表実第4巻355頁　問150

　「天井の高さが1.5m未満の普通階を床面積に算入することの要否」

表実第4巻362頁　問153

　「4階の機械室と地階の貯水槽を床面積に算入することの可否」

178 第2節 各 論

32 建物の構造の定め方について

（昭和 39 年 7 月 22 日登第 272 号東京法務局長照会
　昭和 39 年 8 月 29 日民事甲第 2893 号民事局長回答）

▌照会

　最近，建物の建築材料として，サーモコン（一種の気泡コンクリート）を
使用した建物が建設されていますが，その建物の表示の登記をする場合，
その構造（構成材料の区分）は，「鉄筋サーモコン造」としてさしつかえな
いものと考えますが，いささか疑義がありますので何分の御垂示を賜わり
たく，お伺いします。

▌回答

　7 月 22 日付登第 272 号をもって問合せのあった標記の件については，
建物の構成材料がワイヤーメッシュ組込み気泡コンクリート構法によるも
のである場合には，「鉄筋コンクリート造」とするのが相当であると考え
る。

解　説

　建物の構造は，建物の主な部分の構成材料，屋根の種類及び階数により
区分して定めるものとされ（規則 114 条，準則 81 条 1 項），構成材料につい
ては，①木造，②土蔵造，③石造，④れんが造，⑤コンクリートブロック
造，⑥鉄骨造，⑦鉄筋コンクリート造，⑧鉄骨鉄筋コンクリート造（規則
114 条 1 号）と，⑨木骨石造，⑩木骨れんが造，⑪軽量鉄骨造（準則 81 条
1 項 1 号）のように区分して定めるものとされており，これらの区分に該
当しないものは，これらの区分に準じて定めるものとされています（規則
114 条柱書）。

　本件は，建物の建築材料として，サーモコン（一種の気泡コンクリート）
を使用している場合に，構成材料がワイヤーメッシュ組込み気泡コンク

リート構法によるものであるときは，「鉄筋コンクリート造」とするのが相当であるとされたものです。

関連質疑

表実第 4 巻 278 頁　問 121

「建物の種類，構造が登記事項とされている理由」

180 第2節 各 論

33 建物の種類，構造の認定について

（昭和 42 年 6 月 24 日登第 358 号東京法務局民事行政部長照会
　昭和 42 年 12 月 13 日民事三発第 696 号民事第三課長回答）

▌照会

　左記の登記事務の取扱いにつき，いささか疑義を生じましたので，何分
のご指示を願いたくお伺いいたします。

　　　　　　　記

一　各種油類の販売及び給油の目的の用に供するため建築された，いわゆ
　るガソリンスタンド（給油所）の建物の種類については，同一会社の所
　有する同種類の建物でありながら各登記所における取扱いが相違するた
　め，事務の取扱上不便をきたしているので，その取扱いの統一方の要望
　がありますが，通常のガソリンスタンド（給油所）の建物の種類は，次
　のいずれによるのが相当でしようか。

　㈤　店舗

　㈥　給油所

　㈥　ガソリンスタンド

二　いわゆるレヂノ鉄板〔鉄板に着色亜鉛（合成樹脂塗料）を塗ったもの〕
　を用いた建物の屋根の種類については，亜鉛メッキ鋼板葺と表示してさ
　しつかえないでしようか。

▌回答

　昭和 42 年 6 月 24 日付登第 358 号で照会のあった標記の件については，
次のとおり考えます。

　　　　　　　記

一　㈥による

二　貴見のとおり

第3　建物の構造　181

解　説

　建物の構造は，建物の主な部分の構成材料，屋根の種類及び階数により区分して定めるものとされ（規則114条，準則81条1項），屋根の種類については，①かわらぶき，②スレートぶき，③亜鉛メッキ鋼板ぶき，④草ぶき，⑤陸屋根（規則114条2号）と，⑥セメントかわらぶき，⑦アルミニューム板ぶき，⑧板ぶき，⑨杉皮ぶき，⑩石板ぶき，⑪銅板ぶき，⑫ルーフィングぶき，⑬ビニール板ぶき，⑭合金鋼板ぶき（準則81条1項2号）のように区分して定めるものとされており，これらの区分に該当しないものは，これらの区分に準じて定めるものとされています（規則114条柱書）。

　この区分のうち，「陸屋根」はコンクリート又はアスファルトといった材料のほかに屋根の形状をも表していますが，その他は，すべて屋根に使用されている材料により区分されたものです。

　本件は，鉄板に合成樹脂塗料で着色された亜鉛を塗ったレヂノ鉄板を用いた建物の屋根の種類については，「亜鉛メッキ鋼板葺」と表示して差し支えないとされたものです。

　また，本件においては，各種油類の販売及び給油の目的の用に供するため建築された，いわゆるガソリンスタンドの建物の種類については「給油所」とするのが相当であるとされています。

　なお，東京法務局土地建物調査要領別表第6で屋根の構成材料と屋根の種類による区分の一覧を掲げていますので，参考として掲載します

（参考）東京法務局土地建物調査要領別表第6

屋根の構成材料と屋根の種類による区分

適用法令	屋根の種類による区分	屋根ぶき材料	屋根材料の商品名	形状及び色彩
規則	かわらぶき	日本瓦	いぶし瓦　遠州瓦，京瓦，三州瓦泉州瓦，九州瓦	和瓦いぶし瓦，銀ねずみ色

			釉薬瓦　能登瓦，越前瓦，石見瓦　塩焼瓦　三州赤瓦	釉薬瓦，釉薬各種　塩焼瓦，赤茶色ほか
		洋瓦	素焼瓦，釉薬瓦，塩焼瓦，セキスイハウスかわら	洋型，S型，釉薬各種
	スレートぶき	波型石綿スレート	スレート大波板，AS式水蜜葺用大波板，セラミックE大波板，スレートカラー大波板，スレート小波板，宇部エスルーフ，宇部瓦，三井耐火屋根	波型主として灰色カラーもある
			波型スレート（万年社）	石綿セメント板に圧力を加えたもの
			波型スレート（東洋，ノザワ）	波型　リブ状型
			鉄線補強入スレート（トップスレート）	波型　リブ状型
			厚型スレート（各社）	和型，洋型，平型，S型
			高強度スレート（ノザワ）	1トンスレート
			ステンドスレート	セラミック加工板
			波型スレートカラープライC（浅野）	顔料着色大波型
			ナイロンスレート（浅野）	合成樹脂加工液板
			フレキシブルスレート（浅野）	プレキシブル波板
			ネットインスレート（朝日）	合成樹脂加工補強板
		石綿セメント板	カラーベストコロニアル，セラミックス，ナショナルかわら，セキスイ	平型　カラー各種

			かわら，クボタスペリアル，ナショナルフルベスト，ザルフ	平型　カラー各種
		石綿スレート	フレキシブル大（小）波板，石綿スレート大（小）波板，着色石綿スレート波板，石綿スレート，グラスウール積層板	商品名にメイカーを冠記し波板，リブ状，灰白色
	亜鉛メッキ鋼板ぶき	亜鉛鉄板	マルエス，川鉄印，月星印，鶴印トタン，エバーグリップ，フルハートダンネットG	波型　平型 トタン（銀）色
		着色亜鉛鉄板	レジノ鉄板，月星カラー，ヨドカラー，住友カラー，トーカイカラー，NKKカラー	波型　平型 長尺カラー鉄板 カラー各種
		プリント鋼板	大同プリント，月星プリント，ヨドプリント，メタルルーフ	平型　カラー各種
		塩ビ樹脂金属積層板	ビニレジノ，住友ハイビニー，ビニエバー，月星ビニタイト，ヨドビニ，カラーグリップ	平型　カラー各種
		折板	三晃金属折板	山型　トタン（銀）色
			カクイチルーフ（カクイチ建材）	カラートタン
			カクイチダンネツルーフ（カクイチ建材）	カラー鋼板にポリエチレン加工

		三晃ルーフデッキ（折板ルーフ）・三晃金属工業	亜鉛鉄板，カラートタン（発砲ポリエチレン，ヒル石など付着したものもある）
		ダンネット（旭スチール工業）	着色亜鉛鉄板ポリウレタンフォームの複合建材
亜鉛メッキ鋼板ぶき	折板	トーカイカラー（東海鋼業）	亜鉛鉄板を下塗り（プライマー）上塗り（トップエナメル）2回焼付処理した着色亜鉛鉄板
		フルハード（富士製鉄）	亜鉛メッキ鋼板波型
		雪印断熱カラートタン（北海鋼機）	雪印カラートタンの裏面に直接特殊ポリウレタンフォームの原料を塗布し加熱発砲させたもの
		ハイグリップ（富士製鉄）	亜鉛メッキ鋼板平型　波型
		レジノ鉄板	着色亜鉛鉄板に合成樹脂を焼付けしたもの。昭42.12.13民三696号
	特殊塗料化粧亜鉛鉄板	ダンネット，月星ポリフォーム，ポリルーフ，プリジノ鉄	波板，平型，リブ板　カラー各種
		板，ケミカラー，ホンロメタル，ビニレジノ，サンテック，住友ハイビニー，ビニトップ，月星ビニライト，ヒシメタル	波板，平型，リブ板　カラー各種
		富士板ラストシート（東洋シートフレーム）	波型亜鉛鉄板に加工被服したもの

		エコンハイカラー（八幡エコンスチール）	アクリル系合成塗料をした亜鉛鉄板
		カラーグリップ（大同）	着色亜鉛鉄板
		I・Gルーフ（三晃金属工業）	瓦棒葺の一種でカラートタン
		パラボラS60（三晃金属工業）	折板構造で亜鉛鉄板
草ぶき	あし，わら，かや，麦わら	天然の植物性材料	
陸屋根	コンクリート アスファルト	鉄筋コンクリート，鉄筋補強軽量気泡コンクリート板床（ALC板）及びデッキプレート（キーストンプレート）の上に軽量コンクリートを打設し防水層を施した勾配の少ない歩行用の屋根	屋根の形状による区分
セメント	セメント瓦	ヨーロピアン瓦，DF瓦，ブルック瓦，ランバート瓦，ナショナルスバニアル，クボタ洋瓦	和型，洋型，平型カラー各種
かわらぶき	着色セメント瓦	モニエル	和型，洋型，平型素材顔料混合カラー各種
	洋型セメント瓦	各社	素材顔料混合　カラー各種
	着色厚型スレート瓦	各社	和型，洋型，S型，平型
			板型 カラー各種
	高分子繊維強化セメント瓦	セラルーフ瓦	

186 第2節 各 論

	アルミニューム板ぶき	アルミニューム板	昭和アルミ，三協アルミ，日本アルミ，スカイルーフ，セキスイ瓦S	平型 瓦状加工品 アルミ色
		着色アルミニューム平板	スミカラー，日軽カラーアルミ，元旦ルーフ，ダイアルーフ，スミケイルーフ，古河スーパールーフ	平型 カラー各種
	板ぶき	ひのき，杉，くり松等の板材		薄板に加工して重ねぶきにしたもの
準則	杉皮ぶき	杉皮，檜皮		薄板に加工して重ねぶきにしたもの
	石板ぶき	石板	大谷石等	
	銅板ぶき	銅板	ブロンズルーフ，元旦ルーフ，銅屋根，ニチドールーフ，ドーエーゴールド，カッポスリーゴールド，ルーフライン，あかがねルーフ，小野式ルーフ，カタパールーフ	平板，銅色 カラー各種
	ルーフィングぶき	特殊ルーフィング	シングル，砂付ルーフィング，カラースーパーアルソイド，B.Pシングル，スーパーアルソイド，銅箔化粧防水アスファルトシングルぶき	
	ビニール板ぶき	ガラス繊維強化ポリエステル板銅入硬質塩化ビニール板，不飽和ポリエステルにグラス	ファイロン，エポライト，万邦ライト，ヒシナミ，タキロン，サンロイド，ダイニチアーモライト，トップ（網入）波板，大プラ（網入）波板，	波型 カラー各種

		ファイバーを混入した強化プラスチック，波型硬質塩化ビニール板 昭45.1.7㊂第646号民事局第三課長回答参照 昭40.1.25㊂第93号民事局第三課長回答参照	シンエツ波板，新バンボーライト	
	合金メッキ鋼板ぶき	アルミ亜鉛との合金鋼板	ガルバリュウム等 ガルタイト コロナタイル	カラー各種
以下参考事例	コンクリート屋根	コンクリート	鉄筋コンクリート，鉄筋補強軽量気泡コンクリート板床パネル及びデッキプレート(キーストンプレート)の上に軽量気泡コンクリートを打設し防水層を施した勾配のある非歩行用の屋根	屋根の形状による区分
	コンクリート板ぶき	コンクリート二次製品	シェル工法のPC板，ALC屋根板等	PCコンクリート製品 逆半円型 灰色
	ステンレス鋼板ぶき	ステンレス鋼版	カッパーソフテン，カラーソフテン，カラーステン，N型ルーフ，ナスコート，ナルカラーソリッド，スワンカラー	カッパーソフテン 和瓦型 カラー各種 カラーステン 平型 カラー各種
	ガラス板ぶき	網入硝子板 光波硝子板	旭ガラス，日本板硝子，セントラル硝子	平型 波型 透明 不透明各種 厚型

188　第2節　各　論

	太陽電池モジュール		屋根建材型（表面は強化硝子）
鋼板ぶき	鋼板	オリエンタルメタル（O．P．M）(S.P.M)（C.S.P.M）ケミカルオシマメタル	鋼鉄板にアスベストフェルト又はグラスウール等を浸透させ合成樹脂質による塗着処理
セメント板ぶき		木片セメント板ブロック板（軽量気泡コンクリート板）	昭60.8.8㈢第4768号民事局長回答参照
空気膜屋根	グラスファイバー膜材		
張力膜屋根	膜に防水加工		
ソーラーパネルぶき		建築構造的に屋根に固定された，いわゆるソーラーシステム屋根 1　太陽光発電方式によるもの 2　温水蓄熱循環方式によるもの 3　温熱空気循環方式によるもの	平10.7.24静岡地方法務局長回答参照
樹脂シートぶき	塩化ビニール系樹脂シート	リベットルーフ，ダイヤフォルテ，ダイヤメラー，ビュートップ，メカファイン	屋根下地材（ベニヤ合板）上に塩化ビニール系樹脂シートを施工して防水
アルミニュームメッキ鋼板ぶき	溶融アルミニュームメッキ鋼板	アルスター，アルシート	鋼板にアルミニュームメッキを施工 平27.3.25東京法務局回答 平27.11.20東京法務局回答

第3 建物の構造　189

34 建物の構造の表示方法について

（昭和44年5月26日登第284号宮崎地方法務局長照会
　昭和45年1月7日民三第646号民事第三課長依命回答）

▌照会

　最近の工場および作業場等を建築する場合に，新建材をもって建築した
る建物が増加し，屋根の種類による区分が困難となっておりますが，目下
左記仕様のごとき「万邦ライト張」なるものを用いたものの表示登記申請
がなされております。

　これは，その名称が専門的で構成材料を的確に示しているものとも考え
られますが，又商品名を示しているものとも考えられます。このような特
殊のものでも「亜鉛メッキ鋼板葺」或は「ビニール板葺」とすべきか判断
に困りますのが現状であります。

　これに類するものは今後多種多様になるものと考えられます。

　そこで，これ等のものは全て「（仮称）特殊加工合板葺」として処理し
ていいものかいささか疑義を生じましたので，何分のご指示を賜わりたく
お伺いいたします。

　　　　　　　　記
一　構造　鉄骨，若しくは軽量鉄骨の平家建
二　屋根　万邦ライト張葺
　注　材質はガラスせん維を塩化ビニールで覆った非常に硬質で耐熱，強
　　　度のもので，一見して厚鉄板（厚さ約1.5ミリ）に類似し国内共通の
　　　商品名
三　基礎土台，小屋組等はすべて建物として認定し得る。
参照　昭和42年12月13日付民事三発第696号民事局第三課長回答

▌回答

　客年5月26日付登第284号をもって民事局長あて照会のあった標記の
件については，「ビニール板葺」とするのが適当と考える。

190　第2節　各　論

解　説

　本件建物の屋根には，プラスチック製品の一種でグラスファイバーをポリエステル樹脂で固めた「万邦ライト」という特殊なものが用いられており，その材質が一見して厚鉄板に類似する硬質で，耐熱・強度のものであることから，その屋根は，「亜鉛メッキ鋼板葺」と表示すべきか，あるいは，材料にポリエステル樹脂が用いられていることから，照会当時，既に登記実務上使用されていた「ビニール板葺」と表示すべきか（関連先例），さらには，今後，これに類するものが多種多様になることをも考慮して，この際「（仮称）特殊加工合板葺」といった概括的な表示にすべきかについて，照会されたものです。

　屋根の種類の区分については前掲先例33で説明したとおりですが，本件照会当時の不動産登記施行令及び準則には，「ビニール板ぶき」の区分はなく，上記のとおり，先例において，登記実務上使用されていたものです。

　屋根の種類は，建物を特定し，その現況を明確にするための要素の一つであることから，個々の材質及び形状等を詳細に表示する必要はなく，階数等の他の事項とともに他の建物と区別できる程度の表示で足りるものと考えられます。

　本件建物の屋根は，材質からは「ポリエステル強化ガラス繊維板」という表示もできますが，その種類を明確に表示しているとはいい難く，また，照会局意見の「特殊加工合板葺」のように一般的，抽象的に表示することは，かえって屋根の種類の区分についての具体性を欠き不明確な表示となることから，適当でないと考えられます。そこで，今後，商品化される多種多様な屋根材ごとに，屋根の種類の表示を考慮することは，表示方法を複雑化して，公示上の混乱を招きかねないことから，この場合には，個々の材質ではなく，外見上類似する既存の代表的な名称をもって表示することが妥当であるとされたものです。

　そして，本件建物の場合は，プラスチックのいわば代名詞的存在である塩化ビニールが，外面を覆っているポリエステル樹脂と外見上類似してい

ることに着目して，上記のとおり，当時，登記実務上使用されていた「ビニール板葺」と表示する（現行法上は，準則81条1項2号の規定どおり「ビニール板ぶき」と表示します。）のが適当であるとされたものです

関連先例

家屋の構造の名称について
（昭和39年12月15日日記登第299号前橋地方法務局長照会
昭和40年1月25日民事三発第93号民事第三課長回答）

▌照会

最近の工場及び作業場等を建築する場合，左記仕様の如き屋根を用いているものが多い実情にあり，屋根の種類区分を「波型硬質塩化ビニール葺」とすべきか，単に「ビニール板葺」とすべきかは，必ずしも明確化されていないので，いささか疑義を生じましたので，お伺いいたします。

記
一　構造　軽量鉄骨若しくはブロックづみ，或は壁等の平家建
二　屋根　波型硬質塩化ビニール葺（木材は専門家の意見では耐久年数2，3年とされている。）
三　その他の仕様　基礎，土台，小屋組等すべて家屋として認定し得る。

▌回答

昭和39年12月15日付日記登第299号をもって問合せのあった標記の件については，「ビニール板葺」とするのが適当である。

192　第2節　各　論

35　プレハブ工法により設置された地下室の建物の認定等について

（昭和 54 年 12 月 17 日不登第 796 号名古屋法務局民事行政部長照会
　昭和 55 年 11 月 18 日民三第 6712 号民事第三課長回答）

▌照会

　土地の有効利用と建築工期の短縮を図るため，土地を掘削し，その場に特別の基礎工事を施工することなく，既成のスチールパネルを順次ボルトで締結していく乾式プレハブ工法によって設置された例図(A)(B)及び(C)に示した地下室（構造等は別図のとおり。）は，居室，収納庫等に利用されており，かつ，土地に対する定着性が認められるので，左記のとおり取り扱って差し支えないものと考えますが，いささか疑義がありますので，何分の御回示をお願いします。

記

一　例図(A)及び(B)の地下室は，いずれも建物と認定できる。

二　例図(A)の建物の構造は，屋根の種類を表示せずに「鉄骨造地下 1 階建」とする。

三　例図(B)の建物の構造は，「鉄骨造亜鉛メッキ鋼板葺地下 1 階付平家建」とする。

四　例図(C)のとおり既登記建物の地下に地下室が設置された場合は，既登記建物の増築及び構造変更として取扱う。

（注　参考資料添付）（省略）

第3 建物の構造　193

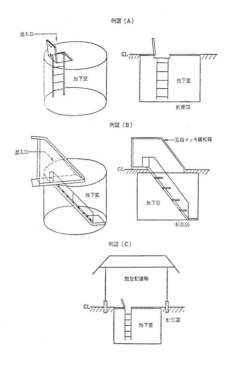

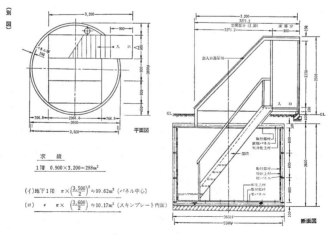

求　積
1階　0.900×3.200=288m²

(イ)地下1階　$\pi \times \left(\frac{3.500}{2}\right)^2 ≒ 99.62m^2$（パネル中心）
(ロ)　〃　$\pi \times \left(\frac{3.600}{2}\right)^2 ≒ 10.17m^2$（スキンプレート内面）

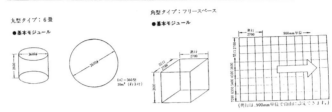

▍回答

 客年12月17日付け不登第796号をもって照会のあった標記の件については，いずれも貴見のとおりと考えます。

解　説

1　本件照会の趣旨

 通常，地下建造物は，土地を掘削し，その場に特別の基礎工事を施工した上で，鉄筋コンクリート等により築造するという方法が採られていますが，本件照会に係る地下室は，土地の有効利用と建築工期の短縮を図るため，そのような工法を採らず，工場で製造された既成の防錆塗装処理済みのスチールパネルを，順次ボルトで締結していく乾式プレハブ工法によって築造されたものです。

 そのため，このようなプレハブ工法により建築された地下室を建物として認定することができるか，認定することができるとした場合，その構造の表示方法はどのようにすべきかについて，疑義が生じたものと考えられます。

2　本件地下室の定着性

登記能力を有する建物であるためには，屋根及び周壁又はこれらに類するものを有し（外気分断性），土地に定着した建造物であって（定着性），その目的とする用途に供するもの（用途性）でなければならないとされています（規則111条）。

この定着性は，単に建物が物理的に土地に固着している（物理的定着性）だけでなく，一定の土地に永続して存在し，簡単に移動することができないものとして設置されていること（永続性）が必要であり，その判断に当たっては，建物の利用目的をも考慮すべきであると解されます。

本件建物は，添付された参考資料や図面から判断すると，小規模な一般住宅向けの地下室であって，その利用目的は勉強部屋，書斎，書庫等としての用途性を有し，その用途に応じた内装，照明，空調設備の備付けが可能であること，特別の基礎工事は施されていないが，地下建造物であることから，その用途に十分耐え得るものであること，スチールパネルは，ボルトで締結され防錆塗装がされていることから，防水性を有し，地下室としての機能上も問題ないと考えられることから，物理的定着性，永続性を有していると判断でき，したがって，本件地下室を建物として認定して差し支えないとされています。

3　本件地下室の構造の表示方法

建物の構造は，建物を特定するための一つの要素として，登記事項とされており（法44条1項3号），建物の主な部分の構成材料，屋根の種類及び階数により区分して定めるものとされています（規則114条，準則81条1項）。そこで，その表示方法は，これらを併せて，例えば「鉄筋コンクリート造（建物の主な部分の構成材料）陸屋根（屋根の種類）5階建（階数）」のように表示することになります。

ところで，「建物を階層的に区分してその一部を1個の建物とする場合において，建物の構造を記録するときは，屋根の種類を記録することを要しない。」（準則81条3項）とされています。これは，例えば，3階建の建物の1階の屋根は2階の床の部分が，2階の屋根は3階の床の部分が該当することから，1階部分及び2階部分には，屋根という概念がないと考えられるために設けられた規定であると考えられます。また，屋根の種類を

登記事項としている趣旨は，当該建物を特定するという目的のためであることからすれば，地下室の屋根に相当する部分を表示することに公示上の意味はなく，屋根の表示がなくても建物の特定に支障はないと考えられます（注1）。

そこで，本件地下室については，建物が地下部分のみであって，出入口として地上に特別の階段室等が設けられておらず，ただ地下室内に向かって階段が設けられているだけの場合の建物（例図A）の構造は，屋根の種類を表示せずに「鉄骨造地下1階建」とし，地下建物への出入口として，地上に屋根及び周壁によって囲まれた専用の階段室が設けられている場合の建物（例図B）の構造は，「鉄骨造亜鉛メッキ鋼板葺地下1階付平家建」とするものとされています。また，地上の既登記建物の地下に地下室を建築し，その出入口が地上建物の内部に存在する等その建物と一体となっている場合（例図C），その地下室は，既登記建物の増築及び構造変更として取り扱うとされています（注2）。

なお，本件照会係る事案は，特殊な構造を有する建造物についての例外的なものであることを考慮する必要があると考えられます（注3）。

（注1）登研401号126頁
（注2）有馬2・181頁
（注3）表実4・292頁

関連質疑

表実第4巻291頁　問125
「地下にのみ建設された建物の構造の記録方法」

第3 建物の構造　197

36 建物の構造の表示方法について

（昭和60年6月14日2不登1第568号東京法務局長照会
　昭和60年8月8日民三第4768号民事局長回答）

▌照会

　標記について，静岡地方法務局長から別紙1のとおり照会があり，別紙
2のとおり回答いたしたいと考えますが，この種の建物は，その構造をど
のように表示するかについて，いささか疑義がありますので，何分の御指
示を賜りたくお伺いいたします。

　別紙1

登第346号

昭和60年3月15日

　　　　　　　　　　　　　　　　　　　　　　　　静岡地方法務局長

東京法務局長　殿

　　　　　　　　建物の構造の表示方法について（伺い）

　標記のことについて，別紙甲号のとおり当局管内下田支局長より照会が
あり，別紙乙号のとおり回答したいと考えますが，新構法の構造でありい
ささか疑義がありますので，何分の御指示をお願いいたします。

　別紙甲号

下第122号

昭和60年3月4日

　　　　　　　　　　　　　　　　　　　　　　静岡地方法務局下田支局長

静岡地方法務局長　殿

　　　　　　　　建物の構造の表示方法について（照会）

　別紙資料掲載の構造物は，周壁は鉄筋コンクリート造りで，内部には屋
根を支えるための柱や梁はなく，屋根面にはガラス繊維に防水加工した膜
材を張りめぐらせて，これを外気圧より0.25％高い内部の空気圧によって
膨らませてドーム状の屋根とする新しい構法による建物ですが，その建物
の表示の登記をする場合，その構造（構成材料による区分及び屋根の種類に

198 第2節 各 論

よる区分）は「鉄筋コンクリート造ガラス繊維構造膜屋根」として取り扱って差し支えないか，いささか疑義がありますので，何分の御教示をお願いします。

別紙

　　空気膜構造物の概要

一　別添写真並びに図面（編注・省略）に示す建造物

二　種類　　体育館

三　構造　　（建築確認通知書の表示）

　　　　　　　鉄筋コンクリート造

　　　　　　　テフロンコーテッドガラス繊維織布

四　床面積　　1,764.76 m²

五　屋根の材質及び構法

　　屋根に用いる膜材は，3ミクロンのグラスファイバーを織布し，テフロンコーティングしたもので，引張り強度は幅1cm当たり約150kgあり，その他耐熱性，耐水性，不燃性及び透光性等の特性を有している。

　　また，膜材の耐用年数は，これまでの実績並びに実験結果によると少なくとも15ないしは20年間はある。

　　屋根は，外膜と内膜からなる二重膜構造であり，屋根面に6本のケーブル（直径約30mm）を交叉させて網状に張り渡し，その升目部分のケーブルに2m幅の平面状の膜材を立体裁断し熱溶着方法によって接合したものを固定させながら張りめぐらせ，屋根面に膜材を張り終った段階で室内に空気を送入し，室内空気圧を大気圧より0.0025気圧（25kg/m²）程度高めることによって膜材を球面状に膨らませ，その後は下図のとおり加圧送風機によって常時一定の膨らみを維持する構造である。

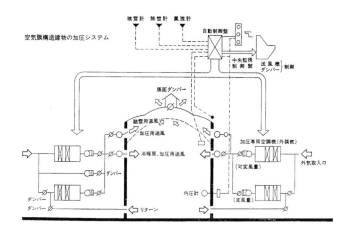

別紙乙号

登第　　号

昭和　年　月　日

　　　　　　　　　　　　　　　　　　　　静岡地方法務局長

　下田支局長　殿

　　　　　建物の構造の表示方法について（回答）

　本年3月4日付け下第122号をもって照会のあった標記については，貴見のとおり取り扱うのが相当と考える。

別紙2

2不登1第　　号

昭和　年　月　日

　　　　　　　　　　　　　　　　　　　　　東京法務局長

　静岡地方法務局長　殿

　　　　　建物の構造の表示方法について（回答）

　昭和60年3月15日付け登第346号で照会のあった標記については，「鉄筋コンクリート造空気膜屋根」とするのが相当であると考える。

▮回答

　昭和60年6月14日付け2不登1第568号で照会のあった標記について

200 第2節 各 論

は，貴見のとおり処理して差し支えないものと考える。

解　説

　本件も，前掲先例35の事例と同様，最近の建築技術や建築材質の進歩に伴う新しい工法による建築物である空気膜構造物の建物の構造の表示方法に関する照会です。

1　空気膜構造物とは

　空気膜構造物とは，屋根部分に膜を張り室内の気圧を外気圧より若干高めることによって膨らませた屋根構造を有する，全天候型スポーツ施設などに最適な建築物のことで，内部に柱や梁のない大空間を創造するために，従来の工法に代わる新しい工法を採用したものであり，その最大の特徴は空気圧によって屋根を支えることにありますが，その他に，①屋根材に軽量の膜材を使用しているため，屋根の自重が軽い（約5kg/m²），②建築工期が短い，③膜材が透光性を有しているので照明コストが軽減できる，などの特徴を持っています。

　我が国における恒久的建築物としての空気膜構造物は，本件が最初の事例です。

2　特殊な建築物

　特殊な材料又は構法による建築物は，建築基準法（昭和25年法律第201号）38条（注）により，国土交通大臣が，その建築材料又は構造方法が同法第2章の建築物の敷地，構造及び建築設備についての規定によるものと同等以上の効力があると認めた場合にのみ，恒久建築物としての認定を受けることができます。

　本件建築物は，別紙のとおり，昭和58年9月9日付けで国土交通大臣（当時は，建設大臣）の認定を受けており，建築基準法上は，恒久建築物として認められているものです。

3　本件建築物の登記能力

　まず，本件建築物が登記能力を有する建物であるか否かについては，建築確認通知書等の関係書面上から判断して，規則111条に規定されて

いる建物の要件のうち，外気分断性のなかの周壁，定着性及び用途性については，特に問題がないと思われます。問題は，屋根があるといえるかどうかの判断です。

　本件建築物の屋根に用いられている膜材は，原照会庁（下田支局）の照会文書に記載されているとおり，3ミクロンのグラスファイバーを織布し，テフロンコーティングしたガラス繊維膜であり，その耐用年数は，少なくとも15年間ないし20年間はあるといわれています。また，屋根の構造は，膜の取付工事の状況からみて開閉可能なものではなく，また，屋根の荷重を空気圧によって支える様式であること，及び建築基準法による許可の条件として常時加圧用送風を行い屋根を一定の形状に保つこととされていることなどから，屋根を開放して使用することは考えられません。

　このような膜材の耐用年数，構造及び使用状況から判断するならば，本件建築物は，外気を分断するための屋根を有すると認定できることから，現行法上，登記能力を有する建物として取り扱うのが相当であると考えられます。

4　建物の屋根の種類

　それでは，本件建築物が建物として取り扱われる場合に，本件空気膜構造物について，屋根の種類は，どのように表示すべきでしょうか。

　屋根の種類については，規則114条2号及び準則81条1項2号に規定する14の区分に応じて定めるものとされており，これらの区分に該当しないものは，これらの区分に準じて定めるものとされています（規則114条柱書）。

　ところで，本件空気膜構造物の場合の屋根は，外膜と内膜によって構成されている二重膜構造であり，外膜は周囲の鉄筋コンクリートの柱に設置されているケーブルアンカーにリングを取り付け，これに膜を補強するための6本のケーブルを交叉させてもち網状に架設し，ケーブルの交叉箇所をケーブルクランプによって固定した上で，ケーブルの升目部分に裁断した膜材を融着方法によって四角に固定させながら張りめぐらせたもので，内膜は，周囲の内壁の上部に約20cm間隔で取り付けら

れているボルトに膜材を固定させた上で，紐でケーブルに結び付けられているなど，屋根の材質，形状及び構造（上記3）が極めて特殊なものとなっています。また，膜構造の建物としては，空気膜構造物のほか，傘のように骨を作り，これに膜材を張る張力膜構造物がありますが，両者の相違は，膜材にあるのではなく膜を支える方式の差異にあることから，前掲先例34の事例と同様に，膜の材質によって屋根を表示することは，建物の特定上，必ずしも適切ではないと考えられます。

5 結論

空気膜構造物の屋根の表示は，表題部の記録から，一見して当該建物の最大の特徴である「空気圧によって屋根を支える構造」であることが分かるとともに，その表示が一般的，社会的に通用するものでなければなりませんが，同時に，建物の特定上，その表示は必要な範囲で記録すれば足りるものと考えられます。

また，屋根に用いられる膜材は，一定の種類に属するものであり，仮に，若干異なった種類の膜材が開発されたとしても，それが建物の特定上，大きな影響を与えるとは考えられないことから，膜の材質をも併せて，例えば「ガラス繊維膜空気圧屋根」等と表示する必要もないと考えられます。

以上のことから，本件空気膜構造物の屋根については，その構造を的確に表現し，かつ，建設業界，マスコミ等も使用している「空気膜屋根」と表示するのが相当であるとされたものです。

（別紙）

建設省静住指発第19号

　　　　認　定　書

　　　　　　　　　　　　東京都港区麻布台1丁目7-8

　　　　　　　　　　　　霊　友　会

　　　　　　　　　　　　代表役員　新田目平吉

さきに申請のあった下記建築物に用いる建築材料及び構造方法については，建築基準法第38条の規定に基づき，同法施行令第3章第8節の規定

によるものと同等以上の効力を有するものと認める。

　　昭和 58 年 9 月 9 日

　　　　　　　　　　　　　　　　建設大臣　内海英崇　㊞

（注）建築基準法 38 条

　この章（編者注・第 2 章）の規定及びこれに基づく命令の規定は，その予想しない特殊の構造方法又は建築材料を用いる建築物については，国土交通大臣がその構造方法又は建築材料がこれらの規定に適合するものと同等以上の効力があると認める場合においては，適用しない。

関連質疑

表実第 4 巻 301 頁　問 129
　「最近の建築資材が屋根の材料として用いられている場合の屋根の記録」

204　第2節　各　論

37　建物の表示登記の取扱いについて（抄・建物の構造）

（昭和63年1月12日不登第13号大阪法務局民事行政部長照会
　昭和63年3月24日民三第1826号民事第三課長回答）

▌照会

　西日本旅客鉄道株式会社から，「旅客鉄道株式会社及び日本貨物鉄道株式会社に関する法律」附則第6条の規定により出資を受けた建物について，その表示登記の取り扱いに関し相談を受けましたが，出資を受けた建物の大半は，鉄道事業遂行の為の施設として建築されたもので特異な名称を付した建物も多く，種類・構造の認定，床面積の算定等において通常の建物登記にみられない特異性を有しているうえ，これらの建物は，同社の営業区域である当局管区管内はもとより，広島法務局管区管内全域及び名古屋法務局管区管内の津・福井・金沢・富山局管内並びに東京法務局管区管内の長野・新潟局管内にまたがる広範囲な地域に多数所在している実情にあります。

　したがいまして，その処理に当たっては，統一した取り扱いが求められるところから，相談者から特異な建物についての資料の提出を求めるとともに，当局及び管内地方法務局の表示登記専門官が東海道本線芦屋駅・神戸駅等において実地調査を行ったその成果並びに同趣旨の相談がなされた広島法務局表示登記専門官の意見をも参考にして，今後の適正かつ，円滑な事務処理の手引きとするため，種類・構造等の認定事例集（案）を別添のとおり作成しました。

　つきましては，同認定事例集（案）で今後当局管区管内における統一した事務処理を行いたいと思料いたしますが，別紙資料（省略）のとおり，近く当局管区管内全域にわたって建物の表示登記の申請が予定される状況にあり，他局管内法務局・地方法務局に与える影響も大きいことから，何分のご指示を願いたく照会します。

（別紙）

西日本旅客鉄道株式会社所有建物の種類・構造等の認定事例集（案）

第3 建物の構造　205

第5　建物の構造

1. 主要構造部の構成材料が複数の組成材の場合，構造の表示は概ねその3分の1以上を占める組成材を併記して差し支えない。

2. 主要構造部が鉄骨造の場合，外壁にALC（軽量気泡コンクリート）を使用していても「鉄骨造」とする。ただし，主要構造部が壁構造の場合は，「鉄骨，鉄筋コンクリート造」と表示する。

3. 屋根の種類が2種類以上で貫かれている場合の認定基準は，

　①　床面積に算入しない部分の屋根については表示の対象としない。

　②　床面積に算入する部分の屋根面積の30％未満の種類の屋根については表示の対象としない。

　③　屋根が3種類以上ある場合は，床面積に算入する部分の屋根面積を種類数で除して，おおむね平均値以上を占める部分の屋根のみ表示する。

4. 地上階と地階の区別は，地盤面（注(1)参照）を基準とし，床面が地盤面より上にある階層は地上階とし，下にある階層は地階として取り扱う。この場合，床面が地盤面下にある階層で床面から地盤面までの高さがその階の天井までの高さの3分の1以上あるときは，当該階層は地下階（注(2)参照）として取り扱う。

　　注(1)　「地盤面」とは，建物が周囲の地面と接する位置の平均の高さにおける水平面をいう。この場合，その接する位置の高低差が3mをこえる場合は，その高低差3mごとの平均の高さにおける水平面をいう。

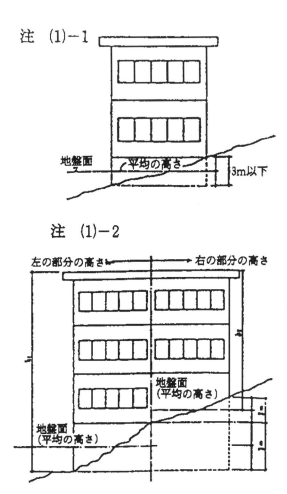

注(2) 「地階」とは，床が地盤面下にある階で，床面から地盤面までの高さがその階の天井の高さの1/3以上のものをいう。

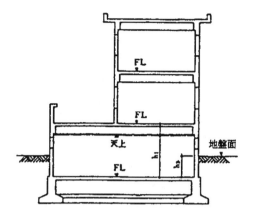

$h_2 \geqq 1/3 h_1$ の場合は、地階となる。
例えば、$h_1 = 3$ m の時、h_2 が 1 m 以上あればこの階は地階となる。
 5. 床上げされた建物で1階の床面が地盤面（ホーム）から1.5メートル以上ある場合「高床式平家建」と表示する。

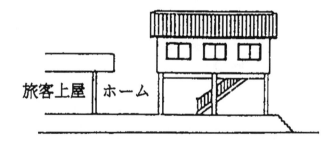

回答

本年1月12日付け不登第13号をもって照会のあった標記については、貴見によって取り扱って差し支えないものと考えます。

解説

日本国有鉄道は、会社を設立するに際し、会社に対し、その財産を出資するものとされています（旅客鉄道株式会社及び日本貨物鉄道株式会社に関

する法律（昭和 61 年法律第 88 号）附則第 6 条）。

　本件は，出資を受けた建物の多くが，鉄道事業を遂行するための施設として建築されたものであり，一般の建物とは異なる特異性を有し，また，各地に広く所在していることから，その表示登記の取扱いを統一するため，西日本旅客鉄道株式会社（JR 西日本）が，上記法律の規定により出資を受けた建物の構造について，照会及び回答がされたものです。

　具体的には，①主要構造部の構成材料が複数の組成材の場合の構造の表示は，概ねその 3 分の 1 以上を占める組成材を併記して差し支えない。②主要構造部が鉄骨造の場合，外壁に ALC（軽量気泡コンクリート）を使用していても「鉄骨造」とする。ただし，主要構造部が壁構造の場合は，「鉄骨，鉄筋コンクリート造」と表示する。③屋根の種類が 2 種類以上で貫かれている場合に，床面積に算入しない部分の屋根及び床面積に算入する部分の屋根面積の 30％未満の種類の屋根については，表示の対象としない。屋根が 3 種類以上ある場合は，床面積に算入する部分の屋根面積を種類数で除して，おおむね平均値以上を占める部分の屋根のみ表示する。④地上階と地階の区別は，地盤面（建物が周囲の地面と接する位置の平均の高さにおける水平面をいい，その接する位置の高低差が 3 m を超える場合は，その高低差 3m ごとの平均の高さにおける水平面）を基準とし，床面が地盤面より上にある階層は地上階とし，下にある階層は地階として取り扱う。この場合，床面が地盤面下にある階層で床面から地盤面までの高さがその階の天井までの高さの 3 分の 1 以上あるときは，当該階層は地下階（「地階」とは，床が地盤面下にある階で，床面から地盤面までの高さがその階の天井の高さの 1/3 以上のもの）として取り扱う。⑤床上げされた建物で，1 階の床面が地盤面（ホーム）から 1.5 メートル以上ある場合の構造は「高床式平家建」と表示するものとされています。

関連質疑

表実第 4 巻 281 頁　問 122

「建築材料が単一でない建物の構造の記録」

表実第 4 巻 293 頁　問 126

「高床式建物の床部分が鉄筋コンクリート造の場合の構造の記録方法」

表実第 4 巻 311 頁　問 132

「建物の屋根に太陽光発電装置を備え付けた場合の構造の記録方法」

表実第 4 巻 319 頁　問 135

「傾斜地の 2 階が道路に面する高床式 3 階層建物の構造の表示」

表実第 4 巻 322 頁　問 136

「高床式 2 階層建物の構造の表示」

表実第 4 巻 413 頁　問 174

「平家建の倉庫に 2 階建の倉庫を増築した場合の取扱い」

表実第 4 巻 433 頁　問 181

「構造を「木・鉄筋コンクリート造」として登記した後，木造部分の増築により鉄筋コンクリート造の部分が 3 分の 1 以下となった場合の「構造」欄の記録」

第4 建物の床面積

38 建物の表示に関する登記事務の取扱いについて（抄・建物の床面積）

（昭和46年3月19日日調連総発第94号日本土地家屋調査士会連合会長照会
昭和46年4月16日民事甲第1527号民事局長回答
昭和46年4月16日民事三発第238号民事第三課長依命通知）

　標記の件について別紙甲号のとおり日本土地家屋調査士会連合会長から民事局長あて問い合せがあり，別紙乙号のとおり回答がなされたので，通知します。

別紙甲号
　建物の種類，構造および床面積については，左記により取り扱いたいと思いますが，さしつかえないかお伺いします。
　なお，さしつかえない場合は，登記官に対し周知方ご依頼いたします。
建物の種類，構造および床面積の取り扱いについて
　　目次（省略）
三　建物の床面積の定め方について
（凡例）

　　床面積として算入する部分を示す。
———　　壁その他，区画の中心線を示す。

　床面積の算出については，次のように取り扱う。

㈠ 木造の場合

壁の厚さ，または形状にかかわらず柱の中心線で囲まれた部分の水平投影面積による。

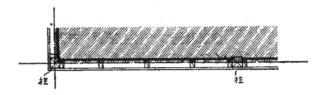

㈡ 鉄骨造の場合

1. 柱の外側が被覆されている場合は，柱の外面を結ぶ線で囲まれた部分の水平投影面積により床面積を算出する。

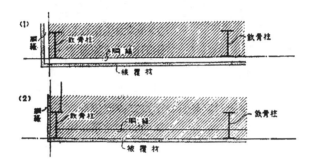

2. 柱の両側が被覆されている場合は，柱の中心線で囲まれた部分の水平投影面積による。

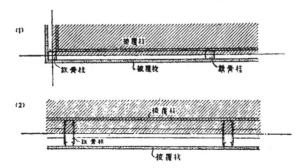

3. 柱の外側に壁がある場合は，壁の中心線で囲まれた部分の水平投

影面積による。

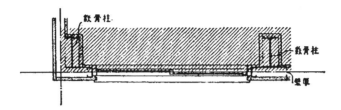

4. 壁がない場合で床面積を算出すべきときは，柱の中心線で囲まれた部分の水平投影面積による。

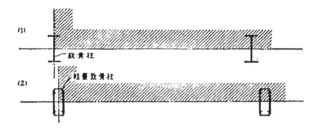

㈢ 鉄筋コンクリート造の場合
  （鉄筋コンクリート造及びコンクリートブロック造の場合を含む）
 1. 壁構造の場合は壁（又はサッッシュ）の中心線で囲まれた部分の水平投影面積による。

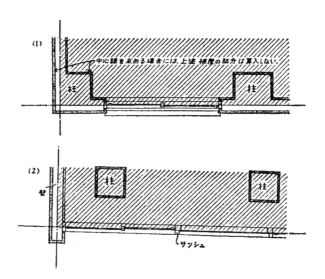

 2. 壁がない場合で床面積を算出すべきときは，柱の中心線で囲まれた部分の水平投影面積による。

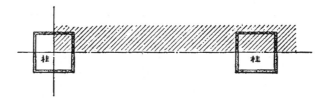

3. 壁構造の場合で，各階の壁の厚さが異なるときは，各階ごとに壁の中心線で囲まれた部分の水平投影面積による。

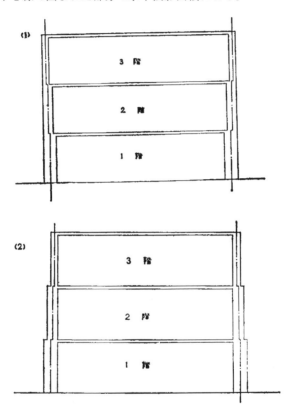

(四) 建物の一部に凹凸がある場合
　1. 建物の一部に凹の部分がある場合

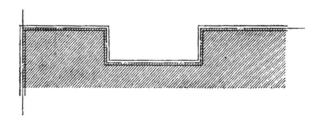

2. 玄関・車寄せ等の場合

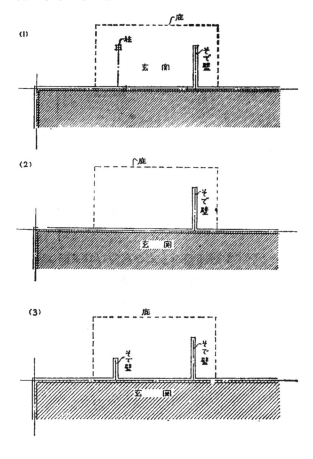

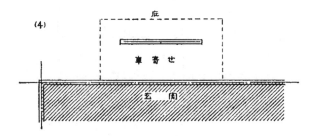

3. ベランダ等の場合

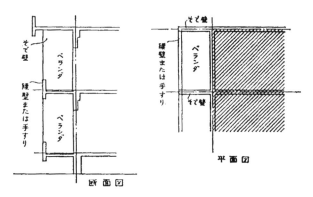

㈤ 不動産登記事務取扱手続準則第129条各号に掲げる場合

1. 第1号の場合

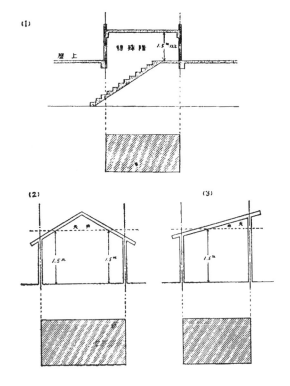

2. 第2号の場合

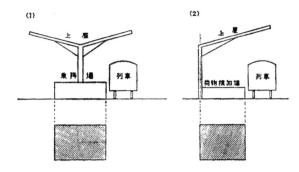

3. 第3号の場合

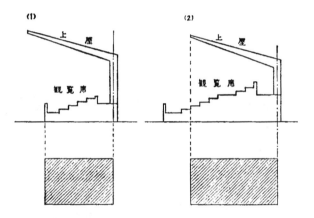

4. 第7号の場合

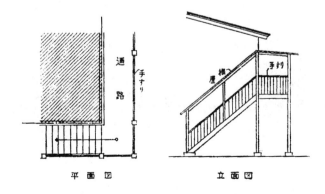

5. 第8号の場合

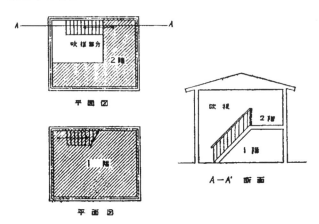

6. 第9号の場合

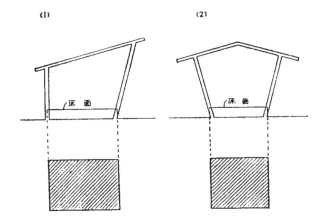

7. 第10号の場合（準ずる場合を含む）

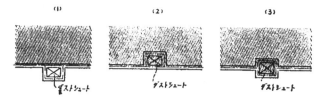

8. 第11号の場合

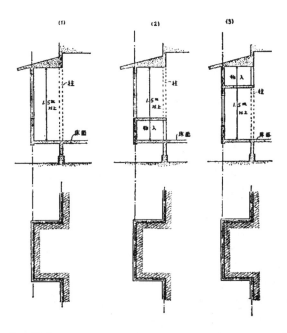

㈥ その他の場合

1. 吹抜の部分がある場合

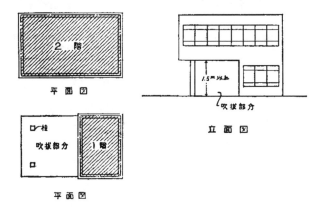

2. 2棟の建物に共用の樋が設けられている場合

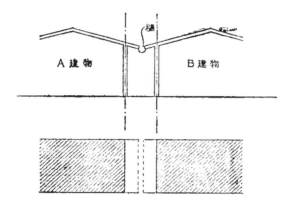

(七) 区分建物の場合
　1. 不動産登記事務取扱手続準則第129条第12号の場合

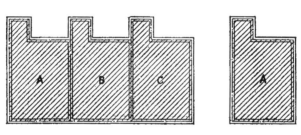

一棟の建物の床面積は柱または，壁の中心線で囲まれた部分の水平投影面積による。

一棟の建物を区分した各建物の床面積は，内壁で囲まれた部分の水平投影面積による。

2. 区分した建物の内壁に凹凸がある場合

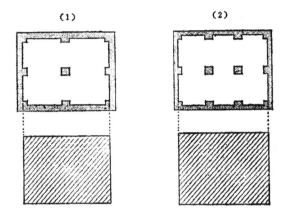

3. 1階と2階と区分した場合

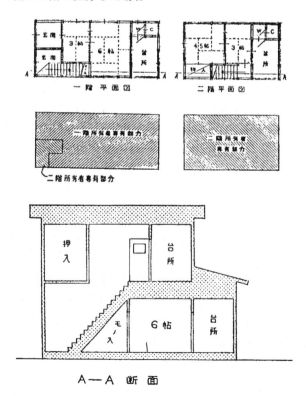

222　第2節　各　論

別紙乙号

　3月19日付日調連総発第94号をもって問い合せのあった標記の件については，貴見により取り扱ってさしつかえないものと考えます。

　なお，登記官への周知方については，当局機関誌（民事月報）に掲載してすることとしたから了承願います。

解　説

　建物の床面積とは，各階ごとの面積であり，この面積を登記することにより建物を特定するものであって，種類，構造とともに登記事項とされています（法44条1項3号）。

　建物の床面積に関し必要な事項は，法務省令（規則）で定めるものとされており（同条2項），この規定を受けて，「建物の床面積は，各階ごとに壁その他の区画の中心線（区分建物にあっては，壁その他の区画の内側線）で囲まれた部分の水平投影面積により，平方メートルを単位として定め，1平方メートルの100分の1未満の端数は，切り捨てるものとする。」（規則115条）とされています。

　しかし，壁その他の区画の中心線は，各建物の構造が一様ではないことから，建物の床面積を算出するには多くの困難があるため，規則115条に定めるところによるほか，準則82条において，次のとおり，その算出基準を詳細に定めています。

　①　天井の高さ1.5メートル未満の地階及び屋階（特殊階）は，床面積に算入しない。ただし，1室の一部が天井の高さ1.5メートル未満であっても，その部分は，当該1室の面積に算入する。

　②　停車場の上屋を有する乗降場及び荷物積卸場の床面積は，その上屋の占める部分の乗降場及び荷物積卸場の面積により計算する。

　③　野球場，競馬場又はこれらに類する観覧席は，屋根の設備のある部分の面積を床面積として計算する。

　④　地下停車場，地下駐車場及び地下街の建物の床面積は，壁又は柱等により区画された部分の面積により定める。ただし，常時一般に開放

されている通路及び階段の部分を除く。

⑤　停車場の地下道設備（地下停車場のものを含む。）は，床面積に算入しない。

⑥　階段室，エレベーター室又はこれに準ずるものは，床を有するものとみなして，各階の床面積に算入する。

⑦　建物に附属する屋外の階段は，床面積に算入しない。

⑧　建物の一部が上階まで吹抜になっている場合には，その吹抜の部分は，上階の床面積に算入しない。

⑨　柱又は壁が傾斜している場合の床面積は，各階の床面の接続する壁その他の区画の中心線で囲まれた部分による。

⑩　建物の内部に煙突又はダストシュートがある場合（その一部が外側に及んでいるものを含む。）には，その部分は各階の床面積に算入し，外側にあるときは算入しない。

⑪　出窓は，その高さ1.5メートル以上のものでその下部が床面と同一の高さにあるものに限り，床面積に算入する。

さらに，本件照会・回答により，次のような具体的な取扱基準が示されています。

1　建物の主な部分の構成材料が木造等の場合

　　壁の厚さ，または形状にかかわらず柱の中心線で囲まれた部分の水平投影面積によって算出する。

2　鉄骨造の場合

　(1)　柱の外側が被覆されている場合は，柱の外面を結ぶ線で囲まれた部分の水平投影面積により床面積を算出する。

　(2)　柱の両側が被覆されている場合は，柱の中心線で囲まれた部分の水平投影面積によって算出する。

　(3)　柱の外側に壁がある場合は，壁の中心線で囲まれた部分の水平投影面積によって算出する。

　(4)　壁がない場合は，柱の中心線で囲まれた部分の水平投影面積によって算出する。

3　鉄筋コンクリート造の場合（鉄筋コンクリート造及びコンクリートブ

224 第2節 各 論

ロック造の場合を含む。）

(1) 壁構造の場合は壁（又はサッシュ）の中心線で囲まれた部分の
水平投影面積によって算出する。

(2) 壁がない場合で床面積を算出すべきときは，柱の中心線で囲まれ
た部分の水平投影面積によって算出する。

(3) 壁構造の場合で，各階の壁の厚さが異なるときは，各階ごとに壁
の中心線で囲まれた部分の水平投影面積によって算出する。

なお，具体的な建物の床面積の算定等については，「表実4」の問142
（336頁）から問162（381頁）において説明されていますので，一読くだ
さい。

関連質疑

表実第4巻314頁　問133
「階層の数え方と床面積に算入する範囲」

表実第4巻319頁　問135
「傾斜地の2階が道路に面する高床式3階層建物の構造の表示」

表実第4巻326頁　問138
「中2階の建物の階層及び床面積」

表実第4巻336頁　問142
「床面積の算出方法」

表実第4巻341頁　問144
「周壁が二方のみの1階の車庫を床面積に算入することの可否」

表実第4巻349頁　問147
「屋根裏部屋を床面積に算入することの要否」

表実第4巻351頁　問148
「特殊な構造部分について床面積に算入する範囲」

表実第4巻357頁　問151
「出窓部分を床面積に算入することの要否」

表実第4巻359頁　問152

「4階建の建物の共用する内階段部分を床面積に算入することの可否」

表実第4巻 367頁　問 155

「吹抜け部分を床面積に算入することの要否」

表実第4巻 373頁　問 158

「屋外に設置した階段を床面積に算入することの要否」

表実第4巻 379頁　問 161

「工作物で囲った玄関の風除室を床面積に算入することの要否」

表実第4巻 381頁　問 162

「ピロティー式の建物について床面積を算出する方法」

39 ダスターシュート等の床面積算入の可否について

（昭和39年8月24日首都建発第398号財団法人首都圏不燃建築公社会長照会
　昭和40年2月27日民事三発第231号民事第三課長依命回答）

▌照会

　標記の件について，ダスターシュート等が建物の内部にある場合と外部にある場合の算積方法は，不動産登記事務取扱手続準則第127条第10号に定められた取扱いによるとありますが，別紙図の如くダスターシュートの部分が建物の内部と外部にまたがって存在する場合には当該ダスターシュートの全部について各階の床面積に算入すべきものと考えられますが，いささか疑義を生じましたので何分の御回示をお願いします。

別　紙　図　面

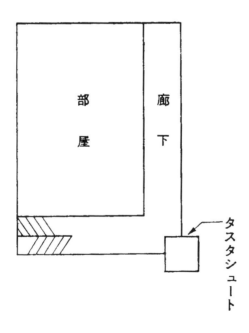

回答

　昭和 39 年 8 月 24 日付首都建発第 398 号をもって民事局長あて照会の
あった標記の件については，貴見のとおりと考えます。

解　説

　建物の床面積の定め方として，建物の内部に煙突又はダストシュートが
ある場合（その一部が外側に及んでいるものを含む。）には，その部分は各階
の床面積に算入し，外側にあるときは算入しないとされています（準則 82
条 10 号）。

　本件は，照会文の別紙図面のように，ダスターシュート（ダストシュー
ト）の部分が，建物の内部と外部にまたがって存在する場合の算定方法に
ついて，照会されたものです。

　上記の準則の規定は，単に煙突又はダストシュートが内部にある場合に
はその部分は各階の床面積に算入するが，外側にあるときは算入しないと
規定しているにすぎません。したがって，本件照会事案のように，ダスト
シュートの部分が，建物の内部と外部にまたがって存在する場合に，床面
積に算入すべきか否かについては，規定上，必ずしも明確であるとはいえ
ません。

　本件事案の場合には，建物の内部に存在するダストシュートの部分が全
体の約 4 分の 1 に該当することから，当該ダストシュートの全部について
各階の床面積に算入すべきであると回答されたものです。

　しかしながら，本件回答は，内部に存在する分が 4 分の 1 より少ない場
合については，何ら言及されていないことから，ダストシュートが外側に
あるときは床面積に算入しないとする上記準則の規定からすれば，例え
ば，内部に存在する部分が 8 分の 1 若しくは 10 分の 1 のように僅少とい
える場合であっても床面積に算入することについては，疑問がないとはい
えません。

　したがって，ダストシュートの部分が，建物の内部と外部にまたがって
存在する場合に，その全部を床面積に算入する基準は，本件照会・回答で

示された約4分の1の部分が内部にある場合までを限度とすべきであるともいえそうですが，このような場合には，その内部にある部分のみを床面積に算入することとする方が，取扱上の混乱を生じないものと考えられます（注）。

（注）区分先例151頁

第4 建物の床面積　229

40 建物の表示登記の取扱いについて（抄・建物の床面積）

（昭和63年1月12日不登第13号大阪法務局民事行政部長照会
　昭和63年3月24日民三第1826号民事第三課長回答）

▌照会

　西日本旅客鉄道株式会社から，「旅客鉄道株式会社及び日本貨物鉄道株式会社に関する法律」附則第6条の規定により出資を受けた建物について，その表示登記の取り扱いに関し相談を受けましたが，出資を受けた建物の大半は，鉄道事業遂行の為の施設として建築されたもので特異な名称を付した建物も多く，種類・構造の認定，床面積の算定等において通常の建物登記にみられない特異性を有しているうえ，これらの建物は，同社の営業区域である当局管区管内はもとより，広島法務局管区管内全域及び名古屋法務局管区管内の津・福井・金沢・富山局管内並びに東京法務局管区管内の長野・新潟局管内にまたがる広範囲な地域に多数所在している実情にあります。

　したがいまして，その処理に当たっては，統一した取り扱いが求められるところから，相談者から特異な建物についての資料の提出を求めるとともに，当局及び管内地方法務局の表示登記専門官が東海道本線芦屋駅・神戸駅等において実地調査を行ったその成果並びに同趣旨の相談がなされた広島法務局表示登記専門官の意見をも参考にして，今後の適正かつ，円滑な事務処理の手引きとするため，種類・構造等の認定事例集（案）を別添のとおり作成しました。

　つきましては，同認定事例集（案）で今後当局管区管内における統一した事務処理を行いたいと思料いたしますが，別紙資料（省略）のとおり，近く当局管区管内全域にわたって建物の表示登記の申請が予定される状況にあり，他局管内法務局・地方法務局に与える影響も大きいことから，何分のご指示を願いたく照会します。

（別紙）

西日本旅客鉄道株式会社所有建物の種類・構造等の認定事例集（案）

230　第2節　各　論

第3　建物の床面積

1. 床面積の算定

	種　類	床　面　積　の　算　定	備　　考
1	停　車　場	原則として上屋を有する部分	図（⑭）参照
2	こ　線　橋	一般的には人貨滞留性に欠け、床面積に算入しないが、駅本屋と一体的に利用されシャッター等により夜間閉鎖される構造となっている場合は、シャッター等により区画された部分に限り、床面積に算入する。	図（⑮）参照 　渡廊下的な性格を兼ねている場合「渡廊下付〇階建」と表示する。
3	高架下建物	壁、シャッター等で区画された部分に限り床面積に算入する。	図（⑯）参照 写真（④）参照
4	駅　　舎	一部に周壁を有しない部分があるが、周壁を有するものとして、床面積を算出する。	図（⑰）参照

第4 建物の床面積　231

図⑭　旅客・貨物・手小荷物上屋（停車場）床面積算定

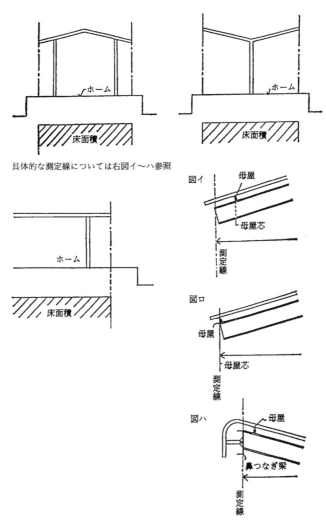

具体的な測定線については右図イ～ハ参照

232　第2節　各　論

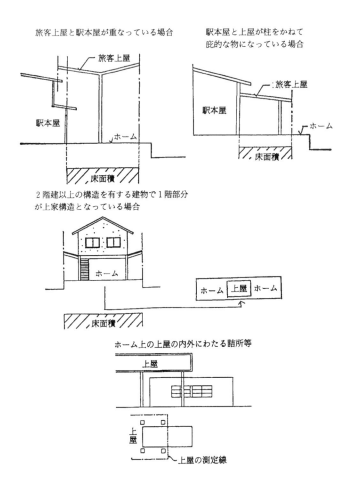

　上屋部分と詰所を、一棟の建物として取り扱う。
　種　類　複数の用途に供され、主たる用途を定め難い場合は、「停車場・事務所（又は休憩所）」等と表示する。

第4　建物の床面積　233

図⑭の参考写真

ホーム上に棚がある場合でも上屋を有する
部分はホーム部分として床面積に算出する。

図⑭の参考写真

段階開口部（ホームから駅舎に通ずる階段部分）は、ホーム部分として床面積に算入する。

図⑭の参考写真

ホーム側

ホーム側は上屋として構造機能を有していることから床面積に算入する。

第4 建物の床面積 235

図⑭の参考図

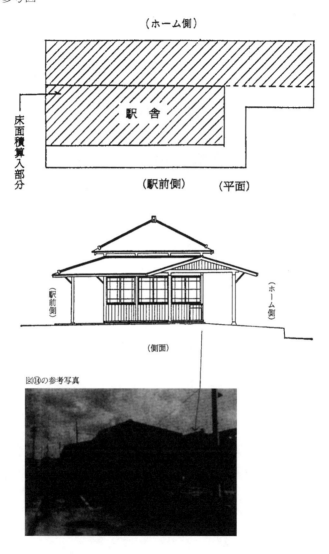

図⑭の参考写真

236　第2節　各　論

図⑮　こ線橋

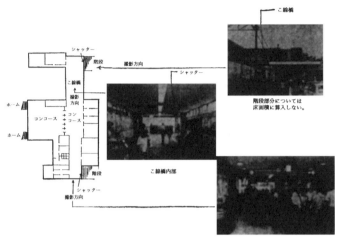

（注）　太線部分床面積に算入

図⑯　高架下部分……荷扱場，駅事務所，倉庫等に利用している部分（写真④参照）

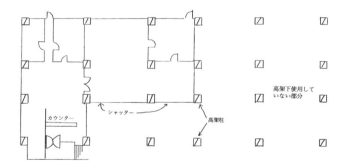

第4 建物の床面積　237

図⑰　駅舎　図⑰の参考写真

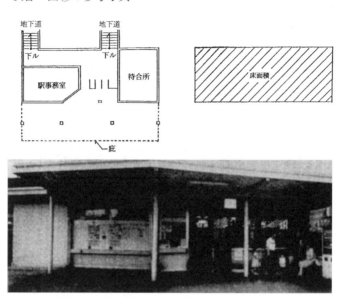

238　第2節　各　論

第3　建物の床面積
1.　床面積に算入しない部分

	種　類	床　面　積　の　算　定	備　　考
1	階 段 部 分		写真 (⑱) 参照 図 (⑲) 参照 写真 (㉕㉖) 参照
2	通路上屋部分		図 (⑳㉒) 参照 写真 (㉑㉒-2) 参照
3	こ　　線　　橋	一般的には人貨滞留性に欠けること及び構造上単なる工作物と認められることから床面積に算入しない。	写真 (㉓) 参照
4	渡　　廊　　下		図 (㉔) 参照
5	地 下 道 路	ホームとホーム又は駅舎との連絡通路 (こ線橋と同義)	写真 (⑨) 参照
6	荷物リフト塔	外部構造の荷物リフト塔	写真 (㉗) 参照
7	荷物エレベーター塔屋		写真 (㉘) 参照

第4 建物の床面積　239

床面積に算入しない部分
写真⑱

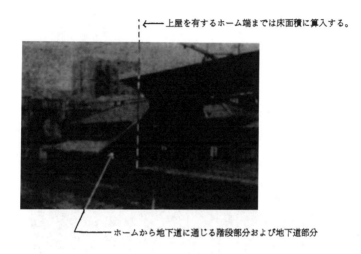

← 上屋を有するホーム端までは床面積に算入する。

ホームから地下道に通じる階段部分および地下道部分

図⑲

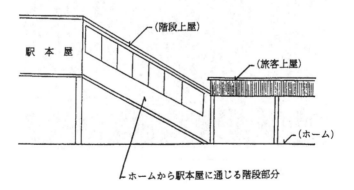

駅本屋
(階段上屋)
(旅客上屋)
(ホーム)
ホームから駅本屋に通じる階段部分

図⑳

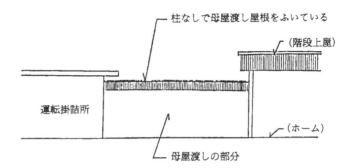

写真㉑

この写真は、柱を有するが構造上単なる工作物と認められる。

第4 建物の床面積　241

図㉒　写真㉒

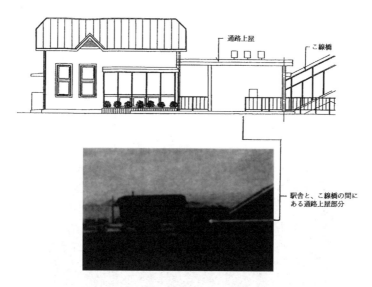

写真㉓　こ線橋部分

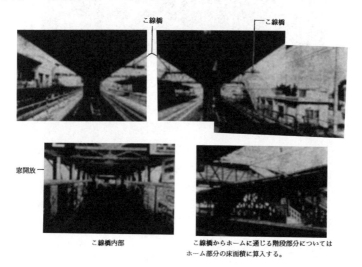

242 第2節 各 論

図㉔ 渡廊下部分(両建物の廊下部分をふくむ)
図㉔の参考写真

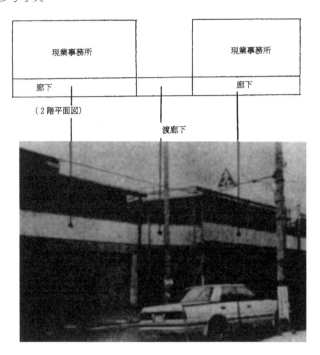

第4 建物の床面積　243

写真㉕　屋外階段部分

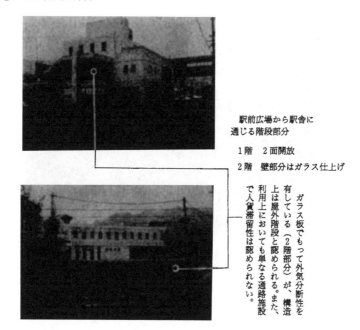

駅前広場から駅舎に通じる階段部分

1階　2面開放

2階　壁部分はガラス仕上げ

ガラス板でもって外気分断性を有している（2階部分）が、構造上は屋外階段と認められる。また、利用上においても単なる通路施設で人貨滞留性は認められない。

写真㉕の参考図

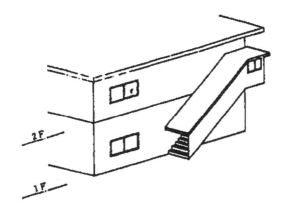

写真㉖

コンコースから駅前広場に通じる階段部分
人貨滞留性が認められない。

写真㉗　写真㉗の参考図

荷物リフト塔

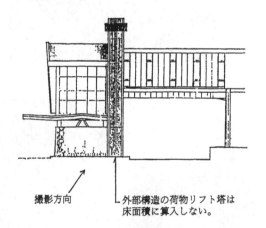

撮影方向　　外部構造の荷物リフト塔は
　　　　　　床面積に算入しない。

写真㉘の参考図

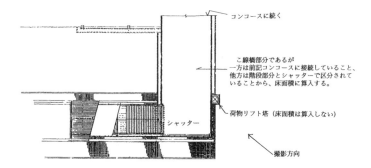

写真㉙ こ線橋及びエレベーター塔屋建物として取扱わない。

荷物エレベーター塔屋は建物として取扱わないが上屋の一体となっている塔屋の一階部分は、上屋の床面積に算入する。

3. 床面積の測定線の考え方

不動産登記事務取扱手続準則及び昭和46年4月16日民甲第1527号民事局長通達によるほか，次のとおりとする。

(1) 鉄骨造，その他これらに類する構造の建物で，外壁厚さの判定又は外壁厚さの中心線の位置の困難なものは，主構造の柱の中心線又は縁端を外壁厚さの中心線とみなす。

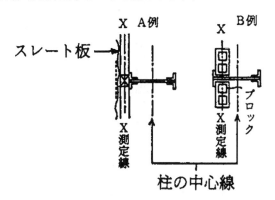

備考　A例及びB例の場合で，壁の厚さ及びその中心の位置の明らかなものは，壁の厚さの中心線X—Xを測定線とする。

(2) 壁の中心線をもって測定する場合に，壁厚が異なる場合の測定線は

① $h_1 \geqq h_2$ の時

X—Xを測定線とする。

② $h_1 < h_2$ の時

Y—Yを測定線とする。

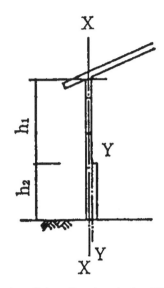

(3) 一部に壁又はこれに代わる柱のない部分の測定線は、その部分の両端にある壁又は柱の測定線の末端（柱の中心線を測定線とする場合は柱の中心を、外壁厚さの中心線を測定線とする場合は壁の中心線の終端をいう。）を結んだ線をもって測定線とする。

(注) 図で例示すれば、次のとおりである。

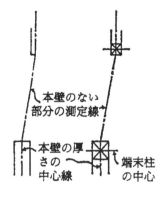

(4) 外壁がシャッター構造の場合
　① 開口部にシャッターがある場合の測定線
　　　シャッターの中心線

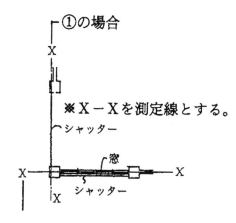

　② 窓，ドアー等の内外部にシャッターがある場合の測定線
　　　シャッターの中心線を測定線としない。

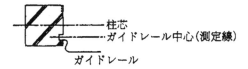

回答

本年1月12日付け不登第13号をもって照会のあった標記については，貴見によって取り扱って差し支えないものと考えます。

解説

日本国有鉄道は，会社を設立するに際し，会社に対し，その財産を出資するものとされています（旅客鉄道株式会社及び日本貨物鉄道株式会社に関する法律（昭和61年法律第88号）附則第6条）。

250　第2節　各　論

　本件は，出資を受けた建物の多くが，鉄道事業を遂行するための施設として建築されたものであり，一般の建物とは異なる特異性を有し，また，各地に広く所在していることから，その表示登記の取扱いを統一するため，西日本旅客鉄道株式会社（JR西日本）が，上記法律の規定により出資を受けた建物の床面積について，照会及び回答がされたものです。

　具体的には，測定線については，前掲先例38によるほか，①鉄骨造，その他これらに類する構造の建物で，外壁厚さの判定又は外壁厚さの中心線の位置の困難なものは，主構造の柱の中心線又は縁端を外壁厚さの中心線とみなし，②一部に壁又はこれに代わる柱のない部分の測定線は，その部分の両端にある壁又は柱の測定線の末端（柱の中心線を測定線とする場合は柱の中心を，外壁厚さの中心線を測定線とする場合は壁の中心線の終端をいう。）を結んだ線をもって測定線とするものとされています。

　また，床面積に算入する部分として，「停車場」については，原則として上屋を有する部分を床面積に算入し，「弧線橋」については，一般的には，人貨滞留性に欠けること及び構造上単なる工作物と認められることから床面積に算入しないが，駅本屋と一体的に利用されシャッター等により夜間閉鎖される構造となっている場合は，当該シャッター等により区画された部分に限り床面積に算入する。「高架下建物」については，壁，シャッター等で区画された部分に限り床面積に算入し，「駅舎」については，一部に周壁を有しない部分があるが，周壁を有するものとして床面積を算出するもとされ，他方，階段部分，道路上屋部分，渡廊下，地下道路（ホームとホーム又は駅舎との連絡通路），外部構造の荷物リフト塔，荷物エレベーター塔屋は，床面積に算入しないものとされています。

第4 建物の床面積　251

41 開閉式の屋根を有する野球場の床面積の算定方式について

（平成5年8月25日不登第251号福岡法務局民事行政部長照会
　平成5年12月3日民三第7499号民事第三課長回答）

▌照会

　左記の開閉式円形ドーム屋根付きの主に野球場として利用される建物につき，近く表示の登記の申請がなされる見込みでありますが，当該建物のうちドーム部分の床面積の算定につきましては，左記二の構造により開閉式円形ドーム屋根の開閉（施回移動する部分）できる屋根相当部分は工作物とみなし，不動産登記事務取扱手続準則第141条第3号（編者注：現準則82条3号）の規定により固定式屋根部分の下にある観覧席部分についてのみ，それぞれ各階の床面積に算入することとし，フィールド部分（固定式屋根の下に当たる部分も含む。）と，可動屋根の下に当たる観覧席部分については，これを床面積に算入しない取扱いで差し支えないものと考えますが，可動屋根部分の下に当たる観覧席はもちろんフィールド部分についても床面積に算入すべきとする反対意見もあり，いささか疑義がありますので，何分の御指示を賜りたく関係資料を添えて，照会いたします。

　なお，本件建物の種類につきましては，左記三のとおり多目的に利用されますが，フィールド等は野球を主にした施工がされており不動産登記法施行令第6条の規定により「野球場」と認定してはいかがかと考えますので，併せて御指示下さるようお願いいたします。

　　　　　　　記

一　本件建物は，「福岡ドーム」と称し，建築面積は72,740平方メートル，そのフィールドの面積は約13,500平方メートルであり，その周囲を観覧席，駐車場のほか，楽屋，控室，野球スポーツ関連施設，観客用諸施設216室を備える鉄骨コンクリート造7階建の円形の建物で囲われ，その屋根は，開閉式ドームになっている。

二　屋根部分の構造について

　1　開閉式屋根は，最大直径213メートルであり，全重量は約12,000

トンの扇形をした3枚の鉄骨構造パネルで構成されており，各パネルの厚さは4メートルで，その面積は3枚の合計で約50,000平方メートルあり，その表面素材は厚さ0.3ミリメートルのチタン板が使用されている。

なお，台風や地震時におけるパネル相互の上下方向の接触，衝突を防止するため，3枚の屋根パネル頂部には，制震ダンパーが設けられている。

また，各パネルとも安定性を高めるためパネルの下両端を左右に鷹の翼のように広げた構造となっている。

2　3枚のパネルは，上段，中段，下段の3層に分かれており，重量は，上段が4,200トン中段が4,000トン下段が3,800トンである。下段のパネルが固定屋根で，ドーム型屋根の開閉は，上段のパネルと中段のパネルの2枚が左右にそれぞれ120度旋回移動することによって行われる。

3　屋根の開閉に要する時間は，全開，全閉ともに20分を要し，全開時の開放率は約60パーセントである。

4　野球試合等の開催時におけるドーム屋根の開閉は原則的に開時の状態を通常とし，雨天時とイベントによってその必要がある場合に閉じた状態にするというのがドーム球場所有者の考えである。

三　施設の利用について

本件野球場は，野球のみに利用されることなく，他の球技及び各種のイベントにも利用する目的で設計建築されたもので，その設備もなされている。すなわち，フィールドの両翼の可動席（野球時の観覧席）を移動することにより，フィールドの形を野球場からフットボール競技場用に容易に切り替えることができ，かつ，フィールドにトラックを特設するなどして，各種イベントの会場として使用できるのみでなく，日本最大級のコンサートホールにも利用でき，これら以外にも広いスペースを必要とするあらゆる催物の会場としても利用でき，全天候型の特質を生かし，日程を気象条件に左右されることなく実施されるよう設備が整備されている。なお，本件野球場は，店舗等も併設され，特に1階，2階

第4　建物の床面積　253

部分は駐車場であり，多岐にわたっての種類を兼ね備えている。

四　関係書類（省略）

回答

本年8月25日付け不登第251号をもって照会のあった標記の件については，開閉式屋根の開閉可能部分の下に当たる観客席及びフィールド部分の面積も床面積に算入すべきものと考えます。

なお，当該建物の種類については，その主たる用途が「野球場」と認められる場合には，そのように認定して差し支えないものと考えます。

解　説

1　本件照会の趣旨

本件は，主要用途を野球場，下部構造を鉄骨コンクリート造，屋根構造を割球型鉄骨造ラメラトラス構造（開閉式），地上7階，建築面積72,740 m² の建物について，当該開閉式屋根の開閉可能部分を工作物とみなし，準則82条3号により，固定式屋根部分の下に当たる観覧席部分についてのみ床面積に参入する取扱いで差し支えないか，また，本件建物の種類は「野球場」と認定して差し支えないか照会があったものですが，本件においては，当該開閉式屋根の開閉可能部分が，規則111条にいう屋根に当たるか否かが問題となります。

なお，開閉式屋根は，最大直径213 m，全重量12,000 t の扇型をした3枚の鉄骨構造パネルで構成されており，この3枚のパネルは上段，中段，下段の三層に分かれ，重量は上段が4,200t，中段が4,000 t，下段が固定屋根で3,800 t，屋根の開閉は，上段と中段のパネル2枚の旋回移動（それぞれ左右に120度移動）によって行われ，開閉所要時間は，全開，全閉ともに20分を要し，全開時の屋根解放率は約60％，各屋根のパネルの厚さは4 m で，表面素材には，厚さ0.3 mm のチタン板が使用されています。

2　屋根について

254 第2節 各 論

登記実務上，建物とは，①屋根及び周壁又はこれらに類するものを有し（外気分断性），②土地に定着した建造物（定着性）であって，③その目的とする用途に供し得る状態にあるもの（用途性）をいうと定義されています（規則111条）。また，判例においても，「建物トハ土地ニ定着シ雨風ヲ蔽ヒ人ノ出入ニ適スル工作物ナルヲ以テ（明治45年3月23日法曹會決議法曹記事22巻5號68頁）此要件ヲ具備スル以上ハ不動産タル建物ナリト云ハサルヘカラス」（関連判例）とされています。

「一般に屋根とは，雨露などを防ぐために建物の上部に設けられた覆いをいうものと理解されており，少なくとも屋根というためには雨覆の機能を果たすことがその最低限の要請であるというべきである。」と解されています（広島地裁平成4年3月31日判決・判例時報1453号121頁）が，屋根を有することは建物の認定において不可欠な要件と解されており，規則111条は，上記のとおり，周壁については「これらに類するもの」を許容しながら，屋根については，それを認めていませんから，屋根を有しないような建造物については，たとえ建築技術が進歩し，建物に対する需要が多様化したとしても，建物として認定することはできないものと考えられます。

3 本件開閉式屋根について

本件建物は，全天候型の野球場としてだけでなく，各種球技やコンサートなどのあらゆる催し物の会場として，気象条件に左右されることなく予定どおり実施するための設備を備えたいわゆる全天候型アリーナであることから，悪天候時には，屋根を閉じることが当然に想定されています。

このような利用形態，及び上記の構造，材質，耐久性等から判断した場合，本件開閉式屋根については，開閉（可動）式であってもその用途性に応じて，いつでも屋根としての機能を果たし得ることから，開閉可能部分をも含めて全体として，当該建物には屋根があると認めるのが，相当であるものと考えられます。

4 床面積の算定について

準則77条1号は，「建物として取り扱うもの」の中で，「野球場又は

競馬場の観覧席。ただし，屋根を有する部分に限る。」とし，準則 82 条
3 号は，「野球場，競馬場又はこれらに類する施設の観覧席は，屋根の
設備のある部分の面積を床面積として計算する。」としていますが，こ
れらの取扱いは，従来の家屋台帳制度における取扱いを踏襲したもので
あり，従来の野球場のフィールド部分は，通常，地面としか認められな
いものであることから，「屋根の設備のある観覧席の部分の面積を床面
積として計算する」こととしたものであろうと推察されます。

　　しかし，本件建物のフィールド部分は，多目的に利用可能な各種設備
が施されているだけでなく，基礎工事及び床工事が実施された床面であ
ることから，上記 3 のとおり，開閉式屋根の開閉可能部分をも含めて屋
根と認定した場合には，その下に当たる部分は，必然的に当該建物の床
面積に算入されるものと考えられます。

5　建物の種類の認定

　　本件建物の種類は，準則 80 条 1 項の規定からして，その主たる用途
が「野球場」と認められる場合には，そのように認定して差し支えない
ものと考えられます。

関連判例

大審院昭和 10 年 10 月 1 日判決（民集 14 巻 1671 頁）

　「……建物トハ土地ニ定著シ風雨ヲ蔽ヒ人ノ出入ニ適スル工作物ナルヲ
以テ（明治 45 年 3 月 23 日法曹會決議法曹記事 22 巻 5 號 68 頁）此要件ヲ具備
スル以上ハ不動産タル建物ナリト云ハサルヘカラス果シテ然ラハ本件ニ於
ケルカ如ク屋根瓦ヲ葺キ上ケ荒壁モ塗リ了シ天井モ床モ張リカカリタル程
度ニ達シタル建物ハ不動産ニシテ雜然タル木材瓦壁土土臺石等ノ動産物集
合ニ非サルモノト云ハサルヘカラス……」

関連質疑

表実第 4 巻 32 頁　問 11

「登記することができる建物とはどのようなものか」

表実第 4 巻 48 頁　問 17

「建物の外気分断性と用途性，経済性，定着性との関係」

表実第 4 巻 221 頁　問 94

「建物の種類を定める場合の制限」

表実第 4 巻 336 頁　問 142

「床面積の算出方法」

第5 建物の増築

 不動産の表示に関する登記事務の取扱い方について

（昭和37年10月3日日記登第425号佐賀地方法務局長照会
昭和37年10月18日民事甲第3018号民事局長回答）

照会

標記の件について左記のとおり疑義を生じましたので、何分の御垂示をお願いいたします。

なお、右はさしかかった事件でありますので、電信にて御回示をお願いいたします。

　　　　　記
一　略
二　増築もしくは表示更正による床面積の増加の登記の申請書には増築もしくは更正後の床面積増加部分が既存建物と構造上一体をなし、区分できないものについても、所有権を証する書面の添付を要するものと考えるも、この場合、その性質上添付は要しないとの反対説もあるが如何か。

回答

本年10月3日付日記登第425号をもって問合せのあった標記の件については、次のとおりと考える。

　　　　　記
第一項　略
第二項　貴見のとおり。

解説

1　建物の増築の趣旨

建物の増築とは、既存の建物に改造工事を施し、床面積を増加させる

ことですが，例えば，車庫等を別棟として新築し，これを既存の建物の附属建物として利用する場合も，増築と称する場合があります。

既存の建物に改造工事を施し，床面積が増加した場合には，表題部所有者又は所有権の登記名義人は，その増築による変更があった日から1か月以内に，床面積の変更（増築）による表題部の変更の登記をしなければならないとされています（法51条1項）。

2 建物の一部取壊し及び増築

次に，既存の建物の一部を取り壊して増築した場合に，既存の建物について，床面積の変更による表題部の変更の登記をするためには，改造工事の前後を通じて建物の同一性が認められなければなりません。

この点に関して，判例は，木造平屋建の1棟の居宅について，旧建物は，その相当部分が取り毀され，その主要部分も一部改造されたものの，元の場所に存置され，旧建物を支えていた柱も相当数のものが残って本件建物の支柱となっており，旧建物の残存部分が，本件建物の主たる構成部分を形成しているときは，旧建物と工事後の建物は，社会通念上同一性を有するものであるとしています（関連判例）。

このことから，既存の建物が，改造工事の過程で社会通念上の独立した建物としての機能を失わず，増築後の新たな建物の主たる部分を構成している限りにおいては，当該増築部分は，既存の建物に付合（民法242条）したものとみなされ，建物としての同一性が認められることになるものと解されます。

また，建物について改造工事が施され，物理的変化が生じた場合に，新旧の建物の同一性が失われたか否かは，新旧の建物の材料，構造及びその改造工事の規模等の異同に基づいて，社会通念に照らして判断すべきであるとされています（最高裁昭和50年7月14日第二小法廷判決・判例時報791号744頁）。すなわち，増築の前後における建物の同一性については，当該建物の物理的な状況，利用目的，取引上の価値，機能性等を総合的に判断して，社会通念上，第三者が容易に同一性を認識することができるかどうかによって判断することになるものと考えられます。

なお，建物の一部の取壊し及び増築をした場合は，建物の床面積の減

第5　建物の増築　259

少又は増加として取り扱って差し支えないとされています（準則84条）。したがって，この場合にも，表題部所有者又は所有権の登記名義人は，その一部取壊し及び増築による変更があった日から1か月以内に，床面積の変更による表題部の変更の登記をしなければなりません。

3　建物の増築による表題部の変更の登記に提供する添付情報

　建物の増築による表題部の変更の登記には，その申請情報と併せて，変更後又は更正後の建物図面及び各階平面図（令別表14の項添付情報欄ロ(1)），床面積が増加した部分について表題部所有者又は所有権の登記名義人が所有権を有することを証する情報（令別表14の項添付情報欄ロ(2)）を提供する必要があります。

　本件は，増築部分が既存の建物と構造上一体をなしており，物理的に区分できないものであるときは，当該増築部分は，既存の建物に付合していることが明らかであることから，この場合には，増築部分についての所有権を証する情報の提供は要しないのではないかとの照会に対して，当該情報の提供を要するとされたものです。

　なお，抵当権の設定の登記の目的となる建物，若しくは，既に抵当権の設定の登記がされている建物について増築がされている場合には，抵当権の設定の登記をする前提として，若しくは抵当権を実行しようとする前提として，当該抵当権者は，当該建物の所有権の登記名義人に代位して，増築による表題部の変更の登記を申請することができるとされています（関連先例）。

　具体的な建物の増築及びその登記手続については，「表実4」の問163（383頁）から問185（443頁）において説明されていますので，一読ください。

関連判例

最高裁昭和44年3月25日第三小法廷判決（判例時報555号41頁）

「旧建物と本件建物とは，ともに木造平屋建一棟の居宅であって，旧建物は，その相当部分が取り毀されたが，その主要部分である八畳間と押入

260 第2節 各 論

は一部改造されたものの，元の場所に存置され，旧建物を支えていた柱も
8畳間の四囲にあった相当数のものが残って本件建物の支柱となってお
り，旧建物の残存部分が，本件建物の主たる構成部分を形成しているなど
原判示の事実関係は，拳示の証拠関孫によってこれを肯認することができ
き，その判断の過程に所論のような違法はない。そして，原審の右に確定
した事実関係のもとにおいては，旧建物とこれに工事が加えられた結果の
本件建物とが社会通念上同一性を有するものであるとする原審の判断は，
当裁判所も正当としてこれを肯認することができ，原判決には所論のよう
な違法はない。」

関連先例

（大正4年9月27日大阪区裁判所監督判事照会
　大正4年11月6日民第1701号法務局長回答）

▌照会

第一項　略

第二項　略

第三項　左記設例ノ場合甲ハ孰レモ乙ニ代位シテ登記ヲ申請スルコトヲ得
　　　　ルヤ

㈠　債権者甲カ債務者乙所有ノ未登記不動産又ハ債務者丙ノ為メニ乙所有
　ノ未登記不動産ニ付キ抵当権ヲ取得シタル場合ニ其未登記不動産ノ所有
　権保存登記ヲ為ス場合

㈡　債権者甲カ債務者乙所有ノ既登記不動産又ハ債務者丙ノ為メニ乙所有
　ノ既登記不動産ニ対シ抵当権ヲ取得シ其抵当権設定ノ登記ヲ為スノ前提
　トシテ其不動産ノ分合若クハ段別坪敷地目等不動産表示ノ変更又ハ更正
　ノ登記ヲ為ス場合並ニ所有名義人表示ノ変更又ハ更正ノ登記ヲ為ス場合

㈢　債権者甲カ債務者乙所有ノ不動産又ハ債務者丙ノ為メニ乙所有ノ不動
　産ニ対シ抵当権設定ノ登記ヲ為シタル後其抵当権設定登記事項中ニ変更
　ヲ生シタルニ付其変更登記ヲ為ス場合並ニ抵当権設定登記事項中ニ錯誤

アリタルカ故ニ其更正登記ヲ為ス場合

㈣　債権者甲カ債務者乙所有ノ不動産又ハ債務者丙ノ為メニ乙所有ノ不動産ニ対シ抵当権設定ノ登記ヲ為シタル後，其抵当権ヲ実行セントシタルニ不動産表示又ハ所有名義人表示ニ変更又ハ更正スヘキ事項アルカ故ニ其変更又ハ更正登記ヲ為ス場合

㈤　債権者甲カ債務者乙所有ノ不動産又ハ債務者丙ノ為メニ乙所有ノ不動産ニ対シ抵当権設定ノ契約ヲ為シタルニ付其抵当権設定登記ヲ為ス場合
　　民法第 423 条及不動産登記法第 46 条ノ 2 ノ規定ニ依リ債権者ハ自己ノ債権ヲ保全スル為メ債務者ニ代位シテ登記ヲ申請スルコトヲ得ルハ明ナルモ其適用範囲ニ付広義ニ解スルト狭義ニ解スルトニ依リ甚タシク差違ヲ生シ何等制限的規定ナキ以上総テ代位登記ノ申請ヲ為シ得ヘキモノトセンカ設例㈢㈤ノ如キ場合ニハ不動産登記法第 26 条ノ規定即チ登記ハ登記権利者及登記義務者ノ共同申請ヲ要ストノ原則ヲ破壊スルニ至リ或ハ斯ル場合ニハ登記義務者ハ登記請求権ヲ有スルモ登記権利者ニ対シテ登記ヲ為スヘキ義務ノミヲ負担シ権利ヲ有セサルモノト解スヘキモノナルヤニ付疑ヲ生ス

█ 回答

本年 9 月 27 日記第 344 号問合中第二項及ヒ第三項ニ関シ客月 26 日記第 2315 号ヲ以テ詳細ノ事実御申越ノ趣了承右ハ左ノ通思考致候

第三項　㈠㈡及㈣ニ付テハ代位スルコトヲ得ヘキモ㈢及㈤ノ場合ニ於テハ
　　　　代位スルコトヲ得サルヘシ

262　第2節　各論

第6　建物の合体

43 区分建物でない建物について区分建物の登記がされている場合の取り扱いについて

（昭和38年7月4日鳥法登第359号鳥取地方法務局長照会
　昭和38年9月28日民事甲第2658号民事局長通達）

　標記の件について，別紙甲号のとおり鳥取地方法務局長から問合せがあり，別紙乙号のとおり回答したから，この旨貴管下登記官吏に周知方しかるべく取り計らわれたい。

別紙甲号

　不動産登記法施行細則の一部を改正する省令（昭和38年法務省令第18号）附則第2条の規定により登記用紙を改製するに際し，実地調査の結果当該建物が左記の如き状況にある場合は，何れも登記簿はそのままにしておく外はないでしょうか。そのままにしておく場合には，右建物につき権利に関する登記の申請があったときは，本年6月18日付民事㊂発第460号民事局第三課長依命通知によって便宜その登記の申請を受理してさしつかえないでしょうか。

　右何分の御回示を願います。

　　　　　記

一　建築登録又は表示の登記をなした当時は縦断的な区分建物であったが，その後障壁を除去して現在は区分建物とは認められない場合。

　　但し，各専有部分の所有者は同一であるが所有権以外の権利の登記がある。

二　一棟の建物全部につき同時に建築し，これを数人の所有者毎に区分建物として建築登録又は表示の登記がなされているが，当初から構造上の独立性がなく区分が認められない建物であるのに誤ってこれが登録又は登記をした場合。

別紙乙号

　昭和38年7月4日付鳥法登第359号をもって問合せのあった標記の件

については，次のとおり取り扱ってさしつかえないものと考える。

記

前段第一項　申請又は職権により「区分所有の消滅」を登記原因として，
建物の滅失の登記をする。

なお，障壁を除去した結果，新たに１個の建物となった建物
については，申請又は職権により「区分建物の合体」を登記原
因として，建物の表示の登記をする。

第二項　申請又は職権により「錯誤」を登記原因として，建物の滅失
の登記をする。

後段　前段により了知されたい。

解　説

　平成５年法律第22号による不動産登記法の一部改正によって，建物が
合体した場合の登記手続（後掲先例46）が新設される以前は，建物の合棟
（区分建物については合体）に関する登記事務については，法律上の規定が
設けられていなかったため，通達等により処理されており（本件先例43及
び後掲先例44・45），建物の合棟・合体が行われた場合は，合棟・合体前
の各建物について合棟・合体を登記原因として建物の滅失の登記をした
上，合棟・合体後の建物について合棟・合体を登記原因として建物の表示
の登記をすることとされていました。

　本件は，まず，その第一において，区分建物の登記がされた１棟の縦断
的な建物間の障壁を除去したため，現在は区分建物とは認められなくなっ
た場合の登記手続について，照会されたものです。

　建物の一部を区分所有権の目的とするためには，その一部が属する１棟
の建物が構造上区分されていることが，要件とされています（区分所有法
１条）。そして，構造上区分されていると認められるためには，建物の構
成部分である隔壁，階層（天井及び床）等によって，他の部分と完全に遮
断されている状態でなければならないと解されます。したがって，ふす
ま，障子，ベニヤ板等の容易に取り外しができるもので仕切られている場

合には，構造上区分されているとは認められないと考えられます（注）。

　また，隣接する２個の既登記建物が中間の障壁を除去したことにより合体された場合には，従前の２個の建物の独立性（１個性）は失われ，もはや各別に権利の目的となり得なくなったとみるべきですから，結局，２個の建物は，不動産登記法上滅失したものと評価せざるを得ないと解されます。一方，合体後の建物は，不動産登記法上，従来の２個の建物との関係では，同一性がなく，まったく別個の建物であると評価せざるを得ないことから，１個の建物としての独立性を失った従前の建物の登記は，実体関係に合致しないものであり，合体して１個の建物となった以上，従来の２個の建物について，それぞれ登記記録を設けておくことは，一不動産一登記記録（法２条５号）の建前に反することになります。

　そこで，本件事案のように，区分建物の間の障壁を除去したことにより，当該建物が区分所有権の目的となるための要件を満たさなくなったときは，法律上，当該区分建物は滅失したものとして，「区分所有の滅失」を登記原因とし，障壁を除去した日を登記原因の日付とする区分建物の滅失の登記をする旨回答されたものです。この登記手続は，各区分建物の所有者が同一である場合と異なる場合であるとにかかわらず，また，所有権以外の権利がされている場合であっても同じです。

　なお，障壁が除去された後の建物は，従前の区分建物とは，法律上全く別個の建物であることから，当該建物については，「区分建物の合体」を登記原因として，建物の表題登記をするものとされています。

　次に，本件の照会の第二は，当初から構造上の独立性がなく区分が認められない建物について，誤って区分建物としての登記がされている場合の登記手続について，申請又は職権により「錯誤」を登記原因として，区分建物の滅失の登記をすべきである旨回答されたものであり，建物の合体に関する登記手続に関するものではありません。

　なお，当該１棟の建物については，これを新築した日を登記原因の日付とする表題登記をすることになります。

（注）表実５・132頁

関連質疑

表実第 5 巻 242 頁　問 83

「既に登記がされている区分建物の独立性が認められない場合の処理」

2個の建物が1個の建物となった場合の登記の取扱いについて

(昭和38年12月5日2の12第1906号新潟地方法務局長照会
昭和39年3月6日民事甲第557号民事局長回答)

▎照会

 所有者を異にする2個の既登記建物の中間に増築をなし，双方建物の障壁を撤去して1棟の建物とした場合（各々所有権以外の権利がある。）は，昭和38年9月28日民事甲第2,658号貴職通達の趣旨により，双方建物の滅失登記及び建物の合体を登記原因とする建物表示登記を申請すべきものと考えますが，いかがでしょうか。

 なお，さしつかえないとした場合，所有権を証する書面として，従前の建物についての固定資産税の納税証明書及び増築部分に関する工事施行者の増築事実証明書並びに，一方を所有者として申請することの，他方の承諾書等を添付させ，受理してさしつかえないと考えますが，聊か疑義があり，急を要する事案につき，至急何分の御指示を賜わりたくお伺いいたします。

▎回答

 昭和38年12月5日付2の12第1906号をもって問合せのあった標記の件については，貴見のとおりと考える。

解説

1 本件照会・回答の趣旨

 本件は，前掲先例43が，各専有部分の所有者が同一である区分建物の障壁を除去した場合の登記手続に関する事案であったのに対して，所有者を異にする2個の既登記建物の中間が増築され，双方の建物の障壁を撤去した結果，新たな1棟の建物となった場合の登記手続に関する照会であり，この場合も，前掲先例43と同様に，「建物の合体」を登記原

因として，双方の建物についての滅失の登記，及び増築後の新たな建物についての表題登記を申請すべきであるとされたものです。

　上記のとおり，前掲先例43は，区分建物が，その要件を満たさなくなった場合の事案に関するものであることから，従前の区分建物については，「区分所有の消滅」を登記原因とする滅失の登記をし，障壁を除却した後の建物については，「区分建物の合体」を登記原因とする表題登記をすべきであるとされたものです。

　ところで，区分建物でない通常の建物の場合には，一方の障壁を除去したのみでは，直ちに当該建物が滅失したとはみられないものの，その登記手続はどのようにすべきか，また，新たに生じた1棟の建物についても登記記録を設けなければならないところ，その登記手続はどのようにすべきかについて，当時の不動産登記法には，何ら規定はありませんでした。その結果，それぞれの建物の所有者の権利及び所有権以外の権利の効力がどうなるかについては，すべて関係当事者の協議によるほかなく，その協議によって定められた内容を実現するためには，従前の既存建物について滅失の登記をした上で，障壁を除去した後の新たな建物について，表題登記，所有権の保存の登記及び所有権以外の権利の登記を順次するほか方法がなかったものと考えられます。

2　現行法における登記手続

　本件事案のように，いずれも所有権の登記がある独立したA建物とB建物を合体して1個の建物とした場合の現行法上の登記手続については，所有権の登記名義人は，合体の日から1か月以内に，合体後の建物についての表題登記及び合体前の建物についての建物の表題部の登記の抹消を，併せて一の申請情報によって申請しなければならないとされています（法49条1項前段，同項5号，令5条1項）。なお，本件事案のように，A建物とB建物の所有者が異なるときは，所有者全員によって申請するのが原則ですが，いずれか一方の所有者が申請することも差し支えないと解されます。

　合体前の各建物の表題部の登記の抹消の登記原因は「何番何（合体前の相手方の建物の家屋番号）と合体」と記録し，合体による建物の表題登

記の登記原因は「何番何，何番何（合体前の全ての建物の家屋番号）を合体」と記録します（記録例 88）。

　合体前の各建物の所有者が異なるときは，申請情報に，それぞれの所有者が合体後の建物について有することとなる各持分を表示します（令3条9号）（登記記録については記録例 90）。

　合体前の建物についてされた所有権の登記以外の先取特権，質権若しくは抵当権に関する登記であって合体後の建物について存続することとなるもの（存続登記）があるときは，当該合体前の建物の家屋番号，存続登記の目的，申請の受付の年月日及び受付番号，順位事項並びに登記名義人の氏名又は名称，存続登記の目的となる権利を表示します（令別表 13 の項申請情報欄ハ）。この場合の目的となる権利は，合体後の建物を基準として「甲某持分」のように表示します（登記記録については記録例 93）。

　以上のことから，当該登記申請には，申請情報と併せて，所有権の登記名義人の登記識別情報（法 22 条，令8条1項2号），所有権の登記名義人の印鑑証明書（令 16 条2項，規則 48 条1項5号），合体前の各建物の所有者が異なる場合は，合体前の各建物の所有者が合体後の建物について有することとなる持分の割合を証する情報，合体後の建物の持分について存続登記と同一の登記をするときは，当該存続登記に係る権利の登記名義人が当該登記を承諾したことを証する当該登記名義人が作成した情報又は当該登記名義人に対抗することができる裁判があったことを証する情報（令別表 13 の項添付情報欄ト）を提供する必要があります。

関連質疑

表実第5巻 278 頁　問 94
「2 個の区分建物を合体し同時に増築した場合の登記手続」

第6 建物の合体 269

45 2棟の建物を合棟して1棟の建物とした場合の登記事務の取扱いについて

（昭和40年3月25日第1593号浦和地方法務局長照会
昭和40年7月28日民事甲第1717号民事局長回答）

▌照会

　同一人名義の甲建物（2階建70坪）と乙建物（平家建5坪）との間に渡り廊下（2坪）を増築し，障壁を撤去して1棟の建物とした場合に，乙建物につき「合棟」を原因として滅失の登記をしたのち，甲建物につき「増築及び合棟」を原因として床面積変更の登記の申請（乙建物の部分については固定資産税の納付証明書添付）があったときは，これを受理してさしつかえないものと考えますが，いかがでしょうか（甲，乙両建物を共同担保とする抵当権設定の登記あり）。昭和39年3月6日付民事甲第557号貴職御回答の次第もあり決しかねますので，何分の御指示を仰ぎたく，お伺いいたします。

　また，右を受理してさしつかえないものとした場合，当該建物についての登録税法第2条第3項の登録税は，渡り廊下の部分についてのみ課税すれば足りると考えますが，いかがでしょうか（合棟前の甲，乙建物には登録税の未納部分なし）。

▌回答

　昭和40年3月25日付第1593号をもって問合せのあった標記の件については，次のように考える。
　　　　　　記
前段　受理すべきでない。
後段　右により了知されたい。

解　説

　本件は，前掲先例43及び44と同様に，甲建物と乙建物との間に渡り廊

270 第2節 各 論

下を増築し，障壁を撤去して1棟の建物とした場合には，「建物の合体」
を登記原因として，双方の建物についての滅失の登記，及び増築後の新た
な建物についての表題登記を申請すべきであり，乙建物について「合棟」
を原因として滅失の登記をし，甲建物について「増築及び合棟」を原因と
する床面積変更の登記の申請は，受理すべきでないとされたものです。

関連質疑

表実第5巻3頁　問1
　「建物の合体の意義」
表実第5巻6頁　問2
　「建物の合体，合棟及び合併の差異」

46 区分建物の取扱いについて

（昭和46年7月24日総第4256号大阪法務局民事行政部長照会
　昭和47年5月26日民事三発第473号民事第三課長回答）

照会

　1棟のうち，甲所有のA建物（既登記）乙所有のB建物（未登記）丙所有のC建物（未登記）をそれぞれの専有部分とする縦断的な区分建物（別図のとおり）につき，乙所有のB建物を甲が買受け，A・B間の障壁を除去した場合，左記の2説があり㈹説を相当と考えますが，疑義がありますので何分のご指示を賜りたく照会いたします。

　　　　　　　記

㈵説　A建物を，建物の合体を原因として滅失登記をしたうえ，A・B・Cを含む1棟の建物について，A・Bを建物の合体を原因とする表示の登記をする。

㈹説　B建物の合体を原因とするA建物の床面積増加の登記をしてさしつかえない。

（別図）

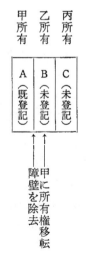

272 第2節 各 論

回答

昭和46年7月24日付総第4256号をもって問合せのあった標記の件については，貴見のとおり取扱ってさしつかえないものと考える。

解 説

　既に説明したように，A建物とB建物間の障壁を除去し，実体上1個の建物となった場合の登記実務の取扱いについては，表題登記をした当時は縦断的な区分建物であっても，その後に障壁を除去して，現在は区分建物とは認められない場合（前掲先例43），また，所有者を異にする2個のA建物とB建物の中間に増築して，増築部分に接する双方の建物の障壁を撤去して1棟の建物とした場合（前掲先例44）のいずれも，申請又は職権により「区分所有の消滅」を登記原因として，A建物及びB建物について滅失の登記をし，障壁を除去した結果，新たに1個の建物となったものについては，申請又は職権により「区分建物の合体」を登記原因として，建物の表題登記をするのが相当であるとされています。さらに，A建物とB建物との間に渡り廊下を増築し，障壁を撤去して1棟の建物とした場合には，「建物の合体」を登記原因として，双方の建物についての滅失の登記，及び増築後の新たな建物についての表題登記を申請すべきであり，B建物について「合棟」を原因として滅失の登記をし，A建物について「増築及び合棟」を原因とする床面積変更の登記の申請は，受理すべきでないとされています（前掲先例45）。

　本件も，隣接する2個の建物を障壁を除去することにより，建物の個数に変動を生じていることになりますが，従来の先例の事案と異なり，合体された建物が，同一の所有者甲（乙所有のB建物は，売買により甲が所有者となっています。）に属する既登記建物（A建物）と未登記建物（B建物）であることから，B建物はA建物に増築されたと評価することもできると解され，そうであれば，合体の前後における各建物については，同一性が完全に失われたとはいいきれないと考えられます。

　そこで，このような場合の登記手続については，既登記のA建物につ

いて増築があったものとして取り扱うことが，登記経済上及び公示上の観点から，妥当な方法であるといえます。

　以上のことから，本件における障壁の除去は，既登記のA建物をB建物部分まで拡張するために行われたものであると評価することができ，また，B建物が未登記であることから，結局，A建物にB建物部分が増築された場合と同じであるとみることができるので，A建物について増築による変更の登記をする場合に準じて，「B建物の合体」を登記原因として，A建物についての床面積の増加による変更の登記をして差し支えないとされたものと考えられます。

不動産登記法等の一部改正に伴う登記事務の取扱いについて（抄）

（平成5年7月30日民三第5320号民事局長通達）

　不動産登記法の一部を改正する法律（平成5年法律第22号），登記手数料令の一部を改正する政令（平成5年政令第226号）及び不動産登記法施行細則及び抵当証券法施行細則の一部を改正する省令（平成5年法務省令第32号）が本年10月1日から施行され，これに伴い不動産登記事務取扱手続準則を改正し（平成5年7月30日付け民三第5319号本職通達），同日から実施することとしたところ，これに伴う不動産登記事務の取扱いについては，下記の点に留意するよう，貴管下登記官に周知方取り計らい願います。

　なお，本通達中，「改正法」とあるのは不動産登記法の一部を改正する法律（平成5年法律第22号）を，「法」とあるのは改正法による改正後の不動産登記法を，「改正省令」とあるのは不動産登記法施行細則及び抵当証券法施行細則の一部を改正する省令（平成5年法務省令第32号）を，「細則」とあるのは改正省令による改正後の不動産登記法施行細則を，「準則」とあるのは改正後の不動産登記事務取扱手続準則をいう。

　　　　　　　記
第六　建物が合体した場合の登記手続の新設
　一　建物の合体
　　　建物の合体とは，数個の建物が，増築等の工事により構造上1個の建物となることをいう。その数個の建物が1棟の建物を区分した建物（以下「区分建物」という。）であって，これらが隔壁除去等の工事によりその区分性を失った場合も，これに含まれる。
　二　登記の申請
　　(1)　建物の合体があった場合における登記の申請は，合体前の建物が未登記であるときはその所有者から，合体前の建物につき表示の登記のみがされているときは表題部に記載された所有者から，合体前の建物につき権利の登記がされているときは所有権の登記名義人か

ら，建物の合体後1か月以内に，合体による建物の表示の登記及び合体前の建物の表示の登記の抹消につき同一の申請書をもってすることを要する（法第93条ノ4ノ2第1項前段）。この登記の申請は，合体前の建物の所有者等が異なる場合には，そのいずれかの者からすることもできる。

(2)　未登記の合体前の建物（区分建物を除く。）について所有者の変更があったときは新所有者はその変更があった日から1か月以内に，表示の登記又は権利の登記がされている合体前の建物について所有者の変更があったときは新登記名義人は自己のため登記を受けた日から1か月以内に，(1)の登記の申請をすることを要する（法第93条ノ4ノ2第5項，第81条第3項，第93条第3項，第80条第3項）。

(3)　(1)の登記の申請をする場合において，合体前の建物が未登記である建物と所有権の登記のある建物であるときは，申請人は，(1)の登記の申請書と同一の申請書をもって，未登記の建物の所有者のために合体後の建物につき所有権の登記をも併せて申請することを要する。合体前の建物が表示の登記のみがされている建物と所有権の登記のある建物であるときは，申請人は，表題部に記載された所有者のために，同様の申請をすることを要する（法第93条ノ4ノ2第1項後段）。

　なお，この所有権の登記を申請する場合には，申請人は，法第26条第1項の規定により登記所に出頭することを要する。

　この場合の所有権の登記の申請に当たって納付すべき登録免許税の額は，合体後の建物の価額に，所有権の登記のない建物の所有者又は表題部に記載された所有者が合体後の建物につき有することとなる持分の割合を乗じて計算した金額を課税標準として，これに1,000分の6の税率を乗じて得た金額である（登録免許税法第10条第1項，第2項，別表第一の一㈠参照）。

(4)　合体前の建物がいずれも未登記であるときは，登記の申請については，(1)から(3)までの申請ではなく，法第93条に規定する新築による建物の表示の登記の申請の例による（法第93条ノ4ノ2第2項）。

276 第2節 各 論

三 申請書の記載

(1) 二(1)の登記の申請書には，合体前の各建物の表示及び合体後の建物の表示を記載するとともに，登記原因及びその日付を記載することを要する（法第36条第1項第4号，同条第3項から第5項まで）。この場合の登記原因の記載は，合体前の建物の表示の登記の抹消においては「何番と合体」と，合体による建物の表示の登記においては「何番，何番を合体」とするものとする。

(2) 合体前の各建物の所有者が異なるときは，それぞれの所有者が合体後の建物について有することとなる持分を申請書に記載することを要する（法第39条）。

　　また，合体前の各建物の所有者が同一である場合であっても，合体前の建物につき所有権の登記以外の所有権に関する登記又は先取特権，質権若しくは抵当権に関する登記（以下「抵当権等に関する登記」という。）があって，その登記が合体後の建物につき存続すべきものであるときは，その登記の登記名義人，登記原因，その日付，登記の目的及び受付番号が同一である場合を除き，合体後の建物につきその登記に係る権利の目的を明らかにするため，所有者が同一でないものとみなした場合の持分を記載することを要する（法第93条ノ4ノ2第3項第3号）。この場合における持分の記載は，申請人の表示に符号を付し，「持分3分の2甲某〔あ〕，3分の1甲某〔い〕」のようにするものとする。

(3) 合体前の建物について所有権の登記があるときは，その登記を表示するため，合体前の建物の家屋番号，登記の順位番号，申請書受付の年月日及び受付番号並びに登記名義人の氏名又は名称を記載することを要する（法第93条ノ4ノ2第3項第1号，細則第40条第1項）。

(4) 合体前の建物に抵当権等に関する登記で合体後の建物又はその持分の上に存続すべきものがあるときは，その登記を表示するため，合体前の建物の家屋番号，登記の目的，順位番号，申請書受付の年月日，受付番号及登記名義人の氏名又は名称並びに目的たる権利

の表示を記載することを要する（法第 93 条ノ 4 ノ 2 第 3 項第 2 号，細則第 40 条第 2 項)。この場合における目的たる権利の表示の記載は，合体後の建物を基準として，「甲某持分」のようにし，(2)後段の場合においては，「甲某〔あ〕持分」のようにするものとする。

四　申請書の添付書類等

(1)　二(1)の登記の申請を所有権の登記名義人がする場合には，その登記済証を申請書に添付することを要する。この場合において，その申請人が複数の合体前の建物の登記名義人であるときは，そのいずれかの建物についての登記済証を添付すれば足りる（法第 93 条ノ 4 ノ 2 第 4 項第 1 号，細則第 42 条ノ 2 第 1 項)。

　　また，登記済証が滅失したときは，保証書を申請書に添付することを要するが（法第 93 条ノ 4 ノ 2 第 5 項，第 44 条)，申請人が複数の合体前の建物の登記名義人であるときは，細則第 46 条第 1 項第 1 号の規定により保証書に不動産の表示を記載するには，合体前のいずれかの建物の表示を記載すれば足りる。

(2)　合体前の各建物の所有者が異なる場合において，その建物の一方につき登記済証が滅失したため，合体前の建物の登記済証と保証書とを申請書に添付して登記の申請があったときは，法第 44 条ノ 2 第 2 項の申出があった時に全部の申請を受け付けたものとして処理するものとする（準則第 67 条参照)。

(3)　合体前の建物について所有権の登記がある場合において，その登記名義人が申請人であるときは，その者の印鑑証明書を申請書に添付することを要する（細則第 42 条ノ 2)。

(4)　合体前の各建物の所有者が異なる場合には，所有権を証する書面として，合体前の各建物の所有者が合体後の建物について有することとなる持分の割合を証する書面を申請書に添付することを要する（法第 93 条ノ 4 ノ 2 第 5 項，第 93 条第 2 項)。この書面が合体前の各建物の所有者の作成に係る証明書である場合には，(3)により印鑑証明書を添付する登記名義人以外の作成者の印鑑証明書をこれに添付することを要するものとする。なお，合体前の各建物の所有者全員

が申請人である場合には，その申請書が持分の割合を証する書面を兼ねるので，申請書に印鑑証明書の添付があることをもって足りる。

(5)　合体後の建物の持分の上に存続する抵当権等に関する登記がある場合には，合体後の建物の持分の割合を定めるについてのその登記名義人の承諾書（印鑑証明書付き）又はこれに対抗することができる裁判の謄本を申請書に添付することを要する（法第93条ノ4ノ2第4項第2号）。

　　この場合において，合体後の建物の持分の上に存続する抵当権の登記について抵当証券の所持人又は裏書人があるときは，その者の合体後の建物の持分の割合を定めるについての承諾書（印鑑証明書付き）又はこれに対抗することができる裁判の謄本及び当該抵当証券をも申請書に添付することを要する（法第93条ノ4ノ2第4項第2号，第5項，第56条第2項）。

(6)　合体前の建物についてされた抵当権等に関する登記であって，申請書に合体後の建物又はその持分の上に存続するものとしての記載のないものがあるときは，その登記の登記名義人が権利の消滅を承諾したことを証する書面（印鑑証明書付き）又はこれに対抗することができる裁判の謄本を申請書に添付することを要する（法第93条ノ4ノ2第4項第3号）。この場合において，この権利を目的とする第三者の権利に関する登記があるときは，当該第三者の承諾書（印鑑証明書付き）又はこれに対抗することができる裁判の謄本をも申請書に添付することを要する（法第93条ノ4ノ2第5項，第83条第5項）。また，消滅する抵当権の登記について抵当証券の所持人又は裏書人があるときは，その者の承諾書（印鑑証明書付き）又はこれに対抗することができる裁判の謄本及び当該抵当証券をも申請書に添付することを要する。

(7)　敷地権の表示を登記している合体前の区分建物であって建物のみに関する旨の付記のない一般の先取特権，質権又は抵当権の登記があるものが合体した場合の登記の申請において，申請書に合体後の建物につき敷地権の表示の記載がないときは，共同担保目録を申請

書に添付することを要する。この場合において，合体前の建物に関する権利が他の登記所の管轄に属する不動産に関する権利と共同担保の関係にあるときは，その登記所の数に応じた共同担保目録をも添付することを要する（法第93条ノ4ノ2第5項，第81条ノ4第2項）。

(8) 合体後の建物が区分建物であって，申請書にその建物についての敷地権の表示の記載がされている場合においても，合体前の各建物の敷地権を合わせたものが合体後の建物の敷地権とされているときは，法第93条ノ3第2項から第4項までに規定する書面等の添付を要しない。また，合体後の建物が区分建物であって，その所有者がその建物の所在する土地につき登記された所有権，地上権又は賃借権を有するにもかかわらず，その建物について申請書に敷地権の表示の記載がない場合においても，合体前の建物がいずれも敷地権の表示を登記したものでないときは，法第93条ノ3第5項に規定する書面の添付を要しない（法第93条ノ4ノ2第6項）。

五　合体による建物の表示の登記

(1) 合体による建物の表示の登記をする場合に，合体前の各建物のいずれにも所有権の登記があるとき，又は法第93条ノ4ノ2第1項後段の規定により所有権の登記の申請があるときは，合体後の建物の表題部の所有者に関する事項を記載することを要しない。この場合においては，合体後の建物の登記用紙中甲区事項欄に，申請書の記載に基づき表題部に記載すべき所有者の住所，氏名及び合体によってその者の所有権の登記をする旨並びにその登記の年月日を記載して，登記官が押印するものとする。この場合において，三(2)に該当するときは合体後の建物についての各持分を，法第93条ノ4ノ2第1項後段の規定による申請により所有権の登記をするときは申請書受付の年月日及び受付番号をも記載することを要する（法第93条ノ12ノ2第1項，第51条第2項）。

(2) 合体前の建物について抵当権等に関する登記で合体後の建物又はその持分の上に存続すべきものがあるときは，その登記に係る権利

の順序に従って，合体後の建物の登記用紙中相当区事項欄に合体前の建物の登記用紙からその登記を移記し，その末尾に法第93条ノ12ノ2第2項の規定により家屋番号何番の順位何番の登記を移記した旨及びその登記の年月日を記載して，登記官が押印するものとする（法第93条ノ12ノ2第2項）。この場合において，移記すべき登記が合体後の建物の持分の上に存続することとなるときの登記の目的の記載は，当該持分を目的とするものとして引き直し，「何某持分抵当権設定」のようにするものとする。

　合体前の建物についての担保権の登記に係る共同担保目録については，法第128条第1項後段，第2項及び第3項の規定により所要の手続をするものとする。

　合体後の建物の持分の上に存続すべき抵当権の登記に係る抵当証券が申請書に添付されているときは，当該抵当証券における目的たる建物の表示その他の記載事項につき所要の変更をするものとする（抵当証券法第19条参照）。

(3)　(2)により移記すべき登記が処分の制限の登記その他の現に効力を有する所有権の登記以外の所有権に関する登記で申請書に記載された所有権の登記より先順位のものであるときは，(1)によってする合体による所有権の登記に先立ち，その登記に係る権利の順序に従って，その登記を移記するものとする。この場合においては，処分の制限の登記等の移記に伴って移記すべき登記の移記については，その末尾に処分の制限の登記等の移記のため家屋番号何番の順位何番の登記を移記した旨及びその年月日を記載して，登記官が押印するものとする。

　この場合における移記する登記についての登記の目的及び権利の記載は，合体後の建物につき所有権の登記名義人が有することとなる持分であって，その登記に係るものの割合に引き直し，「何某持分（合体前建物所有権）処分禁止仮処分」及び「持分3分の1何某」のようにするものとする。

(4)　四(6)の書面を添付してされた登記の申請に基づき，法第93条ノ

12ノ2第3項の規定により合体前の建物について抵当権等に関する登記が消滅した旨を付記すべき場合には，登記の目的の記載は「何番抵当権抹消」と，登記原因の記載は「消滅承諾」とし，その付記の年月日を記載するものとする。この場合においては，消滅した権利に関する登記は朱抹しないものとする。

(5) 合体前の建物についての賃借権の登記は，合体後の建物の登記用紙に移記することを要しない。

(6) 合体前の建物に敷地権の表示が登記されている場合において，合体後の建物に敷地権の表示を登記しないときは，法第93条ノ16に規定する所要の登記をすることを要する（法第93条ノ12ノ2第4項。昭和58年11月10日付け民三第6400号本職通達第6の3から8まで参照）。

(7) 合体後の建物に敷地権の表示を登記した場合であっても，合体前の建物に敷地権の表示の登記があるときは，法第93条ノ4の規定により敷地権の目的たる土地の登記用紙に敷地権たる旨の登記をすることを要しない（法第93条ノ12ノ2第5項）。

六　合体前の建物の表示の登記の抹消

合体前の建物の表示の登記の抹消をする場合には，登記原因及びその日付並びに登記の年月日の記載は，原則として合体前の建物の登記用紙中表題部の該当欄の次行にするものとし，合体前の建物の表示を朱抹した上，その登記用紙を閉鎖することを要する（法第93条ノ12ノ2第6項，第88条）。

七　登記済証の作成等　（省略）

八　裁判所への通知

合体前の建物にされた民事執行法の規定による差押えの登記を合体後の建物の登記用紙に移記したときは，その旨を執行裁判所に別紙様式により通知するものとする。

九　申請書類の保存期間

合体による建物の表示の登記に係る登記の申請書及びその添付書類（建物図面及び各階平面図を除く。）は，申請書受付の日から10年間保

存することを要する（細則第37条ノ3第2項）。

一〇　附属建物の合体に係る登記

上記一から九までの手続は，2個以上の建物が合体した場合に関する
ものであって（法第93条ノ4ノ2第1項参照），主たる建物と附属建物
とが合体した場合又は附属建物と附属建物とが合体した場合には，適
用がない。この場合には，準則第162条の手続をするものとする。な
お，この場合の登記原因の記載は，「合棟」から「合体」に改められ
た。

一一　経過措置等

(1)　合体による建物の登記手続に関する規定は，改正法施行前に合体
があった場合で，これによる登記の申請がされていないときにも，
適用される。この場合における登記の申請に係る期間については，
改正法施行の日（平成5年10月1日）から起算する（改正法附則第6
項）。

(2)　数個の建物が合体したことにより改正法施行前にされた登記の申
請は，これに基づき改正法施行前に登記がされている場合を除き，
法第93条ノ4ノ2第1項前段の申請とみなされ，法の規定が適用
される。

(3)　法第93条ノ4ノ2第1項前段の申請とみなされる場合において
は，その申請人は，改正法施行の日から起算して1か月以内に，同
条第3項各号に掲げる事項を記載した書面，同条第4項各号に掲げ
る書面及び同条第5項において準用する規定に規定する書面を提出
することを要し（改正法附則第4項），また，申請人が合体前の建物
の所有権の登記名義人であるときは，細則第42条ノ2の規定によ
る印鑑証明書の提出をも要する（改正省令附則第2項）。

なお，この場合において保証書の提出があったときは，法第44
条ノ2に規定する手続をとることを要する。

(4)　(2)の場合において，合体前の建物が所有権の登記のない建物と所
有権の登記のある建物であるときは，(3)の書面の提出と同時に，法
第93条ノ4ノ2第1項後段の登記の申請がされることを要する

（改正法附則第5項）。

(5) 数個の建物が合体した場合において，改正法施行後に，従来の取扱いに従い建物の表示の登記及び建物の滅失の登記の申請がされたときは，法第49条第4号の規定により却下するものとする。

(6) 主たる建物と附属建物とが合体した場合又は附属建物と附属建物とが合体した場合における準則第162条の規定による登記原因の記載（一〇参照）については，準則の改正前に既に登記がされているものにおいては，その記載（「合棟」）を改めることをしない。

第九　登記の記載

　改正法施行後における地役権の登記がある土地の合筆の登記及び合体による登記の記載は，別紙の振り合いによるものとする。

別紙

合体による登記等の記載例

目次

第一　略

第二　合体による登記

一　合体前の建物の表示の登記の抹消……………2

二　合体による建物の表示の登記……………3

三　合体後の建物の権利の登記

　　1　合体前のいずれの建物にも所有権の登記がある場合……………4

　　2　法第93条ノ4ノ2第1項後段の申請がある場合……………5

　　3　合体前の建物につき抵当権の登記で合体後の建物の持分の上に存続するものがある場合……………6

　　4　申請書に記載された所有権の登記より先順位の処分の制限等の登記がある場合……………7

四　合体前の建物の抵当権等の登記につき消滅承諾書の添付がある場合……………8

第一　略

第二　合体による登記

一　合体前の建物の表示の登記の抹消　2

表題部（主である建物の表示）						
所在	家屋番号	①種類	②構造	③床面積　m²	原因及びその日付	登記の日付
甲市乙町一丁目参番地	参番の壱	居宅	木造瓦葺二階建	一階　九参・四弐　二階　六〇・〇〇	平成何年何月何日新築	
					平成何年何月何日参番の弐と合体	平成何年何月何日
						平成何年何月何日閉鎖㊞　　　㊞

二　合体による建物の表示の登記　3

表題部（主たる建物の表示）				
所在	甲市乙町一丁目参番地			
家屋番号	参番			
①種類	居宅			
②構造	木造瓦葺二階建			
③床面積 m²	一階	壱弐参・四五		
	二階	九参・壱弐		
原因及びその日付	平成何年何月何日参番の壱、参番の弐を合体			
登記の日付	平成何年何月何日　㊞			

三　合体後の建物の権利の登記

　　1　合体前のいずれの建物にも所有権の登記がある場合　4

（甲区）

何

```
合体による所有権登記
　共有者
　　　何市何町何番地
　持分参分の弐　　甲
　　　何市何町何番地
　　参分の壱　　　乙　　　某　某
平成何年何月何日登記
　　　　　　　　　　　　　　　　㊞
```

2　法第93条ノ4ノ2第1項後段の申請がある場合　5

```
（甲区）

何

　合体による所有権登記
共有者
　何市何町何番地
持分参分の弐　甲　　某　　某
　何市何町何番地
　参分の壱　乙　　某　　某
平成何年何月何日登記
乙某持分につき平成何年何月何日受付第何号　㊞
```

3 合体前の建物につき抵当権の登記で合体後の建物の持分の上に存続するものがある場合 6

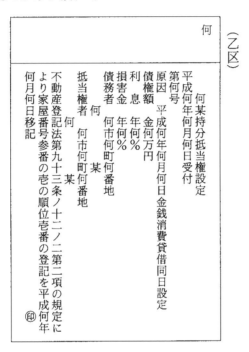

4 申請書に記載された所有権の登記より先順位の処分の制限等の登記がある場合 7

四　合体前の建物の抵当権等の登記につき消滅承諾書の添付がある場合
　8

（乙区）		
壱付壱	抵当権設定 （事項省略）	
壱付記壱号	壱番抵当権抹消 原因　消滅承諾 平成何年何月何日付記　㊞	

注　壱番抵当権は朱抹しない

解　説

　建物の合体とは，数個の建物が，増築等の工事により構造上１個の建物となることをいい，その数個の建物が１棟の建物を区分した建物であって，これらが隔壁除去等の工事によりその区分性を失った場合も，これに含まれるものとされています（本件通達第六の一）。

　平成５年法律第22号による不動産登記法の一部改正前は，建物の合棟（区分建物については合体）に関する登記事務については，法律上の規定が設けられていなかったため，通達等により処理されており（前掲先例43・44・45），建物の合棟・合体が行われた場合は，合棟・合体前の各建物について合棟・合体を登記原因として建物の滅失の登記をした上，合棟・合体後の建物について合棟・合体を登記原因として建物の表示の登記をする

290　第2節 各 論

こととされていました。

　なお，合棟と合体は，現象的には異なるものの，法律的には，これに適用すべき規定は全く同一であって，これを区別する理由がないことから，平成5年の改正においては，両者を併せて一つの語で表すこととし，従来用いられてきた語のうち，より広い意味を表していると考えられる「合体」の語を用いることとされています。

　ところで，上記先例に基づく事務処理を行った場合において，合棟・合体前の建物に所有権以外の権利に関する登記があるときは，建物の滅失の登記によりその登記用紙は閉鎖され，これらの権利に関する登記を合棟・合体後の建物の登記用紙に移記することができないことから，当該登記を復活するためには，改めて当事者の申請を要することになります。そこで，上記の改正により，抵当権者等の登記上の利害関係を有する者の保護を図るための手続が定められたものであり，平成5年改正による合体による登記等の申請手続，合体に伴う権利の消滅の登記手続については，平成16年改正（法律第123号）による現行法においても踏襲されています（法49条・50条，令5条1項・別表13の項，旧法93条ノ4ノ2）。

　いずれも所有権の登記があるが，所有者が異なる独立した建物を合体して1個の建物とした場合の現行法上の登記手続については，前掲先例44で説明しましたが，合体前の各建物の所有者が同一人の場合であっても，合体前の建物に所有権以外の所有権に関する登記又は先取特権，質権若しくは抵当権に関する登記があって，当該登記が合体後の建物について存続することとなるもの（存続登記）がある場合の申請情報には，合体前の建物について所有者が同一でないものとみなした場合（2以上の存続登記がある場合において，当該2以上の存続登記の登記の目的，申請の受付の年月日及び受付番号，登記原因及びその日付並びに登記名義人がいずれも同一人であるときの当該2以上の存続登記の目的である所有権の登記名義人に係る持分は除きます。）を表示しなければなりません（令別表13の項申請情報欄ニ）。この場合の持分は，申請人の氏名に符号を付して「持分3分の2甲某〔あ〕」，「持分3分の1甲某〔い〕」のように記録します（登記記録については記録例92）。

第6 建物の合体　291

　なお，合体後の建物が敷地権付きの区分建物である場合に，当該敷地権の目的である土地が規約敷地（区分所有法5条1項）であるとき，及び敷地権の割合に関する規約があるときは，当該規約敷地及び敷地権の割合を設定したことを証する情報（令別表13の項添付情報欄ヘ(1)(2)）を，敷地権の目的である土地が他の登記所の管轄区域内にあるときは，当該土地の登記事項証明書（同ヘ(3)）を提供する必要があります。

　ただし，合体前の建物がいずれも敷地権付き区分建物であって，合体後の建物も敷地権付き区分建物である場合に，合体前の建物のすべての敷地権の割合を合算した敷地権の割合が，合体後の建物の敷地権の割合となる場合には，上記の各情報を提供する必要はありませ（同欄ヘ本文括弧書）。

　また，合体後の建物が区分建物であって，その所有権の登記名義人が，当該区分建物の所在する敷地について登記された所有権，地上権又は賃借権を有するにもかかわらず，合体前の建物がいずれも敷地権の登記がない区分建物で，合体後の建物も敷地権がない区分建物であるときは，敷地権でないことを証する情報（区分所有法22条1項ただし書）の提供は要しないとされています（令別表13の項添付情報欄ホ括弧書）。

関連質疑

表実第5巻6頁　問2
　「建物の合体，合棟及び合併の差異」
表実第5巻10頁　問3
　「建物の合体の登記についての変遷と登記手続」
表実第5巻19頁　問5
　「建物の合体による登記の手続」
表実第5巻29頁　問8
　「所有者の異なる建物の合体登記が申請された場合の登記所の処理」
表実第5巻35頁　問10
　「附属建物のある登記された建物に所有者の異なる建物を合体した場合の登記手続」

292　第2節　各　論

表実第5巻40頁　問12

「同一所有者の合体前のＡ建物に1番甲，2番乙の抵当権の登記が，Ｂ建物に1番丙，2番乙の抵当権があり，乙の抵当権の内容が同一の場合の処理」

表実第5巻43頁　問13

「登記がある甲，表題登記がない甲及び乙共有の建物の合体により保存登記をする部分の持分の割合」

表実第5巻48頁　問15

「登記されている建物を増築し，表題登記がない建物と合体した場合の課税標準価格の算定」

表実第5巻269頁　問91

「甲所有の専有部分と隣接する乙所有の専有部分を合体し乙の持分を0とすることの可否」

表実第5巻274頁　問93

「数個の区分建物を合体し，非区分建物となった場合の登記申請」

表実第5巻278頁　問94

「2個の区分建物を合体し同時に増築した場合の登記手続」

表実第5巻281頁　問95

「全部を同一人が所有する敷地権のある区分建物を合体する登記の申請に所有権を証する情報の提供の要否」

第7　建物の分割，区分又は合併

48　附属建物のみを移転する場合の登記手続

（明治 34 年 6 月 8 日中ノ條区裁判所判事問合
　明治 34 年 6 月 27 日民刑第 643 号民刑局長回答）

▍照会

　主タル建物ノ一用紙中ニ表示セル附属建物ノミノ所有権移転ノ場合ニ於ケル登記手続ニ付疑団ヲ生シ決シ兼候ニ付及御問合候也

　不動産登記法第九十四条第九十五条等ニ甲建物又ハ其ノ附属云々トアル甲建物中ニハ附属建物ヲ包含セサルモノナルコト又ハ其附属建物云々トアルノミナラス第九十八条ニ甲建物カ乙建物又ハ其附属物ニ合併シタル云々トアル等ニ依リ毫モ疑フ所ナシト信ス果シテ然レハ主タル建物ノ用紙中ニ掲載シアル附属建物中ノ一棟又ハ二棟ノ所有権移転ノ場合ニ於ケル登記手続ノ規定ヲ発見セス然レトモ斯ル場合ニモ分割登記ニ因ツテ新用紙ヲ起スニアラサレハ一用紙中ニ数多ノ所有者アルノ奇観ヲ呈スルニ至ル然レハ斯ル場合モ尚ホ第九十四条，第九十五条等ヲ準用シ而シテ分割登記スヘキモノトセンカ大イニ困難ノ場合アリ吁ハ強制執行ノ場合ニ於テ主タル建物及ヒ其附属建物数棟アリテ之レカ競落人数人ニ所有権移転シタル場合ノ如キ執行裁判所ハ民事訴訟法第七百条ノ嘱託ヲ為スモ競売セラレタル附属建物ハ先ツ以テ分割登記ヲ為シタル上ニアラサレハ所有権移転ノ登記ヲ為スコト能ハス前所有者即チ債務者ハ到底分割登記手続ヲ為ス望ナシ茲ニ於テ或ル論者ハ斯ル場合ニハ第七百条ニ因ル嘱託ノ結果トシテ登記官ハ職権ヲ以テ先ツ以テ分割登記ヲ為スモ敢テ妨ナシト然レトモ這ハ直チニ同意スル能ハス何ントナレハ斯ノ如キ場合ノ所有権移転ニ在テハ其実際或ハ分割登記ハ結果ト云フヲ得ヘキモ分割登記ハ所有権移転トハ別個ノ登記事件ナレハ申請又ハ嘱託又ハ裁判ニ因ルニ非ラサレハ登記官ハ自ラ斯ル登記ヲ為ス職権ヲ有セサレハナリ又斯ノ如キ場合ハ主タル建物ト附属建物数棟アルモ之ヲ一棟ト看做シ之ヲ個々分割セス一括シテ一人ノ手ニ競落セシムヘシトノ

294　第2節　各　論

説モアレトモ是又同意シ難シ如何トナレハ素ヨリ個々別立セル幾棟ノ建物
ヲ啻ニ附属トノ名称ノ為メ主タル建物ト一棟ト看做シ一括シテ競売実行セ
ンカ纔カニ百円ノ債務ハ一棟或ハ二棟ニテ充分ナルニ無用ナル他ノ建物数
棟即チ数百円ノ物ヲ競売為スニ至リ啻ニ債務者ノ困難ナルノミナラス恐ラ
クハ民事訴訟法第六百七十五条ノ精神ニ悖ラン然ラハ如何センカ分割登記
ノ上ナラテハ所有権移転ノ登記ヲ為ス能ハストセハ競落人ハ債務者ニ照会
シ若シ債務者カ分割登記手続ヲ為ササルニ於テハ競落人ハ債務者ニ対シ訴
ヲ提起シ其裁判確定ヲ俟ツテ競落人ヨリ分割嘱託申請手続ヲ了リタル上裁
判所ハ第七百条ノ登記ヲ為スノ外他ニ方法之ナクト思考スルモ大体附属建
物ノ分割登記ニ就テノ疑団氷解セス右何分ノ御回答ヲ煩シ度候也

▊回答

　主タル建物ノ一用紙中ニ表示セル附属建物ノ所有権移転ノ場合ニ於ケル
登記手続ノ義ニ付御問合ノ趣旨承登記シタル主タル建物ト附属建物トハ之
ヲ一個ノ建物ト看做スヘク従テ其一部ノミヲ処分シ其登記ヲ為スヲ得ス故
ニ主タル建物ノ用紙中ニ記載シアル附属建物中ニ一棟又ハ二棟ヲ移転セン
トスル場合ニ於テハ不動産登記法第九十一条及ヒ第九十四条ニ依リ分割ノ
登記ヲ為シ独立シタル別個ノ建物ト為シタル上ニアラサレハ移転ノ登記ヲ
為スコトヲ得ス強制執行ノ場合ニ於テモ同一ノ理由ニ依リ主従建物ノ全部
ヲ競落スヘキヲ以テ其一部ニ対シ競売開始決定ヲ為スコトヲ得ス

解　説

　附属建物のある1個の登記された建物から，当該附属建物を分離し，こ
れを独立した1個の建物として登記することを，建物の分割といいます。
この分割は，当該建物の物理的な形状を変更するのではなく，当該建物の
所有者の申請によって，法律上の建物の個数を変更するものです。すなわ
ち，建物の分割の登記は，所有者の申請に基づき，登記官がその登記をす
ることにより分割の効果が生ずる登記であることから，土地の分筆の登記
と同様に，創設的な登記であるといえます。

第 7 建物の分割，区分又は合併　295

　そして，母屋に抵当権が設定された場合，その効力は，附属建物にも及びますから，附属建物は，その効用上，法律的には主である建物と運命を共にするといえます。しかし，実際には，主である建物と離れて処分の対象になることがありますが，主である建物とは別に，独立して処分するためには，分割の登記をして，法律的に独立した1個の建物とする必要があります。

　本件回答は，「登記ヲ為シ独立シタル別個ノ建物ト為シタル上ニアラサレハ移転ノ登記ヲ為スコトヲ得ス」として，上記の趣旨を明らかにしたものです。

　登記官は，建物の分割の登記をするときは，分割後の建物（分割前の附属建物）について新たに登記記録を作成し，当該登記記録の表題部に家屋番号何番の建物から分割した旨を記録し，分割前の主である建物の登記記録の表題部には，家屋番号何番の建物に分割した旨及び分割した附属建物を抹消する記号を記録しなければならないとされています（規則127条1項・2項。記録例113）。

関連質疑

表実第1巻129頁　問53
　「表示に関する登記の「分筆」と「分割」の違い」

296　第2節　各　論

49　建物の区分により移記した登記事項の取扱いについて

（昭和46年3月5日総第1459号大阪法務局長照会
　昭和46年6月10日民事甲第2073号民事局長通達）

　標記の件について，別紙甲号のとおり大阪法務局長より照会があり，別紙乙号のとおり回答したので，貴管下登記官に周知方しかるべく取り計らわれたい。

別紙甲号

　標記の件について左記事項の処理を決しかねておりますので，ご指示をたまわりたく照会いたします。

　　　　　　記

一　甲建物を区分して之を乙建物とした場合で，改正前の不動産登記法第96条ノ2（昭和37年法律第69号）の規定により，乙建物の登記用紙に移記した権利の登記（甲建物と同一事項の登記がある旨）につき，変更（更正を含む）の登記，又は甲建物について滅失の登記，或は乙建物についての登記簿抄本の交付申請があったときは，登記官が職権で，当該登記に関する権利の登記事項を，甲建物にもとづき乙建物に付記してさしつかえないと考えますがいかがでしようか。

二　右の付記登記ができるとすれば，その登記の記載は次の振合いにより取り扱つてさしつかえないでしようか。

（記載例は別紙のとおり）

別紙乙号

　3月5日付総第1459号をもって照会のあった標記の件については，いずれも貴見のとおり取り扱ってさしつかえないものと考える。

別紙

| 22−1 | 地番家屋番号 | （建物甲） |

甲　区　（所有権）

順位番号	事項欄
壱	所有権移転 昭和参五年六月壱日受付第壱弐六〇〇号 原因　同年五月弐四日売買所有者 甲　野　太　郎 Ａ町Ｂ番地 区分により家屋番号弐番の建物の順位八番の登記を移記昭和参八年九月四日受付第壱参七五号　㊞
順位番号	事項欄
順位番号	事項欄

丁

298 第2節 各 論

別紙

番号	22−2	家屋番地号屋番		（物建乙）

甲　区　（所有権）

順位番号	事　項　欄
壱付壱	家屋番号弐弐番の壱の建物と同一事項の登記がある昭和八年九月四日受付第壱参八七五号
壱付壱号記	所有権移転　昭和弐五年六月壱日受付第壱弐六〇〇号　原因　同年五月弐四日売買　所有者　A町B番地　甲野太郎㊞　不動産登記法の一部を改正する法律（昭和参九年法律第十八号）の施行により昭和何年何月何日付記
順位番号	事　項　欄
順位番号	事　項　欄

解　説

　甲建物（非区分建物）を区分して甲建物と乙建物とする区分の登記をする場合の登記手続について，現行法は，登記官は，区分後の甲・乙建物について新たに登記記録を作成し，各登記記録の表題部に家屋番号何番の建物から区分した旨（具体的は「何番何から区分」と記録します。）を記録し，区分前の甲建物の登記記録の表題部に区分によって家屋番号何番及び何番の建物の登記記録に移記した旨（具体的には「区分により何番何，何番何の登記記録に移記」と記録します。）並びに従前の建物の表題部の登記事項を

抹消する記号を記録し，当該登記記録を閉鎖しなければならないとされています（規則 129 条 1 項・2 項。記録例 161）。

また，登記官は，区分後の甲・乙建物についての新登記記録の権利部の相当区に，区分前の甲建物の登記記録から権利に関する登記を移記し，かつ，建物の区分の登記に係る申請の受付の年月日及び受付番号を記録しなければならないとされています（規則 130 条 1 項。記録例 161）。

ところで，本件照会・回答がされた当時の建物の区分の登記によって所有権に関する登記を移記する場合の登記手続の取扱いについては，「甲建物ノ相当区事項欄ニ前登記用紙より所有権……ニ関スル登記ヲ移シ……乙建物の相当区事項欄ニ甲建物ノ家屋番号及ビ其建物ニ付キ同一事項ノ登記アル旨ヲ記載シテ夫々申請書受付ノ年月日及ビ受付番号ヲ記載シ登記官捺印スルコトヲ要ス」（昭和 37 年法律第 69 号による改正前の不動産登記法 96 条ノ 2 第 1 項）とされていました。すなわち，新登記用紙中区分後の甲建物の甲区に所有権に関する登記を移記し（照会文の別紙・甲建物参照），一方，新登記用紙中区分後の乙建物の甲区には，所有権に関する登記の移記を簡略化し，単に甲建物の家屋番号を記載し，甲建物と同一事項の登記がある旨を記載するに留めることとされていました（照会文の別紙・乙建物の甲区順位 1 番の登記参照）。

乙建物について，このような取扱いがされたのは，甲建物を区分して区分後の一部を乙建物とするような場合には，所有権の登記は，既に新登記用紙中区分後の甲建物の甲区に移記されていることから，乙建物の甲区に改めて所有権の登記をする必要はなく，区分前の甲建物の登記用紙の甲区に記載されているのと同様の記載がある旨を注意的に記載すれば足りると考えられたからだと思われます。

しかし，乙建物の登記の記載を簡略化したことにより，乙建物について所有権に関する登記の申請があったとき，あるいは所有権以外の権利に関する登記を申請する前提として所有権に関する登記の申請があったときは，当該登記の内容を確認するために，甲建物の甲区を確認しなければならず，事務処理が極めて繁雑であるばかりでなく，乙建物の登記簿抄本のみでは，乙建物の所有権関係及び所有権以外の権利に関する登記の内容が

明らかでないとの不都合が生じたことから，本件照会・回答により，乙建物に甲建物と同一事項の登記がある旨の記載がある場合において，必要があるときは，その都度当該登記について，職権で甲建物の該当する甲区の所有権に関する登記を付記して差し支えないとされたものであり，当該付記登記には，「不動産登記法の一部を改正する法律（昭和39年法律第18号）の施行により昭和何年何月何日付記」と記載することとされています（照会文の別紙・乙建物の甲区順位1番付記1号の登記参照）。

　なお，昭和39年法律第18号による不動産登記法の改正により，上記の場合には，新登記用紙中甲建物だけでなく乙建物の甲区についても，区分前の甲建物の登記用紙から所有権に関する登記中現に効力を有する部分を移記することとされ，この取扱いは，冒頭で説明したとおり，現行法においても踏襲されています。

建物の区分所有等に関する法律及び不動産登記法の一部改正に伴う登記事務の取扱いについて（抄）

（昭和 58 年 11 月 10 日民三第 6400 号民事局長通達）

　建物の区分所有等に関する法律及び不動産登記法の一部を改正する法律（昭和 58 年法律第 51 号），不動産登記法施行細則の一部を改正する省令（昭和 58 年法務省令第 34 号）等が公布され，昭和 59 年 1 月 1 日から施行されるので，これに伴う不動産登記事務の取扱いについては，左記の諸点に留意されたく，この旨貴管下登記官に周知させ，その事務の処理に遺憾のないよう取り計らわれたい。

　　　　　記
第十九　担保権の登記のある土地又は建物の合併
　一　合併制限の緩和
　　1　数筆の土地又は数個の建物につき先取特権，質権又は抵当権（以下「担保権」という。）に関する登記がある場合であっても，それらの担保権の登記の登記原因，その日付，登記の目的及び受付番号が同一であるときは，それらの数筆の土地又は数個の建物は，合併をすることを妨げられない（法第 81 条ノ 3 第 1 項ただし書，第 93 条ノ 9 第 1 項後段）。
　　2　合併の妨げとならない 1 の担保権に関する登記には，仮登記も含まれる。
　　3　合併をすべき数筆の土地又は数個の建物の一部についてのみ順位の変更等の処分の登記又は登記名義人の表示の変更，債権額の変更等の変更の登記がされているときは，合併をすることができない。
　二　担保権の登記にする付記
　　　一の 1 により合併をする場合には，合併後の土地又は建物の担保権の登記にその登記が合併後の土地又は建物の全部に関する旨の付記をすることを要する（第 85 条第 4 項，第 87 条第 2 項，第 97 条，第 98 条

302　第2節　各　論

第3項)。

　この場合には，「何番登記は合併後の土地（又は建物）の全部に関する」のように記載し，登記の年月日を記載して登記官が押印するものとする。

三　共同担保目録の処理

　合併前の担保権の登記に係る共同担保目録については，法第128条第1項後段，第2項及び第3項の規定により所要の手続をするものとする。

解　説

　建物の合併とは，所有者が同一である2以上の登記された建物に，物理的な工事等何らの変更を施すことなく，登記記録上，1個の建物とすることです。すなわち，原則として，A建物が，B建物の附属建物となるもの（法54条1項3号）であることから，両建物の間に主従の関係があり，建物の効用上一体として利用され得るだけの位置的，機能的な実体関係が存在している必要があります。

　建物の合併については，昭和35年法律第14号による不動産登記法の一部改正により，権利関係が錯雑，不明確となることを防止するために，所有権の登記を除き，その他の権利に関する登記（例えば，抵当権の登記，処分の制限の登記）がされている建物については，合併の登記をすることができないとされました。また，所有権の登記がされているもの（既登記）と所有権の登記がされていないもの（未登記）との合併の登記もすることができないとされました（関連先例①）。

　さらに，所有権の仮登記がされている建物についても，合併の登記をすることができないとされ，また，工場財団の組成物件となっている建物は，一体として1個の建物とみなされますから，組成物件となっている建物相互を合併しても，権利関係が混乱することはないと考えられますが，建物が工場財団に属することとなった場合には，当該建物の登記記録にその旨の記録がされることになり（工場抵当法23条1項，34条1項)，この記

録は，上記の処分の制限の登記として，所有権以外の権利に関する登記であると解すべきことから，合併制限の規定に抵触するものとされ，したがって，財団を組成する建物相互の合併の登記はすることができないとされていました（関連先例②）。

しかし，本件通達により，数個の建物について先取特権，質権又は抵当権（以下「担保権」といいます。）に関する登記がある場合であっても，それらの担保権の登記の登記原因，その日付，登記の目的及び受付番号が同一であるときは，それらの数個の建物については，合併することができるとされました（改正後の旧法81条ノ3第1項ただし書）。この規定は，現行法上も承継されており，担保権の登記であって，登記の目的，申請の受付の年月日及び受付番号並びに登記原因及びその日付が同一の登記がある建物については，合併の登記をすることができるとされています（法56条5号括弧書。規則131条1号）。また，この担保権に関する登記については，仮登記も含まれるものとされています（本件先例第十九の一の2）。

なお，建物の合併については，①共用部分である旨の登記又は団地共用部分である旨の登記がある建物（法56条1号），②表題部所有者又は所有権の登記名義人が相互に異なる建物（同条2号），③表題部所有者又は所有権の登記名義人が相互に持分を異にする建物（同条3号），④所有権の登記がない建物と所有権の登記がある建物（同条4号），⑤所有権等の登記以外の権利に関する登記がある建物（上記の担保権の登記であって，登記の目的，申請の受付の年月日及び受付番号並びに登記原因及びその日付が同一の登記がある建物，及び信託の登記であって，法97条1項各号に掲げる登記事項が同一のもの（規則131条）を除きます。）（同条5号），⑥附属合併にあっては，合併しようとする建物が主である建物と附属建物の関係にないとき（準則86条1号），区分合併にあっては，区分された建物が互いに接続しないとき（同条2号）は，することができないとされています。

関連先例

①不動産登記法の一部改正等に伴う登記事務の取扱いについて（抄）

304　第2節　各　論

（昭和35年3月31日民事甲第712号民事局長通達）

　土地台帳及び家屋台帳の制度を廃止して不動産登記制度に統合一元化
し，その他登記事務の合理化を図るため，不動産登記法の一部を改正する
等の法律及び不動産登記法施行細則の一部を改正する等の省令が，本日法
律第14号及び法務省令第10号をもってそれぞれ公布され，来る4月1日
から施行される。右改正法律及び改正省令中台帳制度と登記制度の一元化
に関する部分は，同法附則第2条第2項の期日が指定された登記所から逐
次実施されるのであるが，右以外の部分は，来る4月1日から直ちに実施
されるので（同法附則第3条参照），4月1日以降における登記事務の取扱
いに当っては特に左記の諸点に留意されたく，この旨貴管下関係登記官吏
に周知させ，その事務の処理に遺憾のないように取り計らわれたい。

　　　　　　　記

　（本通達中，「改正法律」とあるのは，「不動産登記法の一部を改正する等の法
律」を，「法」とあるのは，「改正法律による改正後の不動産登記法」を，「旧
法」とあるのは，「改正法律による改正前の不動産登記法の規定で改正法律附則
第3条第1号により同法施行後も適用されるもの」を，「改正省令」とあるの
は，「不動産登記法施行細則の一部を改正する等の省令」を，「細則」とあるの
は，「改正省令による改正後の不動産登記法施行細則」を示す。）。

第九　合併登記の制限等

一　所有権の登記及び承役地にする地役権の登記を除き，その他の権利
　　に関する登記（たとえば地上権又は抵当権の登記，処分の制限の登記）が
　　されている土地又は建物については，合併の登記をすることができな
　　い。また，所有権の登記がされているもの（既登記）と所有権の登記
　　がされていないもの（未登記）との合併の登記もすることができない
　　（法第81条ノ3，第93条ノ4）。従って，改正法律施行前台帳において
　　合併の登録がなされている場合でも，右に反する合併の登記の申請が
　　同法施行後になされたときは，これを受理すべきでない（法第49条第
　　2号）。

　　　なお，右の制限は，新法施行後において，土地台帳又は家屋台帳に
　　ついてする土地又は建物の合併の登録についても適用される（改正法

律附則第3条第3号ただし書)。

②合併登記について
(昭和35年4月20日登第79号東京法務局長照会
昭和35年7月4日民事甲第1594号民事局長通達)

標記の件について，別紙甲号のとおり東京法務局長から問合せがあり，別紙乙号のとおり回答したので，この旨貴管下登記官吏に周知方しかるべく取り計らわれたい。

(別紙甲号)

改正法律によれば，所有権の登記及び承役地にする地役権の登記を除き，その他の権利に関する登記がされている土地又は建物については，合併の登記をすることができないものとされておりますが，

一　所有権仮登記のなされている土地又は建物についても，合併の登記をすることができないものと解すべきでしようか。

二　共同抵当権の目的たる土地又は建物相互或いは財団を組成する土地又は建物相互の合併登記もすることができないものと解すべきでしようか。

三　前項の場合若し然りとすれば，改正法律施行の際既にそのような登記のなされている土地又は建物については，分割又は区分の登記をした後でなければ，その他の不動産の表示に関する登記及び権利に関する登記をすることができないものと解すべきでしようか。

右につき，何分の御垂示賜りたく，お伺いいたします。

(別紙乙号)

4月20日付登第79号をもって問合せのあった標記の件については，次のとおりと考える。

記

一　貴見のとおり。

二　貴見のとおり (昭和35年5月4日民事甲第1048号本職通達参照)。

三　所問の場合には，分割又は区分の登記をすることを要しない。

関連質疑

表実第 5 巻 51 頁　問 16

「建物の合併の意義」

第8 解体移転, えい行移転

51 建物の解体移転について

（昭和 32 年 9 月 27 日 32 計第 1238 号福岡県知事照会
昭和 32 年 10 月 7 日民事甲第 1941 号民事局長回答）

照会

右について左記のとおり疑義が生じましたので何分の御回示願います。

　　　　記

　事件

家屋台帳法の定めるところにより登録された建物が公共工事のためこれを解体し，他の場所に再築した。

　疑義

一　解体移転は，家屋台帳法上如何取扱われるか。

二　解体移築は，土地区画整理法第 78 条に規定する「除却」に該当するか。

回答

本年 9 月 27 日付 32 計第 1238 号で御照会のあった標記の件については，次のように解します。

　　　　記

一　家屋の解体移転は，その曳行移動と区別すべきであって，家屋台帳法上は，滅失（取毀）及び建築（移築）があったものとして取り扱われ，したがって，従前の家屋台帳は閉鎖され，新たに家屋台帳が設けられることとなる。

二　積極に解する。

308 第2節 各 論

解 説

　建物は，土地と異なり従前の敷地から他の敷地に人為的に移動すること
ができ，その方法としては，当該建物をいったん取り壊した上で，他の敷
地に当該取り壊した建物と同一の材料を用いて再建築する「解体移転」
と，建物を取り壊さずに他の敷地に移転する「えい行移転」とがあります。
　本件照会・回答は，建物を解体移転した場合の登記手続について，既登
記の建物を解体することによって，建物としての機能を喪失することか
ら，その時点において既登記の建物については滅失の登記をし，その後，
当該建物の材料を使用して別の敷地に再建築された建物については表題登
記をすべきであるとされたものです。
　建物を解体移転した場合の既登記の建物と再建築された建物の同一性に
ついて，判例の中には，土地区画整理事業のため解体移転した場合に同一
性を認めたものがありましたが（関連判例①），土地区画整理法77条1項
の規定により，施行者が，工法上の必要から従前地上の建築物を解体（取
毀）して換地上に移転した場合において，従前地上の建築物と換地上の建
築物とが同一性があると解されるのは，当該建物のえい行移転による場合
に限られるのであって，解体（取毀）して換地上に移築した場合，その同
一性は失われ，したがって，従前の建物について設定された抵当権は消滅
すると解するものとされています（関連先例）。また，その後の判例にお
いても，社会通念上建物といえない程度にまで取り壊され，物理的な存在
を失うに至った場合には，たとえ解体材料を用いてほとんど同じ規模・構
造のものを跡地あるいは他の場所に建てたとしても，それは別個の建物と
いわざるを得ないのであり，その間に物理的な同一性を肯定することはで
きない。したがって，登記手続上は，旧建物について滅失の登記をし，新
しく建築された建物について新規にその表題登記をしなければならないの
であって，滅失した建物の登記を新建物について流用することは許され
ず，このことは，その取り壊しが土地区画整理法77条の規定に基づき建
物を換地上に移転する過程で生じた場合であっても異なるところはない
（関連判例②）として，本件先例と同一の解釈を示しています。

関連判例

①大審院昭和 8 年 3 月 6 日決定（大審院民事判例集 12 巻 334 頁）

「特別都市計劃法ニ依リ建物アル宅地ヲ土地區劃整理施行地區ニ編入シ換地處分ヲ行ヒタル場合ニ於テハ交換セラレタル新ナル土地ハ舊土地ト同一ナル權利ノ目的トナルヘキモノニシテ從テ舊土地ニ在ル建物ノ所有者カ之ヲ換地上ニ移築スル目的ヲ以テ之カ取毀ヲ爲シ其ノ材料ノ大部分ヲ用ヰテ新ナル土地ノ上ニ同一種類構造ノ建物ヲ築造シタルトキハ其ノ建物ハ從前ノ建物ト同一性ヲ失ハサルモノト謂フヘク尤モ新舊土地ノ形状坪數ノ異動ニヨリ外觀及建坪ニ多少ノ變動ヲ生スルコトナキニアラサルモ特別ノ事情ナキ限リ其ノ同一ヲ害スルコトナキモノトス」

②最高裁昭和 62 年 7 月 9 日第一小法廷判決（民集 41 巻 5 号 1145 頁）

『建物の「滅失」とは，建物が物理的に壊滅して社会通念上建物としての存在を失うことであって，その壊滅の原因は自然的であると人為的であるとを問わないし，また建物全部が取り壊され物理的に消滅した事実があれば，その取り壊しが再築のためであろうと，あるいは移築のためであろうと，その目的のいかんを問わず，すべて建物の「滅失」に当たるというべきである。すなわち，前示のとおり建物の表示の登記は当該建物の物理的な現況を公示することを目的とするものであるから，社会通念上もはや建物といえない程度にまで取り壊され，登記により公示された物理的な存在を失うに至った場合には，たとえ解体材料を用いてほとんど同じ規模・構造のものを跡地あるいは他の場所に建てたとしても（再築又は移築），それはもはや登記されたものとは別個の建物といわざるを得ないのであり，その間に物理的な同一性を肯定することはできない。したがって，登記手続上は，旧建物について滅失の登記をし，新しく建築された建物について新規にその表示の登記をしなければならないのであって，滅失した建物の登記を新建物について流用することは許されないのである（最高裁昭和 38 年(ｵ)第 1112 号同 40 年 5 月 4 日第三小法廷判決・民集 19 巻 4 号 797 頁参照）。このことは，その取り壊しが土地区画整理法 77 条の規定に基づき建物を

換地上に移転する過程で生じた場合であっても，何ら異なるところはないというべきである。けだし，土地区画整理法上，建物については，換地処分に係る土地の場合（同法104条）と異なり，換地上に移転した建物と旧建物との物理的同一性を擬制するような規定は設けられていないのであり，区画整理に伴う場合であっても，移転の過程でいったんこれを取り壊すことにより客観的，物理的に建物としての存在を失うという事実が発生している以上，たとえそれが所有者の自由意思によるものでなく，また移転後の建物が旧建物の解体材料の大部分を用い，規模・構造もほとんど同一であるとしても，不動産登記法上は，これを滅失として取り扱うことが，建物の物理的現況を正確に公示するという表示に関する登記の趣旨，目的にそうことになる。』

関連先例

（昭和33年3月24日建設計発第105号建設省計画局長照会
昭和33年4月10日民事甲第769号民事局長心得回答）

▌照会

土地区画整理法第77条に係る左記の点について解釈上聊か疑義があるので，貴見解を承わりたい。

記

土地区画整理法第77条第1項の規定により施行者が直接に，従前地上の建築物を換地上に移転する場合において，工法上の必要から当該建築物を解体（取毀）して換地上に移転した場合において，従前地上の建築物と換地上の建築物とが同一性があると解されるのは如何なる場合か。また同一性があると解される場合において従前地上の建築物に設定されている抵当権は換地上の建築物に附着していくものと解して差しつかえないか。

　（参考）　イ　大審院判例昭和8年3月6日民事判例集第334頁
　　　　　　ロ　判例タイムス第1巻4号，今村三郎「土地区画整理と仮処分」

回答

本年 3 月 24 日付建設計発第 105 号をもって御照会のあった標記の件については，次のように考える。

記

従前の土地の上の建物と換地の上の建物とが，家屋台帳法上，なお，同一性を有するとされるのは，当該建物の曳行移動による場合に限られるのであって，お尋ねのように解体（取毀）して換地上に移築した場合には，その同一性は失われ，したがって，従前の建物について設定された抵当権は消滅するものと解する。

関連質疑

表実第 5 巻 66 頁　問 22

「建物の解体移転とえい行移転の差異」

312 第2節 各 論

52 建物の所在の変更に関する取扱いについて

（昭和36年10月28日日記第7103号浦和地方法務局長照会
　昭和37年7月21日民事甲第2076号民事局長通達）

　標記の件について，別紙甲号のとおり浦和地方法務局長から問合せがあり，別紙乙号のとおり回答したから，この旨貴管下登記官吏に周知方しかるべく取り計らわれたい。

別紙甲号

　建物を取毀わさずに同一敷地上の他の場所に移転した場合には，建物の所在の変更として取扱い，表題部の登記原因及びその日附欄に「昭和何年何月何日図面変更」の振合で記載し，変更後の建物図面を建物図面綴込帳に編綴し，変更前の図面を除却することの取扱いでよろしいでしょうか。

別紙乙号

　昭和36年10月28日付日記第7103号をもって問合せのあった標記の件については，建物所在図の訂正の手続（不動産登記事務取扱手続準則第96条）に準じて取扱い，登記用紙の表題部にはなんらの記載を要しないものと考える。

解 説

　建物を取り壊すことなく，機械器具を用いて，当該建物をその状態のままで従前の敷地（甲地）から他の敷地（乙地）に移動することを「えい行移転」といいます。

　本件照会・回答は，建物を取毀わさずに同一敷地上の他の場所に移転した場合であることから，当該建物の表題部の登記事項には，何らの変更も生じていないことになります。したがって，当該建物の表題部については何ら変更の登記をする必要はないとされたものです。ただし，「えい行移転」によって，既提出の建物所在図に表示された建物の所在位置が異なってしまう結果となることから，建物所在図の訂正（準則16条2項）の手続

に準じた取扱いをするものとされたものです。

　一方，上記のとおり，建物を従前の敷地（甲地）から地番の異なる他の敷地（乙地）に「えい行移転」した場合は，登記事項である建物の所在地番及び家屋番号（法44条1項1号・2号）について変更があったことになりますから，この場合，表題部所有者又は所有権の登記名義人は，当該変更があった日から1か月以内に，「えい行移転」を登記原因とする建物の表題部の変更（建物の所在の変更）の登記を申請する必要があります（法51条1項，準則85条2項）。なお，当該登記申請には，変更後の建物図面を提供しなければならないものとされています（令別表14の項添付情報欄イ）。

　この場合には，当該建物の登記記録の表題部にある所在欄に記録されている甲地の次行に乙地を記録し，登記原因及びその日付を「年月日えい行移転」と記録し，登記の年月日を記録（規則89条）した上で，変更前の登記事項（甲地）の記録を抹消することになります（規則91条）。また，家屋番号は，登記官の職権により変更されることになります（記録例98）。

関連質疑

表実第5巻68頁　問23
「建物をえい行移転した場合の登記手続」

314 第2節 各 論

第9 区分建物

1 区分建物の要件

53 登記官吏の処分を不当とする異議について

（昭和37年5月28日日記登第242号大阪法務局長照会
　昭和37年10月12日民事甲第2956号民事局長回答）

┃照会

　標記について，別紙のとおり神戸地方法務局長から，独立して登記の対象とならない建築物の登記を抹消せよとする異議申立があり，これに対して建物表示抹消の登記を当該登記官吏に命ずる旨の案につき内議してきましたが，本件事案については，異議申立人たる適格を有すると思料するも，抹消を命ずることにつきいささか疑義がありますので，何分の御垂示をたまわりたくお願いいたします。

　なお，本件事案に関する書類の全部を送付しますから用済のうえは直ちに御返戻下さるよう申し添えます。

参考先例

一　昭和30年5月27日付民事甲第1036号4に対する貴職御回答

二　昭和36年2月13日付民事三発第91号民事局第三課長電報回答

三　昭和37年1月23日最高裁判所判決

（別紙）

　標記に関し，別紙案のとおり決定いたしたいと思いますが，これが可否につき何分のご指示をお願いします。

　追って，本件異議に関する一切の書類を送付いたしますから，用ずみのうえは直ちにご返れい下さるよう申し添えます。

昭和三十七年登（異）第一号

決　定

大阪市西区江戸堀下通二丁目一九番地
異議申立人　関西マックス販売株式会社
右　代表取締役　白　石　辰　男
右代理人弁護士
同　　　　　　　北　山　六　郎
同　　　　　　　宮　崎　定　邦

主　文

神戸地方法務局御影出張所登記官吏は、昭和三十七年一月十日付なした別紙第一目録記載の建物表示登記をまつ消せよ。

理　由

当局御影出張所昭和三十七年一月十日受付第一一七号の建物表示登記申請事件の登記実行処分に関する異議の申立につい
て、次のとおり決定する。

（異議申立の理由の要旨）

申立人は、別紙第二目録記載の建物の現所有者であり、またその登記名義人である。
ところが別紙第一目録記載の建物について、神戸地方法務局御影出張所登記官吏は、所有者岩井正治に代位して池田市次郎
から申請のあった建物表示登記したるところ、主たる建物「洗面所」は別紙第二目録記
載の主たる建物居宅内の一室であり、かつ附属建物「物置」は右居宅の一部にトタン屋根を張り出して存在することを実地調
査のうえ確認しながら、該申請の代位原因が仮登記仮処分命令に基づく代物弁済による所有権移転登記請求権保全のゆえをも
つてなされたものであり、右はいずれも利用または取引の目的として建物の独立性がなく、したがって登記の対象となりう
る余地が全くないことの理は、いかなる場合の登記であっても通ずる原則で不動産登記法第四十九条二号および第十号の規定
にていう触する登記といわねばならない。
それゆえかかる登記が一たんなされたとしても、不動産の表示に関する登記は不動産に関する権利と異なり登記官吏
の実地調査により前述のとおり登記すべきものでないことが判明する以上職権をもってすみやかにこれをまつ消すべき筋合
のものであり、同登記官吏に対し職権発動を申しいでたがだに応じないため、右違法な建物表示の登記ならびに同登記を基礎とし
てなされた所有権に関する一切の登記のまつ消を求めるというのである。

（判　断）

不動産登記法上一個の建物として登記を要するのは必ずしも物理的構造のいかんのみを標準とするのでなく、利用または取
引の目的としてもっぱら社会観念上一般に独立する建物として効用を有するものと認められるかぎり登記の対象となりうる
が、原則として建物の一部につき一個の建物として登記の対象となりえないこともととよよ当然である。
しかるに申立人のいうがごとく当時の登記官吏は別紙第一目録記載の建物の現況をは握しながら、当時既登記であった別紙
第二目録記載の建物の一部につき（もっとも所有者を異にしているけれども）独立性の認められないにもかかわらずしかも二
重に登記したことは、不動産登記法第十五条の規定に反し同法第四十九条第二号に該当するので、異議を理由ありと認め主文
のとおり決定する。

昭和　年　月　日

神戸地方法務局長

別紙 第一目録

神戸市東灘区魚崎町魚崎字西浜田五〇一番地

家 屋 番 号　五〇一番

主たる建物

木造トタンぶき平家建洗面所

床 面 積　二坪二合五勺

附属建物

木造トタンぶき平家建物置

床 面 積　一坪五合

別紙 第二目録

神戸市東灘区魚崎町魚崎字西浜田五〇一番地

家 屋 番 号　四七六番

主たる建物

木造かわらぶき二階建居宅

床 面 積　一階　三八坪三合
　　　　　　二階　二八坪三合

附属建物

木造かわらぶき平家建居宅

床 面 積　二〇坪四合

木造かわらぶき平家建物置

床 面 積　二坪四合

木造かわらぶき平家建居宅

床 面 積　六坪四合

▌回答

　5月28日付日記登第242号をもって問合せのあった標記の件については，異議による抹消登記手続を命ずるのが相当と考える。

　なお，本件は，二重登記の問題ではないから，決定（案）の理由中，判断の項は，つぎのふり合によるのが相当であり，主文は末尾記載のとおり表示するのが相当と考える。

　　　　　　記

　不動産登記法上，建築物が1個の建物として登記の対象となり得るためには，建物としての構造上及び利用上の効用を独立して全うできるもので

あることを原則とし，1個の建物の一部分であっても，当該部分が，客観的に独立の建物と同一の効用を果すものであると判断できるものについては，その上に独立の所有権が認められ（一般に区分所有権と称せられる。），独立して登記の対象となり得るものとされている。

しかして，本件の別紙第1目録記載の物件は，申立人所論のとおり，構造はもとより，利用上も別紙第2目録記載の建物の一部を構成するものであり，当該部分は全く，別紙第2目録記載の建物に従属し，これを離れて，独立して建物としての効用を果し得ないことは，1件記録に徴して明白であるから，前述の区分所有権の対象にはなり得ないものである。従って，第1目録記載の物件についてなした登記官吏の処分は不当であり，その建物の表示の登記は，不動産登記法第49条第2号及び第149条の規定に該当するので，異議を理由ありと認め，主文のとおり決定する。

　　　　　主文
…………別紙第1目録記載の建物の表示の登記を抹消せよ。

解　説

区分建物とは，1棟の建物の構造上区分された建物で独立して住居，店舗，事務所又は倉庫その他建物としての用途に供することができるものであって，区分所有法2条3項に規定する専有部分であるもの（区分所有法4条2項の規定により共用部分とされたものを含みます。）をいうものとされています（法2条22号）。すなわち，1棟の建物が区分建物と認められるためには，1棟の建物のうちの一部が他の部分から構造上区分され（構造上の独立性），その部分のみが独立して建物としての用途に供することができるものであること（利用上の独立性）が必要であるとされています（区分所有法1条）。

本件は，区分所有法（昭和37年法律第69号。昭和38年4月1日施行）施行前のものですが，当時の不動産登記法上も，「建築物が1個の建物として登記の対象となり得るためには，建物としての構造上及び利用上の効用を独立して全うできるものであることを原則とし，1個の建物の一部分で

あっても，当該部分が，客観的に独立の建物と同一の効用を果すものであると判断できるものについては，その上に独立の所有権が認められ（一般に区分所有権と称せられる。），独立して登記の対象となり得るものとされている。」とされています。

そこで，利用又は取引の目的として建物の独立性がなく，登記の対象となり得ない建物の表題登記，及び当該表題登記を基礎としてされた所有権に関する一切の登記の抹消を求めた異議申立て（現行法上の審査請求（法156条））に対して，区分建物としての要件をまったく充たしていない建物の一部分が独立の建物として登記されているような場合には，当該登記は無効な登記であり，登記官の処分は不当であるから，異議申立てをまつまでもなく，登記官が職権（法28条，旧法25条ノ2）で抹消して差し支えないとされたものです。

なお，本件は，乙建物の所有者が，既登記の甲建物（仮登記仮処分命令に基づく代物弁済による所有権移転請求権の保全のための代位登記によって表題登記がされたもの）は，乙建物（居宅）うちの一室であるとして，異議を申し立てた事案であったことから，判例の考え方（関連判例）及び登記実務の取扱い（関連先例①・②）に基づき，本件を二重登記の問題として処理すべきではないかとの疑義が生じたものと考えられます。しかし，上記のとおり，本件は，二重登記の問題ではなく，当該登記は無効であるから，登記官の職権により抹消すべきであるとしたものです。

関連判例

最高裁昭和37年1月23日第三小法廷判決（民集16巻1号110頁）

「いわゆる二重登記といえども当然無効のものではなく，それが登記名義人を異にする場合，何れの登記が有効であるかは，専ら実体法上いずれの登記名義人が真の権利者であるかによって決定されるのであり，しかも不動産登記法は，登記事務の単純，迅速を図り物権の公示を完からしめるために，登記官吏に対し，登記事項が真実に符合するかどうかについての審査権限を与えることなく，当該申請が申請書及び附属書類に徴し形式上

の要件を具備していると認められる限り，申請を受理すべきことを命じているのであるから，登記名義人を異にする二重の保存登記のある場合においても，何れか一方の登記名義人を登記義務者とする所有権移転登記の申請があれば，登記官吏としては，その登記名義人の保存登記が有効であるかどうかに関係なく，他の形式上の要件に欠くるところがないと認める以上，右申請を受理すべきである。所論のごとく，登記簿上の権利関係の画一化を期せんとするところから，このような場合には，申請が有効とされる保存登記の登記名義人と一致していることを判定し得ないとして，同法49条6号の規定を援用し申請を却下すべきものと解することは，登記官吏において二個の保存登記の効力の優劣を斟酌して所有権移転登記申請の適否を決定することを容認する前提に立ってはじめて可能であって，かかる前提そのものが，登記事務の単純，迅速を図り，物権の公示を完からしめんとする不動産登記法の建前に違反することは，前叙の説示によって明らかである。」

関連先例

①家屋の二重登記に関する疑義について
（昭和29年10月11日登第231号熊本地方法務局長照会
昭和30年5月27日民事甲第1036号民事局長回答）

▍照会

標記に関し左記のような疑義がありますが，目下差掛った事件がありますので至急何分の御回示仰ぎたく御伺い致します。

記

甲がA家屋の所有権保存登記を為すに際し，家屋所在地番を4番地の3とすべきを誤って4番地として登記した。その後乙はA家屋の一部たるB家屋につき家屋所在地番を正当に4番地の3として所有権保存登記をした。（A家屋中のB部分の家屋についてはその所有権につき甲乙間に訴訟中）

320 第2節 各 論

一 右事案において，既に4番地の3にB家屋の登記が乙によって為されている以上，A家屋に対する甲の登記は最早補正によって有効の登記となす余地なく，無効の登記というべきであるからA家屋の所在地更正登記の申請があっても受理すべきでないと考えるがどうか。

二 若し誤って右所在地更正登記をした場合は，不動産登記法第49条2号に該るものとして同法149条ノ2以下の手続により該更正登記を抹消してよいか。

三 甲の登記はその全部を無効と解すべきものと思うが，若しA家屋の登記中B家屋の部分のみが無効と解すべき場合，A家屋の所在地を正当地番に更正したときは登記官吏は前項の法条によりA家屋の表示中Bの部分を抹消すべきものか。

四 A家屋の保存登記を丙が甲を代位して申請し然る後丙名義に所有権移転の仮登記を了している場合，丙は，乙のB家屋所有権保存登記申請を登記官吏が受理登記したことの処分に対し，不動産登記法第150条の異議申立をなす適格はないと考えるがどうか。

▌回答

昭和29年10月11日付登第231号で照会のあった標記の件については，次のように考える。

記

一 単に建物の表示更正の登記をするのであるから，乙所有のB建物の登記の有無にかかわらず，その申請を受理すべきである。

二 右により了知されたい。

三 登記官吏は，甲又は乙の所有権の登記の有効無効を判断すべきでない。したがってA家屋について所在地番の更正登記をしたときでも，その表示中Bの部分をまっ消すべきでない。

四 貴見のとおり。

②異議申立の疑義について

（昭和36年1月19日電報番号第43号札幌法務局民事行政部長電報照会

昭和 36 年 2 月 13 日民事三発第 91 号民事第三課長電報回答）

▌照会

　登記官吏の処分を不当とする異議は「登記上直接の利害関係を有するものでなければ許されない」とされているが，所有名義人を異にする二重保存登記について第一の保存登記名義人又は差押債権者から第二の保存登記申請を受理登記した処分を不当として異議申立があつた場合，右の者等は不動産登記法第 152 条の規定による異議申立人としての適格を有しないものと解する（昭和 30，5，27 民事甲第 1036 号回答）が反対意見もあり聊か疑義があるので至急御指示願います。

▌回答

　1 月 19 日付電報番号 43 号をもって問合せの件については，第一の保存登記名義人又は差押債権者は異議申立人としての適格は有するが，第二の保存登記完了後は異議手続による抹消は認められないとして該申立を棄却するのが相当と考える。

322　第2節　各　論

 建物の区分所有の認定の可否及び床面積の定め方について

(昭和38年7月4日鳥法登第360号鳥取地方法務局長照会
　昭和38年9月28日民事甲第2659号民事局長通達)

　標記の件について，別紙甲号のとおり鳥取地方法務局長から問合せがあり，別紙乙号のとおり回答したから，この旨貴管下登記官吏に周知方しかるべく取り計らわれたい。

別紙甲号
　左記の如き状況にある建物の2階以上は，独立して店舗又は事務所の用に供するものとは言えないので，1階部分と2階以上の部分とを区分して区分所有権の目的とすることはできないと考えますがいかがでしょうか。
　右の建物を区分所有の目的とすることができるとすれば，構造上の共用部分は1階から2階に通ずる階段部分のみでしょうか。なお，階段の床面積は2階の専有部分の床面積には算入しないが，階段下は構造上1階で使用できるので1階の専有部分の床面積に算入する取扱いでさしつかえないでしょうか。
　右何分の御回示を願います。

　　　　　記
1　3階建の建物であって，入口は，1階正面のみで道路に面して巾約12米が全部開放されている。
2　1階から2階に通ずる階段は1階の中央位置に，2階から3階に通ずる階段は右階段の降り口附近の位置にあり，その巾各約1.3米，簡単な手すりと露出した踏段のみで障壁はない。
　　なお右各階段は入口の方向から昇る直線階段である。
3　1階入口から階段昇り口迄には構造上通路の如く外形的に区別された部分は何等存しない。
　　入口から階段昇り口迄の距離は約7米である。
4　2階及び3階から建物外部に通ずる施設は右階段の外存しない。
5　現在1階及び2階は各々小売商品販売の店舗，3階は事務所である。

第 9　区分建物　323

　　なお，各階段下も商品陳列その他営業用施設に利用されている。

別紙乙号

　　本年 7 月 4 日付鳥法登第 360 号をもって問合せのあった標記の件については，次のように考える。

　　　　　　記

前段　貴見のとおり。

後段　いずれも右により了承されたい。

解　説

　　区分建物とは，1 棟の建物の構造上区分された建物で独立して住居，店舗，事務所又は倉庫その他建物としての用途に供することができるものであって，区分所有法 2 条 3 項に規定する専有部分であるもの（区分所有法 4 条 2 項の規定により共用部分とされたものを含みます。）をいうものとされています（法 2 条 22 号）。すなわち，1 棟の建物が区分建物と認められるためには，1 棟の建物のうちの一部が他の部分から構造上区分され（構造上の独立性），その部分のみが独立して建物としての用途に供することができるものであること（利用上の独立性）が必要であるとされており（区分所有法 1 条），当該区分建物を目的とする所有権を区分所有権といいます（同法 2 条 1 項）。

　　本件事案は，階下の店舗部分を通らなければ建物の外部に出られない 2 階以上の部分（外部への独立した出入口のない部分）を区分所有権の目的とすることができるか，すなわち，当該建物の部分は，社会通念上，構造上及び利用上の独立性を有するといえるかどうかについて，疑義が生じたものと考えられます。

　　ところで，数個の専有部分に通ずる廊下又は階段室その他構造上区分所有者の全員又はその一部の共用に供されるべき建物の部分（共用部分）は，区分所有権の目的とならないものとされています（同法 4 条 1 項）。そこで，本件事案のように，建物の 2 階以上の部分が，構造上他の部分と区分された共用部分を通じて外部に出ることができるのであれば，当該部分

を区分所有権の目的とすることができることは，いうまでもないと考えられます。

　しかし，共用部分によるのではなく，他の区分所有権の目的となる部分（1階部分）を通じてしか外部に出入りできない建物の部分（2階以上の部分）について区分所有権を認めることは，区分所有法1条の規定の趣旨からして，区分所有権が認められる1階部分の利用上等の法律関係を複雑にすることになるものと考えられることから，本件の場合には，1階部分と2階以上の部分とを区分して区分所有権の目的とすることはできないとされたものです。

55 区分建物認定上の疑義について

（昭和41年10月1日2登1第920号横浜地方法務局長照会
　昭和41年12月7日民事甲第3317号民事局長回答）

▍照会

　最近，親の所有名義の古い建物を一部取毀し，残存部分（別添図面の斜線部分）に接続して，その子が公庫等から融資を受けて建物を新築したうえ，接続部分を木製のドアで仕切り，右新築建物について子の所有名義をもって区分建物表示の登記を申請する事例が多くみられるところ，これは，子が親の面倒をみる（残存建物には親が居住）ための便宜と，公庫等が融資を受けた子に対して抵当権を設定するための新築建物について子の所有名義をもって所有権保存登記を求めることから生ずるものと考えられます。

　ところで，右のごとき建物については，当職は，接続部分を木製のドアで仕切っただけでは構造上独立しているものとは認められず，したがって，区分建物とは認められないものとして取り扱って参りましたが，新築建物と旧来の建物とは，外観上一見してその区別が明確であり，かつ，申請人が，公庫等からは速やかに保存登記を完了するよう求められて困惑している事情もありますので，なお，従前のとおり取り扱うべきものか，いささか疑義を生じましたので，何分の御指示を願います。

（別紙図面）

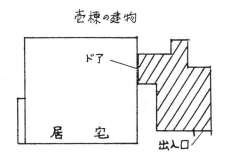

326　第2節　各　論

回答

　昭和41年10月1日付2登1第920号をもって問合せのあった標記の件については，扉で他の部分と区切られている場合は，構造上の独立性を有する建物として取り扱ってさしつかえないものと考える。

解　説

　本件は，既存の建物に接続して新築した建物の接続部分が，木製のドアで仕切られているだけである場合に，当該新築建物は，区分建物の要件である構造上の独立性を有するものと認めることができるかどうかについて，疑義が生じたものと考えられます。

　区分建物について構造上の独立性が必要とされている趣旨は，区分建物は，それを1個の建物として所有権の対象とされることから，その物的支配に適するものでなければならないとされているためです。この趣旨からすれば，構造上区分されている状態とは，区分建物の典型であるマンションの各室のように，建物の構成部分である障壁，階層（天井及び床）等によって他の部分と完全に遮断されている状態のものということができます。したがって，建物のふすま，障子，ベニヤ等の取り外しが容易なもので仕切られている場合には，建物の構成部分としての障壁が設けられているとは認められないことから，構造的に区分されているとはいえないと解されます（注）。

　本件の木製の扉は，ふすまや障子と異なり取り外すことは容易ではないと考えられますが，開閉が自由であることと堅固性の点で，建物の構成部分としての障壁と認められるかどうかは，別に検討すべきであると考えられます。上記の構造上区分されている状態の態様からすれば，扉を常時開けている状態においては，何ら独立性はないといえますが，扉が閉まっている状態においては，仕切り等のない通路等とは異なり，区分所有権の目的となり得る構造上の独立性を有していると解することができると考えられます。すなわち，扉のように開閉することができるものであっても，社会通念上，これを障壁として取扱い，構造上区分されているものと解して

差し支えないと考えられます。

　以上のことから，本件のように扉で他の部分と区切られている場合は，構造上の独立性を有する建物として取り扱ってさしつかえないとされたものです。

（注）表実5・132頁

関連質疑

表実第5巻99頁　問37
　「区分建物の性質」
表実第5巻135頁　問45
　「1階から2階への階段が木製の扉で仕切られている建物を区分建物とすることの可否」

328　第2節　各　論

56　区分建物の認定について

（昭和 42 年 6 月 7 日登発第 136 号岡山地方法務局長照会
　昭和 42 年 9 月 25 日民事甲第 2454 号民事局長回答）

▌照会

　左記の建物は「建物の区分所有等に関する法律」（昭和 37 年法律第 69 号）の趣旨に反し，区分建物と認定するのは相当でないものと思料しますが，最近特に土地，建物の高度利用を必要とする社会情勢からして，所有者より区分建物として認定方の要望が一般的に強く，かつ，その可否につき，いささか疑義もありますので，何分のご指示を賜わりたくお伺いします。

　　　　　　記

1　店舗として使用している A 建物（鉄筋コンクリート造り以下同じ）に，B 建物を接続して新築し，接続部分は鉄のシャッターで仕切り開店中はシャッターをあげて営業し，閉店後はおろす。又 C 建物は B 建物より，ややはなして新築し，地下に通路を設け B，C 両建物間をむすんでいる。（別添図面㈠参照）

　　ただし，A，B 建物の屋根は同一であるが，C 建物の屋根は別である。又所有者は A，B，C 各相違する。

2　ビル内地下に，別添図面㈡のとおり一方，又は，二方を壁とし，二方又は三方を鉄のシャッターで仕切った店舗で，営業中はシャッターをあげ，閉店後はおろす。各店舗の所有者は相違する。（別添図面㈡参照）

　参照　昭和 41 年 12 月 7 日民事甲第 3317 号回答

第9 区分建物　329

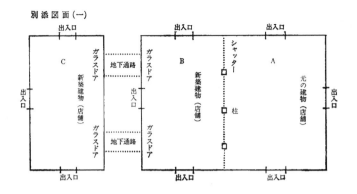

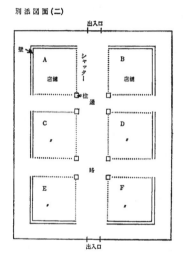

回答

　本年6月7日付登発第136号をもって照会のあった標記の件については，次のように考える。
　　　　記
1項　A・B・C各建物は，区分所有権の目的となる。
2項　各店舗はそれぞれ区分所有権の目的となる。

330 第2節 各論

解　説

　本件の照会文において参照として掲げられた昭和41年12月7日民事甲第3317号民事局長回答（前掲先例55）は，既存の建物に接続して新築した建物の接続部分が，木製のドアで仕切られているだけである場合に，社会通念上，当該扉を障壁として取扱い，構造上区分されているものと解して差し支えないとされたものですが，本件は，シャッターで仕切られているA建物とB建物，及びB建物とガラスドアで仕切られている地下通路で連絡しているC建物は，それぞれ区分所有権の目的となるか，また，店舗の一方又は二方を壁とし，二方又は三方をシャッターで仕切った店舗は，区分所有権の目的となるかどうかとの照会に対して，いずれも区分所有権の目的となると回答されたものです。

　1棟の建物の一部がシャッターで仕切られている場合に，その建物の部分が構造上独立しているかどうかについては，当該シャッターの構成材料や設置状況のほか，当該建物の利用状況等を総合的にみて判断すべきであると考えられます。例えば，営業中は，シャッターは，全部巻き上げられているのが通常ですから，当該部分には，何ら仕切りとなるものはない状態であり，構造上遮断されているとはいえないと考えられます。しかし，シャッターを降ろした状態においては，壁と同一のものとみることができ，当該部分は，構造的に区分できる状態にあるといえます。したがって，当該シャッターが耐久性のあるものであり，かつ，支柱が固定され，容易に移動したり，取り外すことができない堅固なものであり，さらに，建物の構造上その構成部分となっているものと認められる場合には，構造上区分されていると考えられます。

　以上のことから，本件照会に対しては，上記のとおりの回答がされたものと考えられます。

　なお，コンクリートブロック及びスチールドア性の防火戸で仕切り，各別に出入口が設けられているA及びB建物は，区分所有権の目的となるものとされています（関連先例）。

第 9　区分建物　　331

関連先例

区分建物の認定について
（昭和 53 年 11 月 15 日登第 441 号山形地方法務局長照会
　昭和 54 年 5 月 19 日民三第 3086 号民事局長回答）

┃照会

　左記事案の建物を区分建物と認定することの当否に関し，当局管内酒田
支局長から別紙のとおり照会があり，これにつき小職は，A 建物の玄関
から公道に通ずる通路の巾員が儘か 60 センチメートル程度であっても，
通常の通行に供しえられ，かつ，隣地所有者との間で隣地の利用通行につ
いて賃貸借契約を締結する等してその通行が確保されている事情があれ
ば，A 建物は区分建物たりうる利用上の独立性を有するものと考えます
が，賃貸借契約等による他人の通行承諾の有無いかんにより区分建物とな
るかどうかが左右されることについて，いささか疑義がありますので，至
急何分の御指示を御願いいたしたく御伺いします。

　　　　　記

一　事案の要旨

　　1　本件区分建物は，外観上は，鉄骨 3 階建の 1 棟の建物となっている
　　　が，これを，1 階部分のうち公道に面した店舗部分（以下「甲建物」
　　　と称する。）と，1 階のその余の部分（2 階に通ずる階段室及び玄関）並
　　　びに 2，3 階の居宅部分（以下「乙建物」と称する。）とに区分したいと
　　　するものである。

　　2　甲建物と乙建物とは，構造上，コンクリートブロック及びスチール
　　　ドア乙種防火戸で仕切り，甲・乙建物には各別に出入口が設けられて
　　　ある（参照　平面図及び立面図）。

　　3　ちなみに，乙建物は個人所有に，甲建物はその家族を構成員とする
　　　法人所有にする予定といわれている。

　　4　ところで，本件建物の所在地は，昭和 51 年 10 月大火後の焼跡地で
　　　あり，右甲・乙建物は，市の土地区画整理事業による減歩後その敷地

332　第2節　各　論

（個人所有）一杯に建てたため，本件建物と隣接する鉄骨3階建の建
物との間の空地の巾は，筆界の境界から各30センチメートル計60セ
ンチメートル存するに過ぎず，乙建物の玄関から公道に出る通路は，
右巾約60センチメートルの空地を通路として通行する以外他に通路
はない。

二　添付書類

　1　酒田支局長照会文書

　2　本件建物設計図（平面図，立面図各1枚）省略

　3　本件建物と隣接建物間の通路の写真（1枚）省略

別紙

日記第233号

昭和53年10月6日

　山形地方法務局長　殿

山形地方法務局酒田支局長

　　区分建物の認定について（照会）

　標記のことについて，別紙甲号のとおり，山形県土地家屋調査士会酒田
支部長から照会があり，当職は，照会事案の建物は「建物の区分所有等に
関する法律」（昭和37年法律第69号）及び「区分建物登記事務取扱要領」
（昭和47年9月14日登第446号山形地方法務局長通達）の趣旨に反しないも
のと認め，区分建物として認定して差しつかえないものと思料しますが，
その認定について，いささか疑義もありますので何分の御指示を賜わりた
くお伺いいたします。

　参照

　　不動産登記総覧先例・判例集630ノ2ノ2頁以下

　　昭和42年9月25日民事甲第2454号民事局長回答（先例162・）

別紙甲号

山調酒取第3号

昭和53年9月29日

　山形地方法務局酒田支局長　久慈喜四郎　殿

山形県土地家屋調査士会酒田支部

　　　　　　　　　　酒田支部長　　　　薄衣正
　　　区分建物の認定について
　　左記の建物は「建物の区分所有等に関する法律」（昭和37年法律第69号）の趣旨に反し，区分建物と認定するのは相当でないものと思料（昭和50・9・17専門職等実務研修会協議）しますが，酒田市都市計画火災復興土地区画整理事業地域の特に過少な宅地で土地・建物を有効利用を必要とする点からして，所有者より区分建物として認定の要望が一般的に強く，かつ，その可否につき，いささか疑義もありますので，何分のご指示を賜わりたくお伺いします。

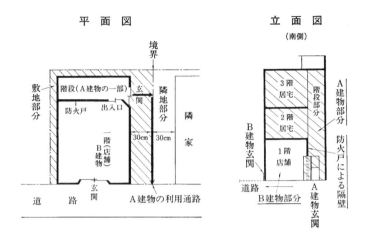

回答

　昭和53年11月15日付け登第441号をもって照会のあった標記の件については、A建物の出入口から公道へ通ずる部分が、通行の用に供しうる状態であると判断できる場合には、この部分についての通行の権原の有無を問わず、A建物は、利用上の独立性を有するものとして取り扱って差し支えないものと考える。

　なお、この場合には、A・B両建物は区分所有権の目的となる。

関連質疑

表実第5巻99頁　問37
　「区分建物の性質」

表実第5巻139頁　問47
　「隣室との間が「鉄製のシャッター」で仕切られている場合の独立性の有無」

2 専有部分，共有部分

 区分所有の建物に関する疑義について

（昭和 38 年 9 月 21 日 33 ― 155 日本住宅公団副総裁照会
昭和 38 年 10 月 22 日民事甲第 2933 号民事局長通達）

標記の件について，別紙甲号のとおり日本住宅公団副総裁から照会があり，別紙乙号のとおり回答したから，この旨貴管下登記官吏に周知方しかるべく取り計らわれたい。

別紙甲号

　日本住宅公団（以下甲トイウ。）ハ，市街地ニオイテ，上部ニ賃貸住宅，下部ニ事務所，店舗等ノ施設ヲ有スル中高層ビルディング（市街地施設付住宅ト呼称スル。）ヲ建設シ，上部ノ賃貸住宅ハ甲ガ所有シ，下部ノ施設ヲ他（以下乙トイウ。）ニ譲渡シテ，一棟ノ建物ヲ区分所有スルコトトシテオリマスガ，下記ノヨウナ諸設例ノ場合ニオケル建物ノ各部分ノ法律的取扱ニツイテ，ソレゾレ下記ノヨウニ解シテヨロシイカ，御意見ヲオ伺イシマス。

　　　　　記
一　専用階段ガアル場合ノ専有部分
　（設例）

336　第2節　各　論

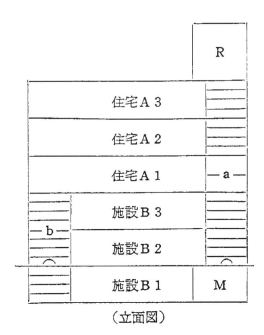

（立面図）

注(イ)aハ，住宅専用ノ階段室デアリ，aト施設トノ間ハ壁，扉又ハシャッターニヨリ区分サレテイル。
　(ロ)bハ，施設専用ノ階段室デアル。
　(ハ)Mハ，住宅専用又ハ住宅・施設共用ノ機械室デアル（三参照）。
　(ニ)Rハ，塔屋デアル（四参照）。

（取扱）
一　A1，A2，A3及ビaハ，一体トシテ甲ノ専有部分（一個ノ建物）トスルコトガデキル。マタ，Mガ甲所有ノモノデアルトキハ，A1，A2，A3，a及ビMニツイテモ同様トスル。コレラノ場合，一個ノ建物トシテノ表示ノ登記ニオイテハ，aノウチ一階及ビ二階ノ部分ハ階数（従ツテ床面積）ニ算入シナイモノトスル。
二　B1，B2，B3及ビbハ，一体トシテ乙ノ専有部分（一個ノ建物）トスルコトガデキル。
二　共用階段ガアル場合ノ専有部分
　（設例）

第9 区分建物　337

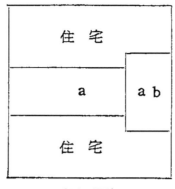

（平面図）

注(イ) aハ，住宅専用ノ中廊下デアル。
　(ロ) abハ，住宅・施設共用ノ階段室デアル。
（取扱）
一　aトabトノ間ガ扉又ハシャッターニヨリ区分サレテイルトキハ，住宅及ビaハ，一体トシテ甲ノ専有部分（一個ノ建物）トスルコトガデキル。
二　aトabトノ間ニ何ラ障壁ガナク，又ハ衝立程度ノモノシカナイトキハ，a及ビabハ，一体トシテ構造上ノ共用部分デアル。
三　機械室
（設例）

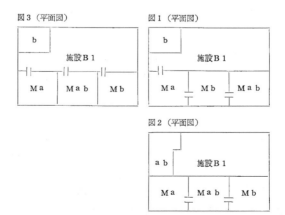

注(イ)機械室ハ，構造上給排水ポンプ，変圧器，冷暖房機械等ヲ収容スルビルディングノ管理上必要不可欠ノモノデアル。
　(ロ)Maハ，住宅専用，Mbハ施設専用，Mabハ住宅・施設共用ノ機械室デアル。
　(ハ)bハ，施設専用階段室，abハ住宅・施設共用ノ階段室及ビ廊下デアル。

（取扱）

図1，図2及ビ図3ノイズレノ場合ニオイテモ

一　Mbハ，乙ノ専有部分ニ含マレル。

二　Mabハ，構造上ノ共用部分デアル。

三　Maハ，一棟ノ建物ヲ表示スル登記ニオイテハ，ソノ床面積ニ算入スルモノトスルガ，甲ノ専用部分ヲ表示スル登記ニオイテハ，登記シナイモノトスル。

四　塔屋

（設例）

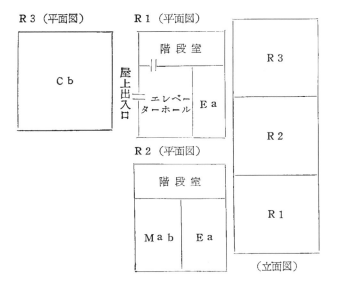

注(イ)コノ場合ノ塔屋ハ，構造上エレベーターノ機械，高置水槽，冷却装置等ヲ収容スルビルディングノ管理上必要不可欠ノモノデアル。

第9　区分建物　339

㈠Ea ハ，住宅専用ノエレベーター室デアル。

㈡Ea ハ，住宅専用ノエレベーター捲上機械室デアル。

㈢Mab ハ，住宅・施設共用ノ高置水槽室デアル。

㈣Cb ハ，施設専用ノクーリング・タワー（冷却装置室）デアル。

（取扱）

コノ場合ノ塔屋ハ，独立シテ専有部分トナシ得ル建物ノ部分トハ認メラレナイノデ，建物ノ附属物デアル。従ツテ，一棟ノ建物ヲ表示スル登記ニオイテモ，マタ専有部分ヲ表示スル登記ニオイテモ，ソノ階数（従ツテ床面積）ニ表示シナイモノトスル。

別紙乙号

昭和38年9月21日付33—155をもって照会のあった標記の件については，貴見のとおり取り扱ってさしつかえないものと考えます。

解　説

1　本件照会の趣旨

本件は，照会一の設例図にあるように，中高層ビル（市街地施設付住宅）の上部（A1，A2，A3）を賃貸住宅として甲が所有し，また，その下部（B1，B2，B3）を事務所，店舗等の施設として乙が，それぞれ区分所有する場合において，aは住宅専用の階段室（aと施設との間は壁，扉又はシャッターによって区分されている。），bは施設専用の階段室，Mは住宅専用又は住宅・施設共用の機械室であるような場合に，A1，A2，A3及びaを，一体として甲の専有部分とすることができるかどうか，また，Mが甲所有のものであるときは，A1，A2，A3，a及びMについても，同様に一体として甲の専有部分とすることができるか，これらの部分が甲の専有部分とされた場合に，aの1階，2階の部分については，その専有部分の床面積に算入することができるかどうかについて，照会されたものです。

2　専用階段がある場合の専有部分の認定

1棟の建物が区分建物と認められるためには，1棟の建物のうちの一

340　第2節　各　論

部が他の分から構造上区分され（構造上の独立性），その部分のみが独立して住居，店舗，事務所又は倉庫その他建物としての用途に供することができるものであること（利用上の独立性）が必要であるとされています（区分所有法1条）。したがって，前掲先例54で説明したとおり，他の区分所有権の目的となる部分（1階部分）を通じてしか外部に出入りできない建物の部分（2階以上の部分）は，区分所有権の目的とすることはできないとされています。

　ところで，数個の専有部分に通ずる廊下又は階段室その他構造上区分所有者の全員又はその一部の共用に供されるべき建物の部分（共用部分）は，区分所有権の目的とならないものとされています（区分所有法4条1項）。

　本件事案のA1，A2，A3及びaは，甲が所有し，aはA1，A2，A3専用の階段室であり，しかも，aと施設との間は壁，扉又はシャッターによって区分されていることから，区分建物としての要件である構造上及び利用上の独立性を充たしているものと解され，区分所有法4条1項の規定にも反していないと解されます。したがって，A1，A2，A3及びaは，一体として甲の専有部分とすることができると考えられます。もっとも，A1，A2，A3がそれぞれ別個の専有部分であるときは，aは，区分所有法4条1項により，A1，A2，A3の共用部分になるものと解されます。

　次に，Mが甲所有の住宅専用又は住宅・施設共用の機械室であるような場合にも，上記の場合と同様に，A1，A2，A3，a及びMについても，一体として甲の専有部分とすることができると解されますが，甲の専有部分全体からみて，1階に相当する部分はA1と考えられますから，aのうち1階，2階の部分については，階数に算入せず，したがって，その専有部分の床面積に算入することはできないものと考えられます。

　なお，B1，B2，B3及びbについても，上記と同様の理由により，一体として乙の専有部分とすることができるものと考えられます。

3　共用階段がある場合の専有部分の認定

第9　区分建物　341

　　次に，本件においては，照会二の設例図にあるように，aが住宅専用の中廊下であり，abが住宅・施設共用の階段室である場合において，aとabとの間が扉又はシャッターで区分されているときは，住宅部分及びaを，一体として甲の専有部分とすることができるかとの照会に対して，abが住宅・施設共用の階段室であり，aと住宅部分とに区分されていることから，区分所有法4条1項の規定の趣旨からして，甲の専有部分とはなり得ないが，aは住宅専用の中廊下であり，区分建物の要件を充たしていることから，住宅及びaは，一体として甲の専有部分とすることができるとされています。一方で，aとabとの間に何らの障壁がないとき，又は衝立程度のものしかないときは，a及びabは，一体として構造上の共用部分であるとみることができるとされています。

4　機械室の共用部分としての認定

　　次に，照会二の設例図1，2及び3において，Maは住宅専用，Mbは施設専用，Mabは住宅・施設共用の機械室で，構造上給排水ポンプ，変圧器，冷暖房機械等を収容するビルの管理上必要不可欠のものであり，bは施設専用の階段室，abは住宅・施設共用の階段室及び廊下である場合に，Mabについては，構造上，区分所有者である甲及び乙の共用に供されるべき建物の部分であることから，本来，区分所有権の目的とすることができないものであり，かつ，専有部分以外の建物であることから，構造上の共用部分であると解されます。一方，Mbについては，区分建物としての要件を充たしていることから，乙の専有部分に含まれるものと解されます。さらに，Maについては住宅専用とされていますが，構造上，乙も共用することとなることから，この部分は，共用部分とみることができ，したがって，1棟の建物の表題登記においては床面積に算入することになりますが，専有部分としての登記をすることはできないと考えられます。

5　塔屋の共用部分の認定について

　　設例図のR1，R2及びR3は塔屋ですが，構造上，エレベーターの機械，高置水槽，冷却装置等を収容するビルの管理上必要不可欠のものであり，Eaは住宅専用のエレベーター室及び住宅専用のエレベーター捲

上機械室，Mab は住宅・施設共用の高置水槽室，Cb は施設専用のクーリング・タワー（冷却装置室）である場合，これらには，区分建物の要件である構造上及び利用上の独立性が認められないことから，共用部分であり，したがって，階数として表示せず，床面積にも算入しないものとされています。

関連質疑

表実第5巻164頁　問56

「階層的に区分した建物の階段室等を専有部分とすること可否」

58 日本住宅公団が分譲する集団住宅の附属施設に関する法律的取扱いについて

（昭和40年11月27日51—173日本住宅公団理事照会
昭和41年8月2日民事甲第1927号民事局長回答）

照会

日本住宅公団（以下「公団」という。）では，複数の者に譲渡することを目的として，同一敷地内に数棟の集団住宅（区分建物）及びこれら全棟の譲受人（区分所有者）全員に共有・共用されるべきものとしての集会所（1棟），屋外給排水施設等の附属施設（以下「附属施設」という。）を建設して1つの分譲住宅団地を完成していますが，これらの分譲住宅及び附属施設（以下「分譲住宅等」という。）を譲渡する場合における下記設問について，ご見解をお伺いします。

　　　　　記

1　数棟の分譲住宅の附属施設としての集会所は，当該分譲住宅の譲受人（区分所有者）全員が設定する規約により共用部分とすることができるか。（下図参照）

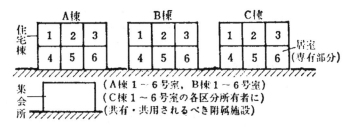

2　分譲住宅の附属施設としてそれぞれの棟に付設された屋外排水管が地中の一点で接合し，1本の排水本管となって1つの浄化槽に連結している場合，屋外排水管，排水本管及び浄化槽のうちどの部分がどの棟の共用部分か。（下図参照）

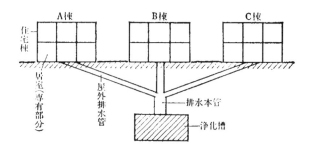

3　公団が分譲住宅等を譲渡する前に公団が単独で当該分譲住宅のすべての専有部分の区分所有者として設定した規約は有効か。(下図参照)

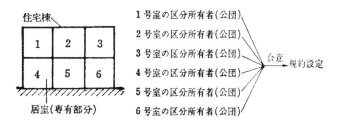

4　当初複数の区分所有者が設定した規約は、後の売買により区分所有者が1名に減少した後も有効か。(下図参照)

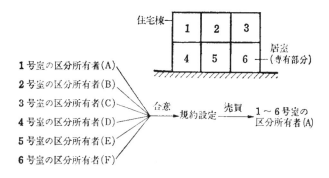

5 公団が分譲住宅等の譲受人と締結する譲渡契約により当該譲受人（区分所有者）の共用部分の持分を定めることができるか。（下図参照）

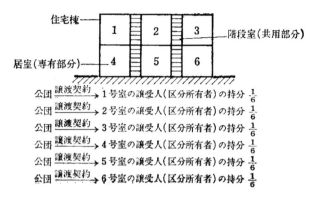

回答

客年11月27日付51−173号をもって問合せのあった標記の件については，次のとおり考える。

　　　　記
1項　積極に解する。
2項　所問の施設のうち，排水本管の接合点に至るまでの各棟の屋外排水管のみが，それぞれの棟の区分所有者の共用部分となる。
3項　無効である。
4項　当該規約は，消滅する。
5項　建物の区分所有等に関する法律第10条に定める持分と異なる持分の定めをする場合は，規約によるべきである。

解説

1 本件照会の趣旨

本件は，①数棟の区分建物（分譲住宅）の附属施設としての集会所は，当該数棟の区分建物の区分所有者全員が設定する規約により，共用部分とすることができるか，②分譲住宅の附属施設として各棟に付設さ

346　第2節　各　論

れた屋外排水管が地中の一点で接合し，1本の排水本管となって一つの
浄化槽に連結している場合，排水本管の接合点に至るまでの各棟の屋外
排水管のみが，各棟の区分所有者の共用部分となるのか，③分譲住宅等
の譲渡前に，公団が単独で当該分譲住宅のすべての専有部分の区分所有
者として設定した規約は有効か，④建物の区分所有権の売買により，区
分所有者が1名に減少したときでも，当該区分建物に関する規約は有効
か，⑤共用部分の持分について，公団が分譲住宅等の譲受人と締結する
譲渡契約により定めることができるかについて，照会されたものです。

2　照会事項①について

　区分建物の要件である構造上及び利用上の独立性を有する建物の部分
であっても，管理上又は効用上，区分所有者全員又は一部の区分所有者
のための共用に供することが好ましくない場合もあり得ます。そこで，
そのような場合には，これらの部分を共用部分として，区分所有者全員
（一部共用部分については，これを共用すべき区分所有者）の共有とする
ことができます。

　この共用部分には，法定共用部分（区分所有法4条1項）と規約共用
部分（同条2項）があり，法定共用部分は，数個の専有部分に通じる廊
下又は階段室のように，建物の構造上，区分所有者の全員又は一部の共
用に供される建物の部分のことで，エレベーター室，玄関，ロビー等が
その典型であり，また，専有部分に属しない附属物で電気，ガス，水
道，消防，冷暖房の諸設備のように，効用上建物と一体となっているも
のも含まれます。

　一方，規約共用部分は，区分所有権の目的となり得る部分を，区分所
有者の設定する規約によって共用部分とするものであり，例えば，1棟
の建物内の集会室，管理人室，書庫，倉庫，娯楽室等のほか，別棟の集
会所等も規約共用部分とすることができます。

　本件照会①の集会所は，数棟の区分建物の附属施設であり，上記のと
おり，区分所有者全員が設定する規約により，共用部分とすることがで
きます。なお，昭和58年の区分所有法の一部改正（昭和58年法律第51
号）により，最初に建物の専有部分の全部を所有する者は，公正証書に

より，規約共用部分に関する規約を設定することができることとされています（同法 32 条）。

3 照会事項②について

　照会事項②の屋外排水管，排水本管及び浄化槽については，その態様からして，屋外排水管と排水本管との接合点で区切り，両者をそれぞれ別個の権利の目的とすることができるものと考えられることから，排水本管の接合点に至るまでの各棟の屋外排水管のみが，それぞれの棟の区分所有者の共用部分となるものとされています。したがって，排水本管及び浄化槽については，各棟のそれぞれの専有部分の所有者全員の共有となるものと解されます。

4 照会事項③について

　区分所有法 4 条 2 項に規定する「規約」とは，区分所有者相互間の契約によって定められるべきものであり，単独行為にはなじまないものであると考えられること，規約は，複数の区分所有者間の権利関係の調整を目的とするものであり，区分所有者が単一である限り，規約の設定は実益がないと考えられることから，分譲住宅等の譲渡前に，公団が単独で当該分譲住宅のすべての専有部分の区分所有者として設定した規約は無効であるとされました。しかし，上記 2 で説明したとおり，現行の区分所有法においては，最初に建物の専有部分の全部を所有する者は，公正証書により，規約共用部分に関する規約を設定することができることとされています（同法 32 条）から，現行法上，照会事項③の規約は有効であると解されます。

5 照会事項④について

　上記 4 で説明した規約の性質からすれば，当初に規約を設定した区分所有者が，その後 1 名に減少した場合には，当該規約は，存在理由を失い，したがって，消滅するものとされたものです。

6 照会事項⑤について

　各共有者の持分は，その有する専有部分の床面積の割合によるものとされていますが（区分所有法 14 条 1 項），規約で別段の定めをすることもできます（同条 4 項）。当該規約の設定は，区分所有者及び議決権の 4

分の3以上の多数による集会の決議によってする（同法31条1項）もの
とされていますから，譲渡契約によって譲受人（区分所有者）の共用部
分の割合を定めることはできないとされています。

第 9　区分建物　349

59　規約共用部分である旨の記載方法について

（昭和 45 年 10 月 8 日総第 5249 号大阪法務局長照会
　昭和 46 年 9 月 12 日民事三発第 668 号民事第三課長依命回答）

▐ 照会

　大阪市東区船場中央 1 丁目ないし 5 丁目地上に建築された鉄筋コンクリート造地下 2 階付 4 階建の建物（船場センタービル）については，これを 3 棟として取扱うため，4 号館ないし 9 号館の地下 2 階部分にある荷さばき場及び駐車場，5 号館の 4 階部分にある電気，ガス等の中央制御室等のいわゆる規約共用部分とされている部分を，不動産登記法第 99 条ノ 3 第 2 項後段の規定による登記をするためには，数百または千数百の家屋番号の記載を要するので，これら各区分建物の家屋番号を全部列記することなく，便宜，「船場センタービル 1 号館ないし 10 号館の区分所有者全員の共用部分」と記載してさしつかえないか，至急何分のご指示をたまわりたく，お伺いします。

（添付書類省略）

▐ 回答

　昭和 45 年 10 月 8 日付総第 5249 号をもって当局局長あて問合せのあった標記の件については，必ずしも家屋番号を用いてその記載をする必要はないが，これを用いないときは，一棟の建物の所在及びその建物の番号を用い当該一棟の建物に属する区分建物の所有者全員の共用部分である旨を記載するのが相当であると考えます。

　なお，規約共用部分と同一の棟に属する区分建物の所有者についても，右の取り扱いによってその記載をすべきであると考えますので念のため。

解　説

　建物の区分所有等に関する法律に規定する共用部分とは，①専有部分以

外の建物の部分，②専有部分に属しない建物の附属物，及び③同法4条2項の規定により規約によって共用部分とされた附属の建物をいいます（同法2条4号）。

　そして，共用部分である旨の登記については，当該共用部分である建物が当該建物の属する1棟の建物以外の1棟の建物に属する建物の区分所有者の共用に供されるものであるときは，当該区分所有者が所有する建物の家屋番号を登記事項とするものとされており（法58条1項1号，令別表18の項申請情報欄），当該登記事項は，当該共用部分である建物の表題部の「原因及びその日付」欄に「年月日規約設定，家屋番号乙町28番，29番，30番の共用部分」と記録するものとされています（記録例170）。

　本件は，当該共用部分である建物が，数棟の区分建物の所有者全員の共用部分であるため，その共用すべき区分所有者が数100人又は数1,000人に及ぶような場合の上記規定の家屋番号の記録方法について照会されたものであり，この場合には，必ずしも家屋番号を用いて記録する必要はないが，家屋番号を用いないときは，1棟の建物の所在及びその建物の番号を用い当該1棟の建物に属する区分建物の所有者全員の共用部分である旨を記載するのが相当である旨，回答されたものです。具体的には，「何市何町何丁目何番地何マンション1号館から10号館の区分所有者全員の共用部分」のように記録することになるものと考えられます。

　また，規約共用部分と同一の棟に属する区分建物の所有者が多数に及ぶ場合についても，同様の取扱いによって記録すべきであるとされています。

第 9　区分建物　351

60　いわゆる分譲マンションの管理受付室の登記について

（昭和 50 年 1 月 13 日民三第 147 号民事局長通達）

　標記の件について，別紙甲号のとおり，日本土地家屋調査士会連合会会長から照会があり，別紙乙号のとおり回答したので，この旨貴管下登記官に周知方しかるべく取り計らわれたい。

別紙甲号

日調連総発第 34 号

昭和 49 年 8 月 20 日

　　　法務省民事局長　　川島一郎　　殿

日本土地家屋調査士会連合会

会長　　多田光吉

　　　いわゆる分譲マンション管理受付室の登記について（照会）

　残暑の折柄ますます御清祥にわたらせられお慶び申し上げます。

　当連合会の運営につきしては，毎々格別の御高配を賜わり厚く御礼を申し上げます。

　さて，標記のことについて今般東京土地家屋調査士会長より別紙のとおり照会がありましたが，右は同土地家屋調査士会長の意見のとおり取り扱うことが相当と考えますが，いささか疑義がありますので，至急何分の御指示を賜わりたくお伺いいたします。

別紙

東調総発第 54 号

昭和 49 年 8 月 7 日

　　日本土地家屋調査士会連合会

　　　会長　　多田光吉殿

東京土地家屋調査士会

会長　　渡辺七郎

いわゆる分譲マンションの管理受付室の登記について（照会）

酷暑の折柄貴連合会益々御発展のこととお慶び申し上げます。

日頃は多々御厚配を賜わり，厚くお礼申し上げます。

今般当会会員より別紙のとおり照会があり，当会としては，第一項・第二項・第三項ともに照会者の意見のとおりと思料するも，若干の疑義がありますので，御回示賜わりたく照会いたします。

別紙

いわゆる分譲マンションの管理受付室の登記について

今日，多数の区分所有者の所有する分譲マンションでは，管理受付室（又は管理人室，管理事務室，以下同じ）は，玄関ホール脇に位置し，共用財産の維持保全と区分所有者共通の生活関係の円滑化のため不可欠のものとして設けられているのが通常であります。

右の管理受付室といわれる形態はいくつかありますが，それらのうち典型的と思われるものを別図(イ)〜(ニ)に掲げました。

そこで，これらの管理受付室を登記する場合には左記による取扱いが妥当と思われますが差迫った事案でありますので，関係当局の御回示を得，折返し至急御回報下さるようお願い申し上げます。

記

一　(イ)図の管理受付室は，内部に各専有部分を集中管理する消防設備，警報装置等の恒常的共用設備が設けられ，常時来訪者，配達物などの処理ができる，受付者の常駐する構造を有しております。この構造形態においては，電気室，機械室と同じように法定共用部分と解して扱うのが妥当と思われます。

二　(ロ)図の管理受付室は，管理人が居宅として使用し併せて管理事務を行なっている場合ですが，前項の管理受付室の構造をとらず共用設備もありません。したがって，この場合は法定共用部分とは認められないので，各区分所有者間の合意がある場合に限って，規約共用部分として扱うのが妥当と思われます。

三　(ハ)図及び(ニ)図の管理受付室は第一項の管理受付室と同様の構造を有し，かつ管理人居室と一体をなしている場合でありますが，(ハ)図につい

ては法定共用部分とし，又㈡図については規約共用部分として取扱うのが妥当と思われます。

　　　　　　　　　　　　　　　　　　　昭和49年7月24日

東京土地家屋調査士会
　　会長　渡辺七郎　殿

　　　　　　　　　　　　　　　　　東京土地家屋調査士会会員
　　　　　　　　　　　　　　　　　土地家屋調査士　大下克信　〔印〕

㈤
　　1項例示図面

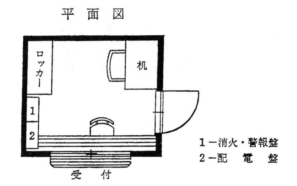

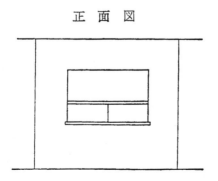

(ロ)

2項例示図面

平　面　図

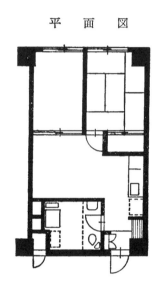

正　面　図

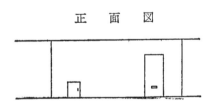

(ハ)　3項例示図面

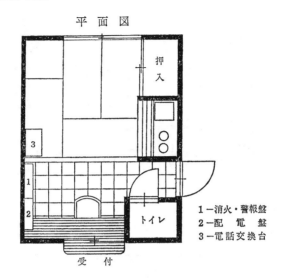

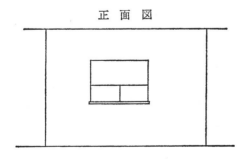

(二)

3項例示図面

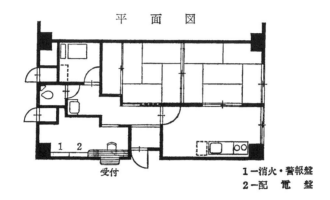

別紙乙号

法務省民三第146号
昭和50年1月13日

日本土地家屋調査士会連合会
　　会長　多田光吉　殿

　　　　　　　　　　　　　　法務省民事局長　川島一郎
　　いわゆる分譲マンションの管理受付室の登記について（回答）
　昭和49年8月20日付け日調連総発第34号をもって照会のあった標記の件については，貴見のとおりと考えます。

第 9　区分建物　357

解　説

1　本件照会の趣旨

　　本件は，分譲マンションの管理受付室について，①内部に各専有部分を集中管理する消防設備，警報装置等の恒常的な共用設備が設けられ，常時，来訪者，配達物などの処理ができる受付者の常駐する構造を有している場合，②管理人が居宅として使用し，併せて管理事務を行なっているが，①の管理受付室の構造をとらず共用設備もない場合，③①の管理受付室と同様の構造を有し，かつ，②の管理人居室と一体をなしている場合の三つの形態に分けて，それぞれが，区分建物の法定共用部分あるいは規約共用部分のいずれに該当することになるかについて，照会されたものです。

　　法定共用部分及び規約共用部分については，前掲先例 58 で説明しました。

2　①の形態（照会文の(イ)図）について

　　①の管理受付室が「室」としての空間を有していることは明らかですが，これが専有部分として認められるかについては，別途，検討する必要があります。

　　①の管理受付室に受付窓口や共用設備がなく，構造上，通常の事務室と何ら区別できない状況にある場合は，これが管理人の管理事務用に使用されているとしても，専有部分と認定することができると考えられます。しかし，受付窓口や共用設備を備えている場合には，構造上からしても，もっぱらマンションの居住者のための管理事務を行う場所であり，管理受付室以外の用途に使用することはなく，マンション全体の維持・管理上必要不可欠な場所であると考えられます。したがって，①の管理受付室は，専有部分としての構造上及び利用上の独立性を有しているとは認められないと考えられること，また，共用設備も各専有部分と不可欠に結びついていると考えられることから，電気室，機械室と同じように，法定共用部分と解して取り扱うのが妥当であるとされています。

3　②の形態（照会文の(ロ)図）について

②の管理受付室は，構造上，管理受付室の形態を有しておらず，通常の専有部分を管理人が居宅として使用し，併せて管理事務を行なっている場合ですが，共用設備もないことから，①のように法定共用部分として取り扱うことはできないものと解されます。ただし，専有部分に該当する場合であっても，区分所有者間の規約によって，専有部分を共用部分とすることは可能ですから，②の管理受付室についても，各区分所有者間の合意（規約の設定）がある場合に限って，規約共用部分として取り扱って差し支えないとされています。

4　③の形態（照会文の(ハ)図，(ニ)図）について

③の形態は，管理受付室と管理人居室が一体となっている場合です。この場合に，居室部分が，休憩室若しくはそれに類似する場合はもちろん，一般的な家庭生活を営むに必要な設備が備わっている場合であっても，共用設備が重要な部分を占め，また，マンション全体の維持・管理上必要不可欠と考えられる場合には，①と同様に，これを法定共用部分とするのが妥当な取扱いであると考えられます。

そこで，(ハ)図の管理受付室については，①の形態の要件を備えていること，居室部分とフロア全体の面積比，居室部分に独自の出入口がないこと等から，管理受付室に付随する部分であると考えられること，また，必要不可欠な共用設備が備え付けられ，容易に他の用途に変更することはできないと考えられることから，法定共用部分として取り扱うのが妥当であるとされたものです。

一方，(ニ)図の管理受付室については，居室部分が部屋全体の大部分を占め，居室部分に独自の出入口があり，受付窓口も小規模であること，また，共用設備が備え付けられている部分についても，簡単な補修工事を施すことによって，全体を居住専用の室にすることができるのはもちろん，現状のままでも居住専用室として使用可能であると考えられることから，これを法定共用部分と認めることは妥当でなく，したがって，規約共用部分として取り扱うのが妥当であるとされたものです。

関連質疑

表実第 5 巻 157 頁　問 54

「管理人室（管理事務室）が法定共用部分又は専有部分とされる基準」

3 区分建物に関する申請手続

61 区分建物の登記事務の取扱いについて

（昭和 38 年 11 月 20 日登第 926 号熊本地方法務局長照会
　昭和 39 年 5 月 16 日民事甲第 1761 号民事局長通達）

　標記の件について，別紙甲号のとおり熊本地方法務局長から問合せがあり，別紙乙号のとおり回答したので，この旨貴管下登記官に周知方しかるべく取り計らわれたい。

別紙甲号

　一　既登記の甲建物に乙建物を増築し，乙建物を区分所有権の目的とした場合の取扱いについて，左記両説あり，一応イ説を相当と考えますが，疑義がありますので，お伺いいたします。

　　　　　記

　　イ説

　　　甲建物の所有者（表題部に記載した所有者又は所有権の登記名義人）は，甲建物が区分建物となった旨の建物の表示変更の登記の申請をする義務があるが，その変更の登記の申請のなされるまでに，乙建物について区分建物の表示の登記の申請があったときは，登記官吏は職権で甲建物が区分建物となった旨の建物表示変更の登記をした上で，乙建物の表示の登記をする。

　　ロ説

　　　イ説による取扱いのほか，乙建物の表示の登記をした後で，甲建物の登記を新登記用紙に移して差支えない。

　二　一の事例において，甲建物の所有者（表題部に記載した所有者又は所有権登記名義人）から区分建物となった旨の表示の変更の登記を申請をする場合の登記原因は「区分建物増築」と記載して差支えないか。

別紙乙号

　昭和 38 年 11 月 20 日付登第 926 号をもって問合せのあった標記の件に

ついては，次のとおり取扱うのが相当であると考える。

　　　　　記
一項　(イ)説によってもさしつかえないが，申請に係る乙建物についての区
　　　分建物の表示の登記を先にした上，甲建物に関する登記を不動産登記
　　　法第99条ノ2第1項前段の規定により新登記用紙へ移記する。
二項　貴見のとおり。

解　説

　本件は，既登記の甲建物に乙建物を増築し，乙建物を区分所有権の目的
とした場合の登記手続について，照会されたものです。

　本件回答においては，甲建物の所有者（表題部所有者又は所有権の登記名
義人）が，甲建物が区分建物となった旨の建物の表題部の変更の登記の申
請をするまでに，乙建物について区分建物の表題登記の申請があったとき
は，登記官は，職権で甲建物が区分建物となった旨の建物の表題部の変更
の登記をした上で，乙建物の表題登記をする手続によっても差し支えない
が，申請に係る乙建物についての区分建物の表題登記を先にした上で，甲
建物に関する登記を旧法99条ノ2第1項前段（編者注：新法に改正される
前の条項は旧法99条ノ3第1項前段）の規定により新登記用紙へ移記する
のが相当であり，また，甲建物の表題部の変更の登記を申請する場合の登
記原因は，「区分建物増築」として差支えないとされています。

　現行法においては，既登記の甲建物（非区分建物）に接続して乙建物が
新築されて1棟の建物となった場合において，甲建物及び乙建物が，区分
建物としての要件である構造上及び利用上の独立性を有しているときは，
乙建物の所有者は区分建物の表題登記を申請し，併せて，甲建物の所有者
は，甲建物を区分建物とする表題部の変更の登記を申請しなければならな
いとされています（法52条1項，旧法93条の7第1項）。

　同項に規定する「併せて」とは，新築した乙建物の区分建物の表題登記
の申請と，甲建物の表題部の変更の登記の申請を同時にすべきという趣旨
であると解されます。

362 第2節 各 論

　そして，この場合の甲建物の表題部の変更の登記手続については，登記官は，当該変更の登記に係る区分建物である甲建物について新たに登記記録を作成し，当該登記記録の表題部に登記を規則 140 条 1 項の規定により移記した旨を記録しなければならないとされています（同項）。また，甲建物に権利に関する登記があるときは，新たに作成した登記記録の権利部の相当区に，変更前の甲建物の登記記録から権利に関する登記を移記し，登記の年月日及び規則 140 条 2 項の規定により移記した旨を記録しなければならないとされています（同項）（記録例 174）。

　なお，同一の不動産についてする 2 以上の登記が，不動産の表題部の登記事項に関する変更の登記又は更正の登記，又は建物の分割の登記，建物の区分の登記若しくは建物の合併の登記は，一の申請情報によって申請することができる（規則 35 条 7 号）とされていますが，表題登記の申請と表題部の変更の登記を一の申請情報によって申請することができる旨の規定はないことから，たとえ甲建物及び乙建物の所有者が同一の場合であっても，二つの登記は，別の申請情報により申請しなければならないものと解されます。

　一方，甲建物及び乙建物の所有者が異なる場合において，乙建物の所有者が区分建物の表題登記を申請しないときは，甲建物の表題部所有者又は所有権の登記名義人は，乙建物の所有者に代位して，乙建物の区分建物の表題登記を申請することができるとされています（法 52 条 2 項）。甲建物の表題部所有者又は所有権の登記名義人は，乙建物の所有者が区分建物の表題登記を申請しない限り，併せて（同条 1 項参照），甲建物の表題部の変更の登記を申請することができないからです。

区分建物の表示の登記の嘱託登記に記載する建物の表示の記載方法について

(昭和39年11月24日ト41―1089日本住宅公団理事照会
 昭和40年1月27日民事甲第119号民事局長通達)

　標記の件について，別紙甲号のとおり日本住宅公団理事から照会があり，別紙乙号のとおり回答したから，この旨を貴管下登記官に周知方しかるべく取り計らわれたい。

(別紙甲号)

　標記については，各区分建物ごとに，その属する一棟の建物の表示を記載すべきものとされておりますが，当公団においては，一棟の建物に属する区分建物の全部について同時に表示の登記を嘱託することにしていますので，この場合においては，便宜，別紙様式により一棟の建物の表示は，1個としてさしつかえないか照会いたします。

　　　区分建物表示登記嘱託書
一　建物の表示
　(1)　一棟の建物
　　　　所在
　　　　建物の番号
　　　　構造
　　　　床面積
　(2)　区分建物
　　(イ)　家屋番号
　　　　建物の番号
　　　　種類
　　　　構造
　　　　床面積
　　(ロ)　家屋番号
　　　　建物の番号
　　　　種類

364　第2節　各　論

　　　　構造

　　　　床面積

一，登記原因及びその日付（以下省略）

（別紙乙号）

　昭和39年11月24日付ト41—1089をもってご照会のあった標記の件については，貴見のとおり取り扱ってさしつかえないものと考えます。

　おって，この旨を登記官に周知させるよう各法務局長及び地方法務局長に通達したので，申し添えます。

解　説

　区分建物の表題登記を申請するときは，当該建物が属する1棟の建物の所在，土地の地番（令3条8号イ括弧書），構造及び床面積（同号ヘ）を申請情報の内容とするものとされており，したがって，これらの事項は区分建物の表示に関する登記の登記事項とされています（法44条1項1号括弧書，同項7号）。

　この規定の趣旨は，登記の対象である不動産を明確に特定するため，申請情報にこれを表示することにより，事実に符合しない登記がされることを防止することにあると考えられます。すなわち，申請情報の内容とされた不動産の表示と登記記録上の不動産の表示とを照合することにより同一性を確認し，過誤登記を防止するために，法令によって規定する必要的事項を申請情報の内容としなければならないとされているものと考えられます。

　また，区分建物に関する登記記録には1棟の建物の表題部，各区分建物（専有部分）の表題部を設け（規則4条3項，規則別表3），また，権利部の甲区及び乙区を設けるものとされています（同条4項）。すなわち，1棟の建物の表題部は，各専有部分の建物の表題部の一部として，区分建物に兼用されることになります。

　以上のことからすれば，本来，同一の1棟の建物に属する区分建物の全部について一括して（法48条1項参照）申請又は嘱託する場合であって

も，各区分建物ごとに，同一の１棟の建物の表示を申請情報の内容としなければならないことになります。しかし，同一の申請情報又は嘱託情報によって１棟の建物に属する区分建物の全部について申請又は嘱託する場合には，各区分建物ごとに同一の１棟の建物を申請情報の内容としなくても，当該１棟の建物の登記記録が各区分建物に兼用されることから，当該申請情報又は嘱託情報に基づく登記において過誤を生ずるおそれはないと考えられます。

　そこで，本件は，１棟の建物に属する区分建物の全部について表題登記を申請又は嘱託する場合には，申請情報又は嘱託情報の内容として表示することを要する各区分建物ごとの１棟の建物の表示は，１個表示するのみで足りるとされたものであり，事務の省力化にも資することになるものと考えられます。

　現行の登記実務においても，同様の取扱いがされています。

366 第2節 各 論

63 登記嘱託書による一棟の建物の床面積の記載の簡略化について

（昭和 54 年 4 月 23 日民三第 2635 号民事第三課長通知）

　標記の件について別紙甲号のとおり大阪法務局民事行政部長から照会があり，別紙乙号のとおり回答したので，この旨貴管下登記官に周知方しかるべく取り計らわれたい。

別紙甲号

不登第 1 号

昭和 54 年 1 月 5 日

　法務省民事局第三課長　殿

大阪法務局民事行政部長

登記嘱託書における一棟の建物の床面積の記載の簡略化について（照会）

　客年 12 月 11 日開催の大阪司法事務協議会（在阪の裁判所，検察庁，法務局，拘置所及び弁護士会で構成）において，大阪地方裁判所から左記のとおりの要望がありました。嘱託に係る区分建物が既登記のものであるときは，便宜この取扱いを認めても事務処理上，特に混乱を生ずることはないものと考えますが，いささか疑義がありますので，何分の御指示を賜わりたくお伺いします。

　　　　　　記

　区分所有建物に対する仮差押，仮処分の登記手続をするとき，登記嘱託書の物件目録中「一棟の建物の表示」の各階の床面積の表示を簡便にすることはできないか。

（提案理由）

　現在区分所有の建物の保全事件が急増しており，高層建築の増加と共に「一棟の建物の表示」の床面積の記載が多くなってきている。特に数個の階の床面積が同じである場合，事務省力化の立場からして，例えば「自○階至○階△△平方メートル，○階△△平方メートル」というような特定方法の記載を認められたい。

別紙乙号

法務省民三第 2634 号

昭和 54 年 4 月 23 日

大阪法務局民事行政部長　殿

法務省民事局第三課長

登記嘱託書における一棟の建物の床面積の記載の簡略化について（回答）

　本年 1 月 5 日付け不登第 1 号をもって照会のあった標記の件については，便宜左記の記載例による取扱いで差し支えないものと考えます。

　　　　　　　　記

一棟の建物の表示（床面積部分）

　1 階ないし 4 階　　　各○○○平方メートル

　5 階　　　　　　　　　○○○平方メートル

　6 階ないし 8 階　　　各○○○平方メートル

解　説

　本件照会・回答は，前掲先例 62 の事例と同様に，事務の省力化のため，区分所有建物について嘱託をする場合に，嘱託情報の内容とすべき 1 棟の建物の表示の各階の床面積のうち数個の階の床面積が同一であるときは，その床面積の表示について「何階ないし何階　各○○○平方メートル」のように簡略化して表示して差し支えないとされたものです。

　区分建物の表題登記を申請するときは，当該建物が属する 1 棟の建物の所在，土地の地番（令 3 条 8 号イ括弧書），構造及び床面積（同号へ）を申請情報の内容とするものとされており，したがって，これらの事項は区分建物の表示に関する登記の登記事項とされています（法 44 条 1 項 1 号括弧書，同項 7 号）。この規定の趣旨については前掲先例 62 で説明したとおりですが，その趣旨からすれば，申請情報において，床面積が同一である階を一括して「何階ないし何階　各○○○平方メートル」と表示したとして

も，表示が省略されているとはいえず，また，不動産の同一性の確認に当
たっても何ら支障はなく，したがって，過誤登記が生ずる可能性もないと
考えられることから，上記の回答がされたものと考えられます。

なお，本件照会は，嘱託登記における取扱いについてのものですが，登
記手続上，申請の場合と取扱いを異にしなければならない特段の理由はな
いと考えられますから，嘱託の場合に限らず，申請の場合にも同様の取扱
いをすることが認められると解されます。

第 9 区分建物　369

64 スケルトン・インフィル分譲住宅等に係る登記上の取扱いについて

（平成 14 年 9 月 18 日国住生第 121 号国土交通省住宅局長照会
平成 14 年 10 月 18 日民二第 2474 号民事第二課長依命通知）

　標記の件について，別紙甲号のとおり国土交通省住宅局長から民事局長あてに照会があり，別紙乙号のとおり回答されたので，この旨貴管下登記官に周知取り計らい願います。

別紙甲号

　　スケルトン・インフィル分譲住宅等に係る登記上の取扱いについて

　スケルトン・インフィル分譲住宅とは，長期の耐用性を有し，住まい手の多様なニーズに応えるために開発された建築構法によるものであり，購入者が分譲業者からスケルトン（躯体等）を購入し，内装業者等にインフィル（住戸内の内装・設備）を注文等し住宅として完成させる方式です。この方式によると，1 棟の建物に属する一部の住戸について，インフィル工事の完成時期が遅れる可能性があります。共同住宅については，1 棟の建物全体を一括して表示登記を行うこととされていることから，インフィル工事が未了の住戸を含む区分建物について，表示の登記を申請することが可能か疑義があります。

　そこで，スケルトン・インフィル分譲住宅の供給促進を図る観点から，その取扱いを明らかにする必要があるところ，一部にスケルトン状態の住戸を含む共同住宅の表示の登記の申請に関して，別紙のとおり取り扱うことについて登記手続上差し支えないか，照会いたします。

　なお，差し支えない場合は，この旨各法務局及び各地方法務局に周知方お取り計らい願います。

別紙

　一部にスケルトン状態を含む区分建物の表示登記の申請に関して，建物の種類を以下のとおり取り扱うこととすることについて。

1　インフィルが完成している住戸については，従来の種類の基準に従って「居宅」とする。

2 インフィルが未完成の住戸であっても，建物自体の構造，他の住戸部分等の現況及び次に掲げる添付書面等によりスケルトン状態の住戸であることが証されているものについては「居宅（未内装）」とする。

添付書面

　　ア　建築確認申請書及び同通知書【別添1】

　　　　スケルトン状態を含む区分建物の用途の記載があるもの

　　イ　仮使用承認申請書【別添2】

　　　　インフィルが完了している住戸についての仮使用承認申請書ではあるが，スケルトン状態の住戸についてもその用途の記載があるもの

　　ウ　仮使用承認通知書【別添3】

　　　　スケルトン状態以外の住戸の部分について，仮使用することを承認した旨の記載があるもの

　　エ　工事完了引渡証明書【別添4】

　　　　スケルトン状態の住戸（専用部分）の記載があるもの

3　登録免許税の課税標準額

　　建物の種類が，インフィル工事完成前の「居宅（未内装）」として登記されている建物であって，固定資産課税台帳に登録された価格のない建物について所有権の保存・移転等の登記を申請する場合の登録免許税の課税標準は，建物の種類を「倉庫」とする建物の例により認定した不動産の価格とする。

4　租税特別措置法の適用

　　住宅用家屋の取得にかかる税制上の特例措置の適用については，住宅用家屋の取得と居住の用に供したことが要件とされているため，登記簿上の建物の種類を「居宅（未内装）」からインフィル工事完成後に「居宅」に変更し，所有権の保存・移転の登記申請をすることによりはじめて，税制上の特例措置が受けられることとなる。

別添1　建築確認申請書及び同通知書

第二号様式（第一条の三、第二条、第三条関係）

確 認 申 請 書 （建築物）

（第一面）

　建築基準法第6条第1項の規定による確認を申請します。この申請書及び添付図書に記載の事項は、事実に相違ありません。

　建築主事　甲山　太郎　様

平成12年12月1日

申請者氏名　乙川不動産株式会社
代表取締役　乙川　次郎　印

設計者氏名　株式会社丙野設計事務所
代表取締役　丙野　三郎　印

※手数料欄			
￥441,000-			
※受　付　欄	※消防関係同意欄	※決　裁　欄	※確認番号欄
平成　年　月　日			平成12年12月20日
第　　　　　号			第　111　号
係員印			係員印

372　第2節 各　論

(第四面)

建築物別概要

| 【1．番号】 | 1 |

【2．用途】　（区分08030）　　共同住宅
　　　　　　（区分　　）
　　　　　　（区分　　）

【3．工事種別】
■新築 □増築 □改築 □移転 □用途変更 □大規模の修繕 □大規模の模様替

【4．構造】　　鉄筋コンクリート

【5．耐火建築物】　耐火建築物

【6．階数】
　【イ．地階を除く階数】　　3階
　【ロ．地階の階数】　　　　1階
　【ハ．昇降機塔等の階の数】　階
　【二．地階の倉庫等の階の数】　階

【7．高さ】
　【イ．最高の高さ】　　12,390m
　【ロ．最高の軒の高さ】　9,990m

【8．建築設備の種類】　電気、ガス、換気、消火、非常照明、給排水

【9．確認の特例】
　【イ．建築基準法第6条の2第1項の規定による確認の特例の適用の有無】
　　　　□有　■無
　【ロ．適用があるときは、建築基準法施行令第13条の2各号に掲げる建築物の区分】
　　　　　　　　　　　　　　　　第　　　号
　【ハ．建築基準法施行令第13条の2第1号又は第2号に掲げる住宅に該当するとき
　　　　は、当該住宅に係る型式指定番号】　　第　　　号
　【二．建築基準法第68条の20第1項に掲げる認証型式部材等に該当するときは、当
　　　　該認証番号】

【10．床面積】
　【イ．階別】　　　（申請部分　　）（申請以外の部分）（合計　　　　）
　　　　　　　（PH階）（　14.21m²）（　―　m²）（　14.21m²）
　　　　　　　（F3階）（1143.33m²）（　―　m²）（1143.33m²）
　　　　　　　（F2階）（1499.73m²）（　―　m²）（1499.73m²）
　　　　　　　（F1階）（1702.74m²）（　―　m²）（1702.74m²）
　　　　　　　（B1階）（2088.83m²）（　―　m²）（2088.83m²）
　【ロ．合計】　　　（6448.84m²）（　―　m²）（6448.84m²）

【11．屋根】　　アスファルト防水軽量コンクリート金ゴテ押え（非歩行
　　　　　　　部はアスファルト露出防水）

【12．外壁】　　コンクリートの上外壁タイル貼り

【13．軒裏】　　アクリルリシン吹付

【14．居室の床の高さ】

【15．便所の種類】　　水洗

【16．その他必要な事項】

【17．備考】

第9 区分建物　373

(第五面)

建築物の階別概要

【1．番号】	1
【2．階】	B1
【3．柱の小径】	
【4．横架材間の垂直距離】	
【5．階の高さ】	3,200mm
【6．居室の天井高さ】	2,400mm

【7．用途別床面積】

	（用途の区分	）	（具体的な用途の名称）	（床面積	）
【イ】	（ 08030	）	（共同住宅	） （ 1673.95m²）
【ロ】	（ 08500	）	（自転車駐車場	） （ 159.88m²）
【ハ】	（ 08490	）	（自転車車庫	） （ 255.00m²）
【ニ】	（	）	（	） （ m²）
【ホ】	（	）	（	） （ m²）
【ヘ】	（	）	（	） （ m²）

【8．その他必要な事項】

【9．備考】

(第五面)

建築物の階別概要

【1．番号】	1
【2．階】	F1
【3．柱の小径】	
【4．横架材間の垂直距離】	
【5．階の高さ】	3,100mm
【6．居室の天井高さ】	2,400mm

【7．用途別床面積】

	（用途の区分	）	（具体的な用途の名称）	（床面積	）
【イ.】	（ 08030	）	（共同住宅	） （ 1674.79m²）
【ロ.】	（ 08490	）	（自転車車庫	） （ 27.95m²）
【ハ.】	（	）	（	） （ m²）
【ニ.】	（	）	（	） （ m²）
【ホ.】	（	）	（	） （ m²）
【ヘ.】	（	）	（	） （ m²）

【8．その他必要な事項】

【9．備考】

374　第2節　各　論

〈建築確認通知書〉

第七号様式（第二条、第三条関係）

　　　　建築基準法第6条の2第1項の規定による

　　　　　　　確　認　済　証

　　　　　　　　　　　　　　　　　第　　111　　号
　　　　　　　　　　　　　　　　　平成12年12月20日

乙川不動産株式会社
　代表取締役　乙川　次郎　様

　　　　　　　　　　　　建築主事　甲山　太郎　印

　下記による確認申請書に記載の計画は、建築基準法第6条第1項（建築
基準法第6条の3第1項の規定により読み替えて適用される同法6条第
1項）の建築基準関係規定に適合していることを証明します。

　　　　　　　　　記

1．申請年月日
　　　　　　　　平成12年12月　1日
2．建築場所、設置場所または築造場所
　　　　　　　　東京都新宿区新宿1丁目1番1号
3．建築物、建築設備若しくは工作物又はその部分の概要
　　　　　　1）建築物の名称　　新宿マンション
　　　　　　2）敷地面積　　　　3,234.02m²
　　　　　　3）工事種別　　　　新築
　　　　　　4）建築面積　　　　1,865.52m²
　　　　　　5）延べ面積　　　　6,448.84m²
　　　　　　6）主要用途　　　　共同住宅
　　　　　　7）構造　　　　　　RC造
　　　　　　8）階数　　　　　　地上3階、地下1階

（注意）この証は、大切に保管しておいてください。

別添 2　仮使用承認申請書

第三十三号様式（第四条の十六関係）

仮使用承認申請書

（第一面）

　建築基準法第 7 条の 6 第 1 項第 1 号（同法第87条の 2 第 1 項又は第88条第 1 項若しくは第 2 項において準用する場合を含む。）の規定による仮使用の承認を申請します。

　特定行政庁　新宿区長　様

平成14年 3 月 1 日
申請者氏名　乙川不動産株式会社
代表取締役　乙川　次郎　印

【仮使用の承認を申請する建築物等】
　　■建築物　　　□建築設備（昇降機）　　□建設設備（昇降機以外）
　　□工作物（昇降機）□工作物（法第88条第1項）□工作物（法第88条第1項）

※受付欄	※建築主事　　　　印	※審査担当者　　　　　　　　　　印		
平成　年　月　日	※特記	※決裁欄	※承認番号	※特記
第　　　　号			平成　年　月　日	
係員印			第　　　　号	
			係員印	
※条件				

376　第2節　各　論

(第二面)

【1. 建築主、設置者又は築造主】
　　【イ. 氏名のフリガナ】
　　【ロ. 氏名】　　　　　乙川不動産株式会社　代表取締役　乙川　次郎
　　【ハ. 郵便番号】　　　111-1111
　　【ニ. 住所】　　　　　東京都新宿区西新宿1丁目1番1号
　　【ホ. 電話番号】　　　03-1111-1111

【2. 代理者】
　　【イ. 資格】　　　　　(1級)　建築士　　　(建設大臣)　登録第11111号
　　【ロ. 氏名】　　　　　丙野　三郎
　　【ハ. 建築士事務所名】(1級)　建築士事務所　(都知事)知事登録第22222号
　　　　　　　　　　　　　株式会社丙野設計事務所
　　【ニ. 郵便番号】　　　111-2222
　　【ホ. 所在地】　　　　東京都港区芝1丁目1番1号
　　【ヘ. 電話番号】　　　03-2222-2222

【3. 築確認】
　　【イ. 築確認番号】　　第 111 号
　　【ロ. 建築確認年月日】平成12年12月20日
　　【ハ. 確認済証交付者】建築主事　甲山　太郎

【4. 敷地の位置】
　　【イ. 地名地番】　　　東京都新宿区新宿1丁目1番1号
　　【ロ. 住居表示】　　　東京都新宿区新宿1丁目1番

【5. 設置する建築物又は工作物】
　　【イ. 所在地】　　　　東京新宿区新宿1丁目1番1号
　　【ロ. 名称のフリガナ】
　　【ハ. 名称】　　　　　新宿マンション

【6. 仮使用の用途】　　　共同住宅

【7. 工事着手予定年月日】平成13年3月1日

【8. 工事完了予定年月日】平成14年9月1日

【9. 仮使用期間】　　　　平成14年6月1日から平成14年9月1日まで

【10. 申請の理由】117号室のスケルトン状態の部分については、スケルトン住宅として別途内装設備工事（インフィル工事）を実施する

【11. 備考】別添図面の網掛けて表示する部分（本件建物の躯体、廊下、階段等の共用部分及び仮使用承認を申請する専有部分）は完成した状態にある　117号室のスケルトン住宅の部分は別途内装設備工事（インフィル工事）を行い、建築確認申請時の用途（住宅）として完成させ、完了検査申請を行なう予定てある

別添 3　仮使用承認通知書

第三十五号様式（第四条の十六関係）

仮使用承認通知書

承認番号　第　1111111　号
承認年月日　平成14年4月1日

乙川不動産株式会社
　代表取締役　乙川　次郎　様

┌─────┐
│　　　　　│
│　　　　　│
│　　　印　│
└─────┘

特定行政庁　新宿区長　戊　谷　五　郎

　下記に係る仮使用の承認の申請については、建築基準法第7条の6第1項第1号(同法第87条の2又は第88条第1項若しくは第2項において準用する場合を含む。)の規定による仮使用を承認しましたので、通知します。

記

1　申請年月日　平成14年3月1日
2　敷地の地名地番又は設置する建築物若しくは工作物の所在地及び名称
　　　東京都新宿区新宿1丁目1番1号
　　　新宿マンション
3　仮に使用し、又は使用させることができる建築物、建築設備若しくは工作物又はその部分の概要
　　　共同住宅(仮使用部分は、安全上、防火上及び避難上支障がない状態と認められる。)

(条件)
　　　別紙安全計画書の内容を遵守し、安全上、防火上又は避難上支障がないようにすること。

(注意)　この通知書は、大切に保管しておいてください。

378　第2節　各　論

別添4　工事完了引渡証明書

工事完了引渡証明書

一　建物の所在　　東京都新宿区新宿一丁目一番一号

二　建物の種類、構造

　　　種類　共同住宅
　　　構造　鉄筋コンクリート造
　　　　　　地上三階地下一階
　　　四十六戸（ただし、一一七号室はスケルトン状態）

三　床面積　　○○○○m²

四　工事種別及び完了年月日

　　平成十四年四月二十九日　新築　工事完了

五　建築主の住所氏名

　　東京都新宿区西新宿一丁目一番一号
　　乙川不動産株式会社
　　代表取締役　乙川　次郎

右のとおり建物工事を完了して引渡したものであることを証明いたします。

　　平成　　年　　月　　日

　　　　（工事請負人）　東京都中央区銀座一丁目一番一号
　　　　　　　　　　　　株式会社丁村建設
　　　　　　　　　　　　代表取締役　丁村　五郎

別紙乙号

　平成 14 年 9 月 18 日付け国住生第 121 号をもって照会のあった標記の件については，貴見のとおり取り扱われて差し支えないものと考えます。

　なお，この旨法務局長及び地方法務局長に通知したので，申し添えます。

第9 区分建物　379

解　説

　分譲住宅においては，建物の躯体（スケルトン）と住戸内部の内装，間仕切り等の設備部分（インフィル）の建築部分を区分することにより，共同住宅の骨格，構造部分が完成した段階で当該スケルトンを購入した者が，間取りやインフィルを自由に選択することができる共同住宅（スケルトン・インフィル分譲住宅）の需要が増加しています。

　ところで，区分建物が属する1棟の建物が新築された場合における当該区分建物についての表題登記の申請は，当該新築された1棟の建物に属する他の区分建物についての表題登記の申請と併せてしなければならない（法48条1項）とされているところ，本件のスケルトン・インフィル方式によると，1棟の建物に属する一部の住戸について，インフィル工事の完成時期が遅れる可能性があることから，インフィル工事が未了の住戸を含む区分建物について，表題登記を申請することが可能かどうかについて，国土交通省住宅局長から照会があったものです。

　すなわち，スケルトン・インフィル分譲住宅の購入者は，各住戸のスケルトンを購入した後に当該住戸の内装工事等を行うことになるため，多数の住戸を有する共同住宅の場合には，内装工事の内容が区々となることにより，各住戸の完成時期が異なることになると予想されることから，1棟の建物に属する一部の区分建物についての工事がすべて完了している場合には，他の区分建物については，内装工事が未了の場合であっても，1棟の建物の全部について，表題登記の申請をすることができないかについて，照会されたものです。

　スケルトン・インフィル分譲住宅に関する関連法規の取扱いについては，まず，①建築基準法上は，建築確認通知をした集合住宅の完成部分（住戸）について個別に検査を行い，仮使用の承認を与えることが可能とされており（同法7条の6第1項1号），スケルトン住宅部分については，インフィル部分の工事が完了したときに再度検査を行い，検査済証を交付しています。また，②宅地建物取引業法では，スケルトン住宅以外の専有部分について，売買契約書にスケルトン部分が将来「居宅」となることを

記載し，スケルトン住宅部分についても，売買契約書で定められた期間内にインフィル工事を行い，引渡しは，当該工事の後となることの説明が義務付けられています。さらに，③消防法においては，建物が完成すると防火上の問題の有無について確認し，スケルトン状態の建物は，完成として取扱い，内装工事が完了し使用開始ごとに審査するものとされています。

　以上のように，スケルトン・インフィル分譲住宅の需要が高まっていること，建物に関する関連法規がスケルトン住宅について規定を設けていること等の事情が考慮されて，本件回答においては，一部にスケルトン状態の住戸を含む区分建物についても，他の区分建物についての表題登記の申請と併せて（一括して），表題登記を申請することができるとされたものです。

　なお，本件回答においては，一部にスケルトン状態を含む区分建物の表題登記の申請情報における建物の種類の表示は，①インフィルが完成している住戸については，従来の種類の基準に従って「居宅」とし，②インフィルが未完成の住戸であっても，建物自体の構造，他の住戸部分等の現況及び次に掲げる添付情報等によりスケルトン状態の住戸であることが証されているものについては「居宅（未内装）」とするものとされています。また，建物の種類を「居宅（未内装）」とする場合には，添付情報として，①スケルトン状態を含む区分建物の用途の記載がある建築確認申請書及び同通知書，②インフィルが完了している住戸についての仮使用承認申請書ではあるが，スケルトン状態の住戸についてもその用途の記載がある仮使用承認申請書，③スケルトン状態以外の住戸の部分について，仮使用することを承認した旨の記載がある仮使用承認通知書，④スケルトン状態の住戸（専用部分）の記載がある工事完了引渡証明書を提供するものとされています。

関連質疑

表実第 5 巻 204 頁　問 70

　「共同住宅の躯体工事と内装工事を分けて行う場合に 1 棟の建物の一部

の住戸について内装等の工事が完了した段階で1棟の建物全体について一括して表題登記を申請することの可否」

65 区分された一棟の建物の代位による表示の変更の登記について

（昭和 40 年 1 月 6 日登第 7 号熊本地方法務局長照会
昭和 40 年 4 月 21 日民事甲第 836 号民事局長回答）

▎照会

　区分された建物の一棟の建物の表示の変更又は更正の登記は，その一棟の建物に属する未登記の専有部分の建物の所有者から，既登記の専有部分の建物の所有者に代位して申請することができると考えますが，この場合の代位原因については左記のうち(イ)説が，代位原因を証する書面としては未登記の専有部分の建物の所有権を証する書面が，それぞれ相当と考えられますが，いかがでしょうか。いささか疑義がありますので，御指示をお願いいたします。

　　　　　　記
　(イ)　区分所有
　(ロ)　専有部分の建物の表示の登記をするため

▎回答

　本年 1 月 6 日付登第 7 号をもって問合せのあった標記の件については，代位による登記の申請をすることができないものと考える。
　おって，未登記の専有部分の建物の所有者が当該区分建物の表示の登記を申請するときに，申請書にその属する一棟の建物の現在（変更又は更正後）の表示をするほか，登記簿上の一棟の建物をも表示するのが相当であり，この場合には，登記官は職権で既に登記されている一棟の建物の表示の変更（又は更正）の登記をしたうえ，当該申請にかかる区分建物の表示の登記をすべきものと考えるので，念のため申し添える。

解　説

　本件は，区分された 1 棟の建物の表示の変更又は更正の登記は，その 1

棟の建物に属する未登記の専有部分の建物の所有者から，既登記の専有部分の建物の所有者に代位して申請することができるか，できるとした場合の代位原因及び代位原因を証する情報について，照会されたものです。

債権者は，自己の債権を保全するため，債務者に属する権利を行使することができる（民法423条1項。債権者代位権）とされており，この民法の規定その他の法令の規定により他人（債務者）に代わって登記を申請するときは，申請人が代位者である旨，当該他人の氏名又は名称及び住所並びに代位原因を申請情報の内容とし（令3条6号），併せて，代位原因を証する情報を提供しなければならないとされています（令7条1項3号）。

債権者代位権を行使するための自己の「債権」には，登記請求権も含まれると解されていますから，登記権利者が，自己の登記請求権を保全するために登記義務者の有する登記請求権を，当該登記義務者に代わって行使することができることになります。

ところで，本件は，単に区分された1棟の建物の表示の変更又は更正の登記を申請する場合であり，既登記の専有部分の建物の所有者を債務者とするものではないことから，民法423条の規定は適用されないものと解されます。また，登記された区分建物が属する1棟の建物の構造及び床面積（法44条1項7号）又はその名称（同項8号）等に掲げる登記事項について変更があったときは，表題部所有者又は所有権の登記名義人は，当該変更があった日から1か月以内に，当該登記事項に関する変更の登記を申請しなければならない（法51条1項）とされていることから，未登記の専有部分の建物の所有者から，代位による登記申請はできないものと解されます。

そして，本件の未登記の専有部分の建物の所有者が当該区分建物の表題登記を申請するときに，単に変更又は更正後の1棟の建物だけを表示した場合，既登記の1棟の建物の表示と異なることになり，その同一性が認められないことになります。したがって，この場合には，申請情報として，変更又は更正後の1棟の建物を表示するほか，登記記録上の1棟の建物をも表示するのが相当であり，また，登記官は，職権で既に登記されている1棟の建物の表示の変更又は更正の登記をした上で，当該申請に係る区分建物の表題登記をすべきであるとされたものと考えられます。

66 区分所有の建物の建物図面及び附属建物が区分所有の建物である場合の申請書及び登記の記載

（昭和38年9月30日民事甲第2661号民事局長通達）

　区分所有の建物の建物図面及び附属建物が区分所有の建物である場合の申請書及び登記の記載については，次のように取り扱うのが相当と考えるので，この旨管下登記官吏に周知方しかるべく取り計らわれたい。

　　　　　記
一　区分所有の建物図面において，当該区分された建物の位置を明確にするには，別紙の例示のように図示し，かつ，1棟の建物が平家建以外の建物である場合には，当該区分された建物の存する階層を適宜の個所に，例えば，「建物の存する部分3階」，「建物の存する部分4階，5階」のように記載する。
二　主たる建物とその附属建物とが同一の1棟の建物に属する区分された建物である場合には，申請書及び登記用紙中表題部の附属建物の表示欄に附属建物を表示するには，当該1棟の建物の所在，構造及び床面積を記載することを要しない。

別紙
例1

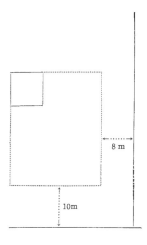

例 2

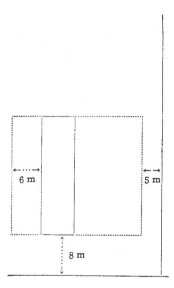

例 3

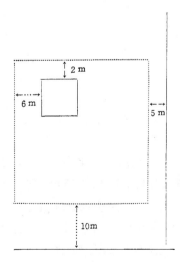

解　説

　本件は，区分所有建物の図面の作成要領と，主である建物とその附属建物とが同一の１棟の建物に属する区分建物である場合の申請情報及び登記記録の簡略化について，①区分所有の建物図面について，当該区分された建物の位置を明確にするため，１棟の建物の形状を点線をもって，また，区分所有建物の位置形状を実線をもって図示し，さらに，敷地と１棟の建物の距離をも図示し，１棟の建物が平家建以外の建物である場合には，当該区分された建物の存する階層を適宜の個所に，例えば，「建物の存する部分３階」，「建物の存する部分４階，５階」のように記載し，②主である建物とその附属建物とが同一の１棟の建物に属する区分された建物である場合には，申請情報及び登記記録中表題部の附属建物の表示欄に附属建物を表示するには，当該１棟の建物の所在，構造及び床面積を記載することを要しないとされたものです。

　この取扱いは，現行法においても踏襲されており，区分建物の建物図面は，その地上の最低階の位置及び形状を明確にするものでなければならず（規則82条１項），区分建物が属する１棟の建物の１階の形状については，点線をもって明確にし，区分建物が１階以外の部分に存するときは，その存する階層を，例えば「建物の存する部分３階」，「建物の存する部分４階，５階」のように記録するものとされており（準則52条２項），また，区分建物が１階以外の部分に存する場合において，その建物（その建物が２階以上である場合にあっては，その１階）の存する階層の形状と異なるときは，１点鎖線をもってその階層の形状を明確にするものとされています（同条３項）。また，附属建物が主である建物と同一の１棟の建物に属するものである場合において，当該附属建物に関する登記事項を記録するときは，その１棟の建物の所在する市，区，郡，町，村，字及び土地の地番並びに構造及び床面積を記録することを要しない（準則89条）とされていることから，申請情報においても，これらをその内容とすることを要しないことになります。

第9　区分建物　387

67　区分所有の建物の平面図について

（昭和 39 年 7 月 2 日登第 470 号新潟地方法務局長照会
　昭和 39 年 8 月 7 日民事甲第 2728 号民事局長回答）

▌照会

　区分所有の建物の表示に関する登記を申請する場合，1 棟の建物の各階の平面図をも添付を要すると考えますが，疑義がありますので至急何分の御指示を賜わりたくお伺いします。

▌回答

　7 月 2 日付登第 470 号をもって問合せのあった標記の件については，添付を要しないものと考える。

解　説

　建物の表題登記の申請には，建物図面のほか，各階平面図をも提供するものとされており（令別表 12 の項添付情報欄ロ），当該各階平面図には，縮尺，各階の別，各階の平面の形状，1 階の位置，各階ごとの建物の周囲の長さ，床面積及びその求積方法並びに附属建物があるときは主である建物又は附属建物の別及び附属建物の符号を記録するものとされています（規則 83 条 1 項）。

　本件は，建物が区分建物であるときは，当該建物が属する 1 棟の建物の構造及び床面積を申請情報の内容とする（1 棟の建物の名称を申請情報の内容とした場合を除きます。令 3 条 8 号ヘ・ト参照）ものとされていることから，区分所有建物の表題登記を申請する場合にも，1 棟の建物の各階平面図を提供しなければならないのではないかとの疑義が生じたことから，照会されたものと考えられます。

　しかし，区分所有建物にあっては，各専有部分が権利の客体となるものであり，区分建物の登記は，権利の客体である区分建物そのもののために

388　第2節　各　論

される登記ですから，1棟の建物全体の表示は，当該区分建物を明らかに
するために，申請情報の内容とされているに過ぎないと考えられます。し
たがって，区分建物の表題登記の対象でない1棟の建物については，各階
平面図の提供を要しないとされたものと考えられます。

第9 区分建物　389

68 区分所有の目的となる建物の各階平面図の作成について

（昭和 39 年 10 月 22 日首都建発第 522 号財団法人首都圏不燃建築公
社会長照会
　昭和 40 年 2 月 27 日民事三発第 232 号民事第三課長依命回答）

▌照会

　標記の件については，不動産登記事務取扱手続準則第 127 条第 12 号の
規定により内壁でかこまれた部分の水平投影面積の方法により作成するも
のとありますが，現状が柱と壁を兼ねている部分すなわち本来の壁面より
柱状に凹凸している場合等の取扱いは，次のような方法により作成し算積
すべきものと考えられますが，何分のご指示を賜りたくお伺いします。
　　　　　記
一　第 1 図（い）の場合には（ろ）図の如く取り扱う。
二　第 2 図（い）の場合には（ろ）図の如く取り扱う。

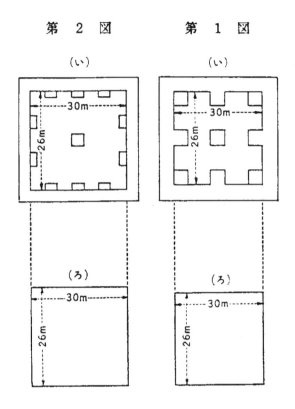

回答

　昭和39年10月22日付首都建発第522号をもって民事局長あて照会のあった標記の件については，一，二いずれも貴見のとおりと考えます。

解説

　本件は，区分建物の床面積は，壁その他の区画の内側線で囲まれた部分の水平投影面積により定めるものとされ（規則115条），また，各階平面図には，縮尺，各階の別，各階の平面の形状，1階の位置，各階ごとの建物の周囲の長さ，床面積及びその求積方法並びに附属建物があるときは主である建物又は附属建物の別及び附属建物の符号を記録するものとされてい

第9　区分建物　391

る（規則 83 条 1 項）ところ，区分建物の内壁に凹凸がある場合の床面積の
求積及び各階平面図の作成方法について，照会されたものです。

　そこで，本件のように，現状が柱と壁を兼ねている部分すなわち本来の
壁面より柱状に凹凸している場合等であっても，凹凸の部分を内壁として
床面積を積算するのが原則であると考えられますが，常に同様の方法に
よって積算しなければならないとすることは，多様な様々の形態を有する
建物については厳格過ぎるともいえそうです。したがって，このような場
合には，建物の実情に即した床面積の積算方法が認められてもよいと考え
られます。そこで，本件の凹凸がある場合の建物の床面積の求積及び各階
平面図の作成方法については，照会文に示された第 1 図及び第 2 図のとお
り取り扱って差し支えないとされたものと考えられます。

392　第2節　各　論

4　敷地権

69　建物の区分所有等に関する法律及び不動産登記法の一部改正に伴う登記事務の取扱いについて（抄）

（昭和58年11月10日民三第6400号民事局長通達）

　建物の区分所有等に関する法律及び不動産登記法の一部を改正する法律（昭和58年法律第51号），不動産登記法施行細則の一部を改正する省令（昭和58年法務省令第34号）等が公布され，昭和59年1月1日から施行されるので，これに伴う不動産登記事務の取扱いについては，左記の諸点に留意されたく，この旨貴管下登記官に周知させ，その事務の処理に遺憾のないよう取り計らわれたい。

　　　　　　記

第一　敷地権

　一　建物の敷地

　　1　建物の敷地とは，建物が所在する土地（以下「法定敷地」という。）及び区分所有者が建物及び法定敷地と一体として管理又は使用をする庭，通路，その他の土地で規約により建物の敷地とされた土地（以下「規約敷地」という。）をいう（建物の区分所有等に関する法律及び不動産登記法の一部を改正する法律（以下「改正法」という。）による改正後の建物の区分所有等に関する法律（以下「区分所有法」という。）第2条第5項）。

　　2　庭，通路，広場，駐車場，テニスコート，附属施設の敷地等，建物及び法定敷地と一体として管理又は使用をする土地は，法定敷地と必ずしも隣接していなくても，規約敷地とすることができる。また，他の建物の法定敷地又は規約敷地となっている土地を規約敷地とすることも妨げない。

　　3　規約敷地と定められた土地は，その土地を建物及び法定敷地と一体として管理又は使用をすることが不可能であると認めるべき特段の事情がない限り，規約敷地として取り扱って差し支えない。

第 9　区分建物　393

二　敷地利用権

1　専有部分とその専有部分に係る敷地利用権とは，原則として，分離して処分することができない（区分所有法第22条第1項本文，第3項）。

2　1の場合において，区分所有者が1人で数個の専有部分を所有するときは，各専有部分と分離して処分することができない敷地利用権の割合は，規約により定めた割合があるときはその割合（以下「規約割合」という。）により，規約割合がないときは各専有部分の床面積の割合による（区分所有法第22条第2項，第3項）。

3　専有部分とその専有部分に係る敷地利用権とは，これを分離して処分することができる旨の規約（以下「分離処分可能規約」という。）があるときは，1にかかわらず，分離して処分することができる（区分所有法第22条第1項ただし書，第3項）。

4　敷地利用権の一部（持分の一部）についてのみ専有部分と分離して処分することができる旨の分離処分可能規約も設定することができる。

5　最初に建物の専有部分の全部を所有する者は，単独で，規約敷地を定める規約，規約割合を定める規約及び分離処分可能規約を設定することができる。ただし，この場合の規約の設定は，公正証書によってすることを要する（区分所有法第32条）。

6　建物の敷地が数筆あって，数人の区分所有者がそれらの敷地をそれぞれ単独で所有する場合（タウンハウス，棟割長屋型建物の敷地等にみられるいわゆる分有の場合）については，区分所有法第22条の規定は適用されない。

三　敷地権

1　敷地権とは，土地の登記簿に登記された所有権，地上権又は賃借権であって建物又は附属建物と分離して処分することができないものをいう（改正法による改正後の不動産登記法（以下「法」という。）第91条第2項第4号）。

2　敷地権の表示は，建物の表示の登記事項の一に属し（法第91条第

2項第4号参照），建物の表示の登記において登記されるほか，建物の表示の変更若しくは更正の登記又は建物の区分の登記の手続によって登記されることもある（第五の二，第八の一の2，第九の一の2参照）。

3　一棟の建物を区分した建物（以下「区分建物」という。）の所有者，表題部に記載された所有者又は所有権の登記名義人が建物の敷地の所有権，地上権又は賃借権の登記名義人であるとき（分有の場合を除く。二の6参照）は，これらの権利を敷地権として認定して差し支えない。ただし，分離処分可能規約の設定を証する書面その他これらの権利が敷地権でないことを証する書面（法第93条ノ3第5項参照）が提出されたときはこの限りでない。

4　登記官は，敷地権の表示に関して登記をする場合において，必要があるときは，敷地権の存否，割合等について調査をすることができる（法第50条）。

第二　建物の表示の登記

一　一括申請

1　区分建物の表示の登記の申請は，敷地権の有無にかかわらず，その所有権を原始的に取得した者（以下「原始取得者」という。）から，新築後1か月内に，その一棟の建物に属する他の区分建物の全部の表示の登記の申請と共にすることを要する（法第93条第1項，第93条ノ2第1項）。

2　1の申請は，一棟の建物に属する区分建物の全部につき同一の申請書で申請することを要する。ただし，一棟の建物に属する区分建物の全部についてその申請がされれば，各別の申請書によっても差し支えない。

3　一棟の建物に属する区分建物の一部について表示の登記の申請があったときは，その申請を法第49条第4号により却下するものとする。ただし，この場合においても，直ちにその申請を却下することなく，当該申請人又はその一棟の建物に属する他の区分建物の所有者に，表示の登記又は代位による表示の登記（二参照）の申請を

催告するものとする。

　4　区分建物でない建物（以下「非区分建物」という。）に接続して建物を新築したことにより区分建物が生じた場合における当該新築に係る区分建物の表示の登記の申請は，他の建物についてする非区分建物の区分建物への変更の登記の申請と共にすることを要する（法第93条ノ2第2項）。

　　この場合の共にする申請については，3に準じて取り扱うものとする。

二　代位による申請

　1　区分建物の所有者は，一棟の建物に属する他の区分建物の所有者に代位して，その他の区分建物の表示の登記を申請することができる（法第93条ノ2第3項）。また，一の4の場合においては，新築に係る区分建物の所有者は，他の建物の登記用紙中表題部に記載された所有者又は所有権の登記名義人に代位してその建物の表示の変更の登記を申請することができる（同条第4項，なお，第七の一の2参照）。

　2　1により代位登記を申請するときは，申請書に，代位原因として，法第93条ノ2第3項（又は第4項）による代位たる旨を記載することを要し，また代位原因を証する書面として，代位者が同一の一棟の建物に属する区分建物の所有権を取得したことを証する書面を添付することを要する（同条第5項，法第46条ノ2）。この場合の代位原因を証する書面は，他の申請書に添付した所有権を証する書面（法第93条第2項参照）を援用して差し支えない（不動産登記法施行細則（以下「細則」という。）第44条ノ9）。

　3　1の申請により登記をしたときは，表題部に記載した所有者又は所有権の登記名義人にその登記をした旨を通知することを要する（法第62条）。

三　転得者からの申請

　1　区分建物の所有権の原始取得者からその所有権を取得した者（以下「転得者」という。）は，区分建物の表示の登記の申請をすること

ができない（法第93条第3項）。ただし，原始取得者がその申請を
しないときは，転得者は，原始取得者に代位してその申請をするこ
とができる（民法第423条）。

2 区分建物の表示の登記をする前に原始取得者が死亡したときは，
その相続人から，原始取得者を所有者とする区分建物の表示の登記
を申請することができる。

四 申請書の記載

1 建物又は附属建物につき敷地権がある場合において，建物の表示
の登記を申請するときは，申請書に敷地権の表示を記載することを
要する（法第93条ノ3第1項）。

敷地権の表示の記載は，敷地権の目的たる土地の所在，地番，地
目及び地積並びに敷地権の種類及び割合を記載してするものとす
る。この場合において，主たる建物及び附属建物が共に区分建物で
あるときは，主たる建物に係る敷地権と附属建物に係る敷地権とを
区別して記載するものとする。

2 1の申請書には，敷地権の表示の登記原因及びその日付をも記載
することを要する（法第36条第1項第4号）。

この場合の登記原因の日付は，建物の所有者が建物の新築，建物
の区分等により区分建物が生じた日前から建物の敷地につき登記し
た所有権，地上権又は賃借権を有していたときはその区分建物が生
じた日であり，また区分建物が生じた後にその建物の敷地につき登
記した所有権，地上権又は賃借権を取得したときはその取得の登記
の日である。

五 申請書の添付書類

1 敷地権の目的たる土地が規約敷地であるとき，又は敷地権の割合
が規約割合によるものであるときは，四の1の申請書にその規約を
証する書面を添付することを要し（法第93条ノ3第2項，第3項），
また敷地権の目的たる土地に他の登記所の管轄に属するものがある
ときはその登記簿の謄本を添付することを要する（同条第4項）。

2 区分所有者が法定敷地につき登記された所有権，地上権又は賃借

権を有する場合において，これらの権利が敷地権でないものとして建物の表示の登記を申請するときは，四の1の申請書には，これらの権利が敷地権でないことを証する書面（分離処分可能規約を証する書面等）を添付することを要する（法第93条ノ3第5項）。

3　登記された土地の所有権，地上権又は賃借権の一部が敷地権でない場合（第一の二の4参照）は，その一部が敷地権でないことを証する書面（分離処分可能規約を証する書面）を添付することを要する。

4　1から3までの場合の「規約を証する書面」は，規約を設定した公正証書（区分所有法第32条参照）の謄本，規約の設定を決議した集会の議事録（同法第42条参照）又は区分所有者全員の合意により規約を設定した合意書（同法第45条参照）とする。ただし，議事録又は合意書には，公証人の認証がある場合を除き，議事録又は合意書に署名押印した者の印鑑証明書を添付するものとする。

第三　敷地権の表示の登記

一　一棟の建物の表題部の記載

1　区分建物又はその附属建物につき初めて敷地権の表示を登記するときは，細則附録第3号ノ3様式による一棟の建物の表題部中「敷地権の目的たる土地の表示」欄に，敷地権の目的たる土地の所在，地番，地目及び地積並びにその土地の符号を記載するものとする（細則第49条ノ4第1項）。

2　1の場合には，「敷地権の目的たる土地の表示」欄の第1行から，敷地権の目的たる土地1筆ごとに1行を用い，「所在及び地番」，地目及び地積の各欄に，敷地権の目的たる土地の所在及び地番，地目並びに地積を記載し，「土地の符号」欄に土地の符号を「1」「2」「3」のように記載した上，「登記の日付」欄に登記の年月日を記載して登記官が押印するものとする。

二　区分建物の表題部の記載

1　敷地権の表示を登記するとき（三の場合を除く。）は，一による記載をするほか，細則附録第3号ノ4様式による区分建物の表題部中「敷地権の表示」欄に，敷地権の目的たる土地の符号，敷地権の種

類及び割合並びに登記原因及びその日付を記載するものとする（細則第49条第4項本文，第5項）。

2　1の場合には，「敷地権の表示」欄の第1行から，各敷地権ごとに1行を用い，「土地の符号」欄には一棟の建物の表題部中「敷地権の目的たる土地の表示」欄に記載された土地の符号を記載し，「敷地権の種類」欄には所有権，地上権又は賃借権の別を，また「敷地権の割合」欄には敷地権の割合を「100分の3」のようにそれぞれ記載し，「原因及びその日付」欄には敷地権の表示の登記原因及びその日付を「年月日敷地権」のように記載した上，「登記の日付」欄に登記の年月日を記載して登記官が押印するものとする。ただし，敷地権の目的たる土地が数筆ある場合において，敷地権の種類及び割合並びに登記原因及びその日付が同一であるときは，土地の符号を「1・2」のように記載した上，1行にまとめて記載して差し支えない。

3　2の場合において，敷地権が附属建物に係るものであるときは，「原因及びその日付」欄にその敷地権がその附属建物に係るものである旨をも記載することを要する（細則第49条第6項）。

三　非区分建物の附属建物に係る敷地権の表示の記載

1　主たる建物が非区分建物である場合においては，附属建物に係る敷地権の表示の記載は，「附属建物の表示」欄中構造欄に，敷地権の目的たる土地の所在，地番，地目及び地積並びに敷地権の種類及び割合を記載してするものとする（細則第49条第4項ただし書）。この場合において，構造欄に全部を記載することができないときは，次行にわたって記載して差し支えない（不動産登記事務取扱手続準則（以下「準則」という。）第151条第1項）。

2　1の場合においては，「附属建物の表示」欄中「原因及びその日付」欄に敷地権の表示の登記原因及びその日付として「年月日敷地権」のように記載するものとする。

第四　敷地権たる旨の登記
一　敷地権たる旨の登記

第9 区分建物 399

1 建物について敷地権の表示を登記したときは，敷地権の目的たる土地の登記用紙中相当区事項欄に，主登記により，敷地権たる旨の登記をすることを要する（法第93条ノ4第1項）。

2 敷地権たる旨の登記は，何権利が敷地権たる旨及びその敷地権の表示を登記した建物を表示するに足るべき事項並びに登記の年月日を記載し，登記官が押印してするものとする（法第93条ノ4第2項）。

この場合において，何権利が敷地権たる旨の記載は，「所有権敷地権」「共有者全員持分全部敷地権」のように記載するものとし，また敷地権の表示を登記した建物を表示するに足るべき事項の記載は，一棟の建物の所在の郡，市，区，町，村，字及び地番，一棟の建物の番号（第十七参照）並びに区分建物の家屋番号を記載してするものとする。ただし，一棟の建物の番号がないときは，一棟の建物の構造及び床面積を記載することを要し，また区分建物の全部につき敷地権があるときは，各区分建物の家屋番号の記載を要しないものとする。

二 共同人名票の処理 （省略）

三 他の登記所への通知

1 敷地権の目的たる土地が他の登記所の管轄に属する場合において，敷地権の表示を登記したときは，遅滞なく，その登記所に一により記載すべき事項を通知することを要する（法第93条ノ4第3項）。

この場合の通知は，附録第1号の様式による通知書により行うものとする。

2 1の通知を受けた登記所は，受付手続をした上，遅滞なく，登記用紙中相当区事項欄に通知を受けた事項を記載し，受付の年月日及び受付番号を記載して登記官が押印するものとする（法第93条ノ4第4項）。

3 2の場合において，通知に係る土地について，通知書に記載された敷地権たる所有権，地上権又は賃借権の移転又は抹消の登記がさ

400　第2節　各　論

れたことその他の事由により敷地権たる旨の登記をすることができ
ないときは，遅滞なく，通知を発した登記所にその旨を適宜の書面
で通知し，1の通知書を，処理不能として，当該書面の写しと共に
申請書類綴込帳に編てつするものとする。

4　3の通知を受けた登記所は，遅滞なく，一棟の建物の表題部中
「敷地権の目的たる土地の表示」欄及び区分建物の表題部中「敷地
権の表示」欄に記載した表示を，第六の二又は第八の二の2に準じ
て朱抹するものとする。

第五　建物の表示の変更の登記（その1 ──敷地権の表示を登記する場合）

一　登記申請手続

1　建物の表示の登記がされた後に敷地権が生じたとき（敷地権が追
加的に生じた場合を含む。）は，その建物の表題部に記載された所有
者又は所有権の登記名義人は，建物の表示の変更の登記を申請する
ことを要する（法第93条ノ5第1項）。この場合においては，申請
書に当該敷地権の表示を記載することを要するが（同条第2項），そ
の記載については，第二の四の1後段に準ずるものとする。

2　1の場合において，敷地権が規約敷地を定める規約の設定により
生じたものであるときは，申請書にその規約を証する書面を添付す
ることを要する（法第93条ノ6第1項）。

3　1の場合において，敷地権が分離処分可能規約の廃止その他の事
由により生じたものであるときは，申請書にその規約を廃止したこ
とを証する書面その他これを証する書面を添付することを要する
（法第93条ノ6第4項）。

4　1の登記を申請する場合において，規約割合が定められていると
きはその規約を証する書面を，また敷地権の目的たる土地が他の登
記所の管轄に属するものであるときはその登記簿の謄本を添付する
ことを要する（法第93条ノ6第7項，第93条ノ3第3項，第4項）。

5　2及び4の「規約を証する書面」又は3の「規約を廃止したこと
を証する書面」については，第二の五の4に準じて取り扱うものと

する。

二　敷地権の表示の登記

　　一の1の場合における建物の表示の変更の登記においては，第三に準じて敷地権の表示を登記することを要する。この場合においては，敷地権の表示の登記原因及びその日付として「年月日敷地権」のように記載するものとする。

三　敷地権たる旨の登記

　　二により敷地権の表示を登記したときは，第四に準じて敷地権の目的たる土地の登記用紙中相当区事項欄に敷地権たる旨の登記をすることを要する（法第93条ノ15第1項，第93条ノ4）。

四　建物のみに関する旨の付記

　1　敷地権の表示を登記した建物につき所有権の登記以外の所有権に関する登記（所有権に関する仮登記，買戻しの特約の登記，差押えの登記等）があるときは，その登記に建物のみに関する旨を付記することを要する（法第93条ノ15第2項本文）。

　　その建物につき一般の先取特権，質権又は抵当権に関する登記があるとき（敷地権につきこれらの登記と登記原因，その日付，登記の目的及び受付番号が同一の登記があるときを除く。五の1，第十五の四の2後段参照）も同様である（同項本文）。

　2　1の建物のみに関する旨の付記をするときは，「何番登記は建物のみに関する」のように記載し，登記の年月日を記載して登記官が押印するものとする。

　3　建物についてされた特別の先取特権又は賃借権に関する登記には，建物のみに関する旨の付記をすることを要しない。

五　登記の抹消

　1　建物について一般の先取特権，質権又は抵当権に関する登記がされている場合において，その登記が敷地権についてされている登記と登記原因，その日付，登記の目的及び受付番号が同一であるときは，敷地権についてされているこれらの登記を抹消することを要する（法第93条ノ15第3項）。

402　第2節 各 論

　　2　1により登記を抹消するときは，何番の登記を法第93条ノ15第
　　3項の規定により抹消する旨及び登記の年月日を記載して登記官が
　　押印し，その抹消すべき登記を朱抹するものとする（法第147条第
　　1項，細則第61条ノ2第1項）。
　　3　1の登記に関する共同担保目録には何らの措置をすることを要し
　　ない。

第六　建物の表示の変更の登記（その2──敷地権の表示の登記を抹消する場合）

　一　登記申請手続
　　1　建物につき敷地権としてその表示を登記した権利が敷地権でない
　　権利となったとき，又はその権利が消滅したときは，建物の表題部
　　に記載された所有者又は所有権の登記名義人は，建物の表示の変更
　　の登記を申請することを要する（法第93条ノ5第1項）。
　　2　規約敷地を定めた規約を廃止したことにより敷地権が敷地権でな
　　い権利となったときは，1の登記の申請書には，その規約を廃止し
　　たことを証する書面を添付することを要する（法第93条ノ6第2
　　項）。
　　3　分離処分可能規約の設定により敷地権が敷地権でない権利となっ
　　たときは，1の登記の申請書には，その規約を証する書面を添付す
　　ることを要する（法第93条ノ6第3項）。
　　4　2の「規約を廃止したことを証する書面」及び3の「規約を証す
　　る書面」については，第二の五の4に準じて取り扱うものとする。
　　5　2及び3以外の事由により敷地権が敷地権でない権利となったと
　　き（例えば，収用裁決により起業者に所有権が移転したとき，執行裁判
　　所の売却の許可により買受人に所有権が移転したとき等）は，1の登記
　　の申請書には，その事由を証する書面を添付することを要する（法
　　第93条ノ6第3項）。
　　6　2，3及び5の場合において，敷地権の表示を登記した建物につ
　　き一般の先取特権，質権又は抵当権の登記で建物のみに関する旨の
　　付記のないものがあるときは，法第81条ノ4第2項の規定に準じ

て，1の登記の申請書に共同担保目録を添付することを要する（法
第93条ノ6第5項）。

二　敷地権の表示の登記の抹消

　　1　区分建物又はその附属建物に係る敷地権が敷地権でない権利と
　　なった場合又はその権利が消滅した場合における建物の表示の変更
　　の登記においては，区分建物の表題部の「敷地権の表示」欄中の当
　　該敷地権の表示の下の「原因及びその日付」欄に「年月日非敷地
　　権」又は「年月日敷地権消滅」のように記載し，「登記の日付」欄
　　に登記の年月日を記載して登記官が押印し，当該敷地権の表示を朱
　　抹するものとする。

　　2　一棟の建物の表題部の「敷地権の目的たる土地の表示」欄に記載
　　した土地を目的とする敷地権の表示の登記を全部抹消したときは，
　　同欄中の当該土地の表示の記載の下の「登記の日付」欄に「年月日
　　敷地権表示登記全部抹消」のように記載し，登記の年月日を記載し
　　て登記官が押印し，当該土地の表示を朱抹するものとする。

　　3　非区分建物の附属建物に係る敷地権が敷地権でない権利となった
　　場合又はその権利が消滅した場合における建物の表示の変更の登記
　　の手続は，準則第161条の規定による。

三　敷地権たる旨の登記の抹消

　　二の1又は3の手続をしたときは，当該敷地権の目的たる土地につ
　いてした敷地権たる旨の登記を抹消することを要する（法第93条ノ
　16第1項）。

　　この場合には，何番の登記を敷地権表示変更登記により抹消する旨
　及び登記の年月日を記載して登記官が押印し，抹消すべき敷地権たる
　旨の登記を朱抹するものとする。

四　権利及び権利者の表示

　　三により敷地権たる旨の登記を抹消したとき（敷地権が消滅したこ
　とによる場合を除く。）は，三の土地の登記用紙中相当区事項欄に，建
　物の登記簿に基づき，敷地権でなくなった権利及びその権利者を表示
　することを要する（法第93条ノ16第2項）。

この場合の権利及び権利者の表示は，敷地権が所有権であるときは主登記により，敷地権が地上権又は賃借権であるときは当該地上権又は賃借権の各設定登記の付記登記によりするものとし，敷地権たる旨の登記の抹消により所有権の登記をする旨又は地上権者若しくは賃借権者及びその持分の登記をする旨，所有者又は地上権者若しくは賃借権者の住所及び氏名並びに登記の年月日を記載して登記官が押印するものとする。

五　登記の転写

1　四の手続をすべき場合において，建物につき法第110条ノ15第1項又は第140条ノ3第2項の規定により敷地権について同一の登記原因による相当の登記たる効力を有する登記（ただし，敷地権の移転の登記たる効力を有するものを除く。）があるときは，その登記を土地の登記用紙中相当区事項欄に転写することを要する（法第93条ノ16第3項）。

この場合においては，転写した事項の末尾に，法第93条ノ16第3項の規定により家屋番号何番の建物の登記用紙から転写した旨及びその年月日を記載して登記官が押印するものとする（法第93条ノ16第5項，第76条第2項）。

2　1の場合には，法第83条第1項後段及び第2項から第6項までの規定が準用される（法第93条ノ16第5項。なお，細則第57条ノ2第3項参照）。

六　新用紙への転写及び移記

1　五により登記を転写すべき場合において，土地の登記用紙中相当区事項欄にその転写すべき登記に後れる登記（法第110条ノ15第2項，第140条ノ3第2項参照）があるときは，それらの登記に係る権利の順序に従って，相当区の新用紙に，区分建物の登記用紙及び土地の登記用紙から登記を転写し，及び移記することを要する（法第93条ノ16第4項）。

この場合においては，転写し，又は移記した事項の末尾に，法第93条ノ16第4項の規定により転写し，又は移記した旨及び登記の

年月日を記載して登記官が押印するものとする（法第93条ノ16第5項，第76条第2項）。

2 1により移記をしたときは，前の各区の用紙に法第93条ノ16第4項の規定により新用紙に登記を移記した旨，その土地の所在及び地番並びに登記の年月日を記載して登記官が押印するものとする（細則第64条ノ2第2項）。

3 2の手続をした用紙は，閉鎖登記簿に編てつすることを要する（法第93条ノ16第5項，第76条第5項，第24条ノ2）。

七 共同担保目録の処理

1 一の6の場合において，既に共同担保目録が提出されているときは，法第128条第1項後段及び細則第57条ノ4第2項の規定により所要の手続をするものとする。

2 一の6の場合において，一般の先取特権，質権又は抵当権の目的たる不動産に関する権利が他の登記所の管轄に属するときは，共同担保目録を他の登記所に送付することを要する（法第128条第2項）。

3 登記官は，一の6の一般の先取特権，質権又は抵当権の登記がある建物につき職権で一の1の建物の表示の変更の登記をするとき（敷地権が消滅したことによる場合を除く。）は，法第81条ノ4第3項の規定に準じて共同担保目録を作成することを要するが（法第93条ノ6第6項），この場合においても，1及び2に準ずる手続をするものとする。

八 他の登記所への通知

1 二の1の登記をした場合において，敷地権の目的たる土地が他の登記所の管轄に属するときは，その登記所に，遅滞なく，その登記をした旨並びに四及び五により記載し，又は転写すべき事項を通知することを要する（法第93条ノ16第6項）。

この通知は，附録第2号の様式による通知書により，区分建物の登記簿の抄本を添付してするものとする。

2 1の通知を受けた登記所は，受付の手続をした上，遅滞なく，三から六までの手続をするものとする。

406　第2節　各　論

第七　建物の表示の変更の登記（その3 ──その他の場合）

一　増築区分等による建物の表示の変更の登記

　　1　建物の区分（法第93条ノ8）の場合を除き，非区分建物に接続して建物を増築したこと等により非区分建物が区分建物となった場合における建物の表示の変更の登記の申請は，他の建物の表示の登記又は表示の変更の登記の申請と共にすることを要する（法第93条ノ7第1項）。

　　　　この場合の共にする申請については，第二の一の3に準じて取り扱うものとする。

　　2　1の場合においては，非区分建物の表題部に記載された所有権又は所有権の登記名義人は，他の建物の所有者に代位して建物の表示の登記を申請し，又は他の建物の表題部に記載された所有者若しくは所有権の登記名義人に代位して建物の表示の変更の登記を申請することができる（法第93条ノ7第2項）。

　　　　この場合の代位登記については，第二の二の2及び3に準じて取り扱うものとする。

二　敷地権の表示に関する変更の登記

　　1　敷地権の目的たる土地の表示の変更若しくは更正の登記又は分筆の登記がされたことにより一棟の建物の表題部中「敷地権の目的たる土地の表示」欄の記載事項に変更が生じたときは，登記官は，当該変更若しくは更正の登記又は分筆の登記に伴い，2から4までにより建物の表示の変更の登記をするものとする。

　　2　敷地権の目的たる土地の所在，地番，地目又は地積の変更又は更正の登記をした場合において，一棟の建物の表題部中「敷地権の目的たる土地の表示」欄の記載の変更の登記をするときは，最後に記載されている敷地権の目的たる土地の表示の欄の次行に，変更に係る敷地権の目的たる土地の符号並びに変更後の所在，地番，地目及び地積の全部を記載し，「登記の日付」欄に登記原因及びその日付を「年月日地番変更」のように記載した上，登記の年月日を記載して登記官が押印し，従前の表示（ただし，符号を除く。）の全部を朱

抹するものとする（細則第49条ノ4第2項）。

3 　敷地権の目的たる土地の分筆の登記をした場合において，「敷地権の目的たる土地の表示」欄の記載の変更の登記をするときは，最後に記載されている敷地権の目的たる土地の表示の欄の次行に，分筆後の各土地ごとに1行を用い，各土地の所在，地番，地目及び地積並びに土地の符号を記載し，「登記の日付欄」に登記原因及びその日付としてそれぞれ「年月日何番を分筆」のように記載した上，登記の年月日を記載して登記官が押印し，従前の表示（ただし，符号を除く。）の全部を朱抹するものとする（細則第49条ノ4第2項）。

　この場合における土地の符号は，分筆後の土地の1筆については従前の土地の符号と同一の符号を，その他の土地については新たに付した符号を用いるものとする。

4 　3の登記をした場合においては，区分建物の表題部中「敷地権の表示」欄の最後に記載されている敷地権の表示の欄の次行に，分筆後の土地（従前の土地の符号を用いたものを除く。）の符号，その土地を目的とする敷地権の種類及び割合並びに敷地権の表示の登記原因及びその日付を記載し，登記の年月日を記載して登記官が押印するものとする。

5 　1の場合において，敷地権の表示を登記した建物が他の登記所の管轄に属するときは，登記官は，遅滞なく，その登記所に適宜の書面により敷地権の目的たる土地及びその土地に係る変更事項を通知するものとする。

6 　5の通知を受けた登記所は，遅滞なく，2から4までによる建物の表示の変更の登記をするものとする。

第八　建物の表示の更正の登記

一　敷地権の表示を登記する場合

1 　敷地権があるのにその表示を登記しないで建物の表示の登記がされている場合において，表題部に記載された所有者又は所有権の登記名義人が建物の表示の更正の登記を申請するときは，申請書に当該敷地権の表示を記載することを要する（法第93条ノ10第1項，第

93条ノ5第2項)。この場合における建物の表示の更正の登記の申請手続については，第五の一の2から5までに準じて取り扱うものとする（法第93条ノ10第2項）。

2 1の場合における建物の表示の更正の登記においては，第五の二に準じて敷地権の表示を登記することを要する。ただし，区分建物の表題部の「敷地権の表示」欄中「原因及びその日付」欄には，「錯誤　年月日敷地権」のように記載するものとする。

3 1の場合における建物の表示の更正の登記に伴う登記手続については，2によるほか，第五の三から五までに準じて取り扱うものとする（法第93条ノ15）。

二　敷地権の表示の登記を抹消する場合

1　敷地権としてその表示を登記した権利が敷地権でなかったことによる建物の表示の更正の登記の申請手続については，第六の一の2から6までに準じて取り扱うものとする。

2 1による建物の表示の更正の登記においては，第六の二に準じて敷地権の表示の登記を抹消することを要する。ただし，区分建物の表題部の「敷地権の表示」欄中当該敷地権の表示の下の「原因及びその日付」欄には，「錯誤」と記載するものとする。

3 2により敷地権の表示の登記を抹消したときは，土地の登記用紙中相当区事項欄にその旨を記載して敷地権たる旨の登記を抹消することを要する（法第93条ノ17第1項）。

この場合においては，何番の登記を敷地権表示更正登記により抹消する旨及び登記の年月日を記載して登記官が押印し，抹消すべき敷地権たる旨の登記を朱抹するものとする。

4 3の手続をした場合において，建物につき法第110条ノ15第1項の規定により敷地権の移転の登記たる効力を有する登記があるときは，その登記の全部（ただし，抹消された登記を除く。）を土地の登記用紙中相当区事項欄に転写し（法第93条ノ17第2項），転写した事項の末尾に，法第93条ノ17第2項の規定により転写した旨及び登記の年月日を記載して登記官が押印するものとする（法第93

条ノ17第3項，法第76条第2項）。

　　　この場合において，敷地権が地上権又は賃借権の持分であるとき
　　は，建物についてされた登記が当該持分の移転の付記登記たる効力
　　を有するものとして転写するものとする。

　　5　登記の転写，移記等
　　　3の手続をしたときは，4によるほか，第六の五から八までに準
　　じて所要の手続をするものとする（法第93条ノ17第3項，細則第64
　　条ノ2第2項）。

　三　その他の場合
　　　一棟の建物の表題部中「敷地権の目的たる土地の表示」欄の記載事
　　項に錯誤があったことによる建物の表示の更正の登記をするときは，
　　登記原因を「登記の日付」欄に「錯誤」と記載するほか，第七の二の
　　2に準じて取り扱うものとする。

第九　建物の区分の登記

　一　非区分建物の区分の登記
　　1　非区分建物の区分の登記の申請については，第二の四及び五の手
　　　続に準じて取り扱うものとする（法第93条ノ8第8項，第93条ノ3）。
　　2　非区分建物の区分により敷地権が生じた場合における敷地権の表
　　　示の登記については，第三に準じて取り扱うものとする。
　　3　2により敷地権の表示を登記したときは，第五の三から五までに
　　　準じて，敷地権たる旨の登記，建物のみに関する旨の付記及び登記
　　　の抹消の手続をするものとする（法第96条ノ2第3項，第93条ノ
　　　15，細則第61条ノ2第2項）。

　二　区分建物の再区分の登記
　　　敷地権の表示を登記した建物の区分（再区分）の登記を申請すると
　　きは，申請書に区分後の各建物に係る敷地権の表示を記載することを
　　要し，また規約割合を定めた規約があるときはその規約を証する書面
　　を添付することを要する（法第93条ノ8第8項，第93条ノ3第1項，
　　第3項）。
　　　この場合の敷地権の表示の記載については第二の四に，また規約を

証する書面については第二の五の4に準じて取り扱うものとする。

第十　区分建物の合併の登記

1　敷地権の表示を登記した建物の合併の登記を申請する場合において，合併後の建物が区分建物であるときは，申請書に，合併後の建物の表示に関する事項の一として，敷地権の表示を記載することを要する（法第93条ノ8第2項）。

　　この場合の申請書の記載については，第二の四に準じて取り扱うものとする。

2　敷地権の表示を登記した建物で建物のみに関する旨の付記のない一般の先取特権，質権又は抵当権の登記のあるものの合併の登記を申請する場合において，合併後の建物が非区分建物となるときは，申請書に共同担保目録を添付することを要する（法第93条ノ8第7項，第81条ノ4第2項）。

　　この場合の共同担保目録については，第六の七の1及び2に準じて取り扱うものとする。

3　敷地権の表示を登記した建物が合併により非区分建物となった場合において，法第98条第2項の登記をしたときは，第六の三から八までの手続に準じて所要の手続をすることを要する（法第98条第5項，第6項，第93条ノ16第1項から第4項まで，第6項，第7項，細則第64条ノ2第2項）。

第十一　区分建物の滅失の登記

1　敷地権の表示を登記した建物で建物のみに関する旨の付記のない一般の先取特権，質権又は抵当権の登記があるものの滅失の登記を申請する場合において，敷地権の目的たる土地が数筆あるときは，申請書に共同担保目録を添付することを要する（法第93条ノ12第1項，第81条ノ4第2項）。

2　登記官が1の登記を職権でする場合において，敷地権の目的たる土地が数筆あるときは，登記官が共同担保目録を作成することを要する（法第93条ノ12第2項，第81条ノ4第3項）。

3　敷地権の表示を登記した建物の滅失の登記をするときは，第六の

三から八までに準じて所要の手続をすることを要する（法第99条ノ2，第93条ノ16，細則第64条ノ2第2項）。

第十二　区分建物の所有権保存の登記の特則

一　転得者からの所有権保存の登記の申請

1　区分建物の所有権保存の登記は，表題部に記載された所有者（原始取得者）から直接所有権を取得した者も申請することができる（法第100条第2項）。

この場合においては，申請書に法第100条第2項により申請する旨を記載し（法第101条第4項），申請人が表題部に記載された所有者から直接所有権を取得したことを証する当該所有者の作成した証明書を添付することを要する（法第100条第2項）。

2　1の証明書には，作成者の印鑑証明書を添付するものとし，作成者が法定代理人その他一定の資格を有する者であるときは，その資格を証する書面をも添付するものとする。

二　区分建物が敷地権の表示を登記したものである場合

1　区分建物が敷地権の表示を登記したものであるときは，一の1の申請書には，敷地権の表示を記載することを要する（法第110条ノ14第1項本文）ほか，区分建物の所有権及び敷地権の移転の登記原因及びその日付をも記載することを要する（法第36条第1項第4号）。

2　1の申請書には，登記原因を証する書面（法第35条第1項第2号）及び登記原因につき第三者の許可，同意又は承諾を要する場合におけるそれを証する書面（同項第4号）のほか，敷地権の登記名義人の承諾書を添付することを要するが，敷地権の登記名義人の権利に関する登記済証（同項第3号）は添付することを要しない（法第101条第5項）。

3　2の登記原因を証する書面は，区分建物の所有権及び敷地権が同一の原因により移転したことを証する書面であることを要する。

4　1の申請により所有権保存の登記をするときは，登記原因及びその日付をも記載することを要する（法第51条第2項）。

412 第2節 各 論

三 区分建物が敷地権の表示を登記したものでない場合

区分建物が敷地権の表示を登記したものでないときは，一の1の申請書には，申請書の副本を添付することを要するが，登記原因及びその日付を記載することを要せず，また，法第35条第1項第2号から第4号までに掲げる書面を添付することを要しない（法第101条第6項）。

第十三 表示の登記のない区分建物の所有権保存又は処分の制限の登記

一 登記の申請又は嘱託の手続

1 表示の登記がされていない区分建物につき敷地権がある場合において，判決又は収用により所有権保存の登記を申請するとき及び所有権の処分の制限の登記を嘱託するときは，当該申請書又は嘱託書に敷地権の表示を記載することを要する（法第101条第3項，第104条第2項，第93条ノ3第1項）。

2 1の場合において，敷地権の目的たる土地に規約敷地があるときはその規約を証する書面を，敷地権につき規約割合が定められているときはその規約を証する書面を，敷地権の目的たる土地に他の登記所の管轄に属するものがあるときはその登記簿の謄本を，区分所有者の登記した所有権，地上権又は賃借権が敷地権でないときはそれを証する書面をそれぞれ申請書又は嘱託書に添付することを要する（法第101条第3項，第104条第2項，第93条ノ3第2項から第5項まで）。

これらの添付書類については，第2の5に準じて取り扱うものとする。

二 登記手続

1 一の申請又は嘱託があつた場合において，所有権保存の登記をするときは，登記用紙中表題部に申請書又は嘱託書に掲げられた建物の表示に関する事項（敷地権の表示を含む。）を記載することを要する（法第102条，第104条第2項）。

2 1により敷地権の表示を登記したときは，第四により敷地権の目的たる土地の登記用紙中相当区事項欄に敷地権たる旨の登記をする

ことを要する（法第93条ノ4）。

　三　他の区分建物の表示の登記の一括申請

　　1　法第93条ノ2の規定（一括申請）は，法第100条第1項第2号又は第3号の規定による申請及び法第104条第1項の嘱託には適用されない。

　　2　二により表示の登記をした区分建物以外の区分建物の表示の登記については，法第93条ノ2の規定が適用される。

第十四　敷地権の表示の登記及び敷地権たる旨の登記がある場合の登記の制限

　一　所有権に関する登記の制限

　　1　土地の所有権が敷地権である場合において，敷地権たる旨の登記をしたときは，土地の登記用紙には所有権移転の登記はすることができない（法第110条ノ13第1項本文）。

　　2　敷地権の表示を登記した建物の登記用紙には，建物のみを目的とする所有権の移転を登記原因とする所有権の登記（法第100条第2項による所有権保存の登記を含む。）はすることができない（法第110条ノ13第2項前段）。

　　3　1又は2にかかわらず，敷地権が生じた日前の日を登記原因の日とする土地のみ又は建物のみの所有権に関する仮登記（法第2条第1号又は第2号のいずれに該当するものであるかを問わない。）はすることができる（法第110条ノ13第1項ただし書，第2項後段）。

　　　　この場合において，敷地権が生じた日と仮登記の登記原因の日との前後は，区分建物の表題部の「敷地権の表示」欄中「原因及びその日付」欄（敷地権が非区分建物の附属建物に係るものであるときは，「附属建物の表示」欄中「原因及びその日付」欄）に記載された日と仮登記の申請書に登記原因の日付として記載された日とにより判定するものとする。

　　4　3の仮登記に基づく本登記をするための実体法上の要件が具備されたときは，敷地権が敷地権でない権利となったことによる建物の表示の変更が生じたことになる。したがって，この場合の本登記

は，建物の表示の変更の登記手続により敷地権の表示の登記及び敷地権たる旨の登記を抹消した後にすべきこととなる。

5　処分禁止の仮処分の登記及び敷地権が生ずる前に設定された質権又は抵当権の実行による差押えの登記は，土地の所有権のみ又は建物の所有権のみを目的とするものでもすることができる。

6　地上権又は賃借権が敷地権である場合については，1から5までに準じて取り扱うものとする（法第140条ノ2第3項）。

二　抵当権等の登記の制限

1　敷地権たる旨の登記のある土地の登記用紙には，敷地権を目的とする一般の先取特権の保存の登記及び質権又は抵当権の設定の登記はすることができない（法第140条ノ2第1項本文）。

2　敷地権の表示を登記した建物の登記用紙には，建物のみを目的とする一般の先取特権の保存の登記及び質権又は抵当権の設定の登記はすることができない（法第140条ノ2第2項前段）。

3　1又は2にかかわらず，敷地権が生じた日前の日を登記原因の日とする質権又は抵当権の設定の登記は，土地又は建物のみを目的とするものであっても，することができる（法第140条ノ2第1項ただし書，第2項後段）。

　　この場合における登記原因の日の前後の判定については，一の3に準じて取り扱うものとする。

4　特別の先取特権の保存の登記，区分地上権の設定の登記，賃借権の設定の登記，所有権以外の権利を目的とする処分禁止の仮処分の登記等は，土地のみ又は建物のみを目的とするものであってもすることができる。

第十五　敷地権の表示を登記した建物を目的とする権利に関する登記

一　登記申請手続

1　敷地権の表示を登記した建物の所有権に関する登記又は一般の先取特権，質権若しくは抵当権に関する登記を申請するとき（5の場合を除く。）は，申請書に敷地権の表示を記載することを要する（法第110条ノ14第1項本文，第140条ノ3第1項）。この場合の敷地権

の表示の記載は，敷地権の目的たる土地の所在，地番，地目及び地積並びに敷地権の種類及び割合を記載してするものとする。

2　1の登記の申請書に添付する登記原因を証する書面は，建物と敷地権である土地の権利とについて同一の処分がされたことが記載されているものであることを要する。

3　1の登記の申請書には，登記義務者の権利に関する登記済証として，建物を目的とする権利に関する登記済証で敷地権の表示の記載があるもの（建物を目的とする権利に関する登記済証が敷地権の表示の記載のないものであるときは，その登記済証及び敷地権である権利に関する登記済証）を添付することを要する。

4　1の登記の申請書に添付する保証書に記載すべき不動産の表示（細則第46条第1項第1号）には，敷地権の表示を含むものとする。

5　敷地権の表示を登記した建物について所有権に関する登記又は質権若しくは抵当権に関する登記を申請する場合において，その登記の申請が建物のみについてするものであるとき（第十四の一の3，二の3参照）は，1にかかわらず，申請書に敷地権の表示を記載することを要しない（法第110条ノ14第1項ただし書，第140条ノ3第1項）。

二　登録免許税の取扱い

1　敷地権の表示を登記した建物について登記をする場合において，その登記が法第110条ノ15第1項又は第140条ノ3第2項の規定により敷地権について同一の登記原因による相当の登記たる効力を有するものであるときは，申請人が敷地権についても相当の登記を受けるものであるから，その相当の登記に係る登録免許税を徴収するものとする。

2　1の登記が法第100条第2項の規定による所有権保存の登記であるときは，区分建物の所有権保存の登記と敷地権の移転の登記についての登録免許税を徴収することとなる。

3　1の登記が不動産の個数を課税標準とするものであるときは，敷地権の表示を登記した建物の個数及び敷地権の目的たる土地の個数

による。

　　4　1の登記が不動産の価額を課税標準とするものであるときは，申
　　　請書に課税標準の価格として敷地権の目的たる土地の価額に敷地権
　　　の割合を乗じて計算した金額をも記載するものとする（細則第38条
　　　第1項ただし書）。

　三　登記手続

　　一の5の申請により登記をするときは，その登記に建物のみに関す
　る旨を付記することを要する（法第110条ノ14第2項，第140条ノ3第
　1項）。

　　この場合の付記をするときは，「何番登記は建物のみに関する」の
　ように記載し，登記の年月日を記載して登記官が押印するものとする。

　四　登記の効力

　　1　敷地権の表示を登記した後に建物についてされた所有権に関する
　　　登記で，建物のみに関する旨の付記がないものは，敷地権について
　　　同一の登記原因による相当の登記たる効力を有する（法第110条ノ
　　　15第1項）。

　　　　この場合の「相当の登記たる効力を有する」とは，例えば区分建
　　　物についてされた所有権移転の登記又は法第100条第2項の規定に
　　　よる所有権保存の登記にあっては，区分建物の表題部中「敷地権の
　　　表示」欄に敷地権としてその表示を登記した権利の移転の登記とし
　　　ての効力を有することを意味する。

　　2　敷地権の表示を登記した後に建物についてされた一般の先取特
　　　権，質権又は抵当権に関する登記で，建物のみに関する旨の付記が
　　　ないものは，敷地権について同一の登記原因による相当の登記たる
　　　効力を有する（法第140条ノ3第2項）。

　　　　敷地権の表示を登記する前にされた一般の先取特権，質権又は抵
　　　当権の登記で，建物のみに関する旨の付記がないもの（第五の四及
　　　び五参照）も同様である（法第140条ノ3第2項）。

　　3　建物についてされた登記で，敷地権について同一の登記原因によ
　　　る相当の登記たる効力を有するものと敷地権の目的たる土地の登記

用紙にされた登記の前後は，受付番号の前後による（法第110条ノ15第2項，第140条ノ3第2項）。

第十六　敷地権の表示を登記した建物の表示の記載方法

1　共同担保目録中「担保の目的たる権利の表示」欄に敷地権の表示を登記した建物に関する権利を記載するときは，敷地権の表示をも記載するものとする。

2　準則第75条等の規定による通知書，準則第92条第2項の規定による催告書及び準則第185条の規定による具申書又は許可書に不動産の表示として区分建物の表示を記載すべき場合において，その区分建物が敷地権の表示を登記したものであるときは，敷地権の表示をも記載するものとする。

第十七　一棟の建物の番号

1　建物又は附属建物が一棟の建物を区分したものである場合において，一棟の建物の番号があるときは，表題部にその番号を登記することを要する（法第91条第2項第3号）。

2　1の一棟の建物の番号には，「RA1号」又は「ひばりが丘一号館」のような符号（準則第155条第2項）のほか，例えば「霞が関マンション」のような名称も含むものとする。

3　一棟の建物の番号があるのにその登記がされていないときは，登記官は，職権でその番号を登記することができる（法第25条ノ2）。

4　一棟の建物の番号は，一棟の建物の表題部中「建物の番号」欄に記載する（細則第49条ノ2第2項）。

5　区分建物の表示に関する登記（建物の表示の登記を除く。）又は区分建物を目的とする権利に関する登記を申請する場合において，申請書に一棟の建物の番号を記載したときは，一棟の建物の構造及び床面積を記載することを要しない（法第36条第5項）。

　登記原因を証する書面，代理権限を証する書面等の記載についても，同様に取り扱って差し支えない。

第十八　団地共用部分に関する登記

1　1団地内の附属施設たる建物（区分建物であるか非区分建物である

かを問わない。)は，規約により，団地共用部分とすることができる（区分所有法第67条第1項前段）。

　この場合においては，団地共用部分たる旨の登記をしなければこれをもって第三者に対抗することができない（同項後段）。

2　団地共用部分たる旨の登記の申請書及び団地共用部分たる旨の登記においては，団地共用部分を共用すべき者の建物が非区分建物であるときはその所在及び家屋番号を，その建物が区分建物であるときはその建物が属する一棟の建物の所在及びその一棟の建物の番号（その番号がないときは，構造及び床面積）を記載することを要する（法第99条ノ4第2項，細則第44条ノ10第2項）。

3　2のほか，団地共用部分たる旨の登記に関する申請手続及び登記手続は，共用部分たる旨の登記に関する手続に準ずる（法第99条ノ4，第99条ノ5，細則第49条ノ6，第49条ノ7）。

第十九　担保権の登記のある土地又は建物の合併　（省略）→前掲先例50参照

第二十　既存の区分建物等に関する経過措置

一　登記申請手続

　改正法の施行の際（昭和59年1月1日）現に存する区分建物については，法第93条第3項ただし書（転得者の登記申請義務に関する規定の適用除外），第93条ノ2（区分建物の表示の登記の一括申請義務等），第93条ノ7（建物の表示の変更の登記の一括申請義務等），第100条第2項及び第101条第4項から第6項まで（所有権保存の登記の申請の特則）の規定は，適用されない（改正法附則第12条）。

二　既存の登記用紙の取扱い等　（省略）

三　既存専有部分等についての区分所有法の適用

1　改正法の施行の際（昭和59年1月1日）現に存する専有部分及びその専有部分に係る敷地利用権（既存専有部分等）については，専有部分と敷地利用権の分離処分の禁止に関する区分所有法第22条から第24条までの規定は，2の指定に係る建物の既存専有部分等を除き，改正法の施行の日から起算して5年を超えない範囲内で政

令で定める日から適用される（改正法附則第5条）。

2 法務大臣は，専有部分の数，専有部分及び建物の敷地に関する権利の状況等を考慮して，1の政令で定める日前に，区分所有法第22条から第24条までの規定を適用する既存専有部分等に係る建物及びこれらの規定の適用を開始すべき日（適用開始日）を指定することができ（改正法附則第6条第1項），この指定に係る建物の既存専有部分等については，これらの規定は，適用開始日から適用される（改正法附則第5条ただし書）。

3 既存専有部分等について区分所有法第22条から第24条までの規定を適用するために必要な手続は，適用開始日の指定等の通知の専決に関する訓令（昭和58年10月21日付け法務省民三訓第6060号），建物の区分所有等に関する法律及び不動産登記法の一部を改正する法律附則第6条第3項の異議の申出等の手続に関する省令（昭和58年法務省令第35号）及び適用開始日の指定等の通知等に関する事務の取扱いについて（昭和58年10月21日付け法務省民三第6061号当職依命通達）の定めるところによる。

4 2の指定がされない建物の既存専有部分等については，1の政令で定める日に分離処分可能規約が定められたものとみなされる（改正法附則第8条）。

5 2の指定に係る建物に属する区分建物については，適用開始日に敷地権が生ずることとなるので，申請により又は職権で，建物の表示の変更の登記手続により登記用紙中表題部に敷地権の表示を登記し，また土地の登記用紙中相当区事項欄に敷地権たる旨の登記等をすることを要する（法第93条ノ5，第93条ノ15）。

　　この場合の登記手続は，第五により取り扱う。

6 2の指定がされない建物の既存専有部分等に関する登記の手続は，従前と同様である。

第二十一　登記の記載例　（省略）

解　説

　本件は，建物の区分所有等に関する法律及び不動産登記法の一部を改正する法律（昭和58年法律第51号。以下「昭和58年改正」といいます。）による区分建物の登記制度に関する抜本的改正に係る基本通達です。

　区分建物の取引においては，通常，専有部分と敷地利用権とは事実上一体的に処分されるにもかかわらず，法的には，建物とその敷地は，別個の不動産としてそれぞれ別個に物権変動があったものと観念されていたことから，改正前の不動産登記法においては，その対抗要件である登記は，建物の登記簿と土地の登記簿にそれぞれ別個に記載され，両者を関連付ける取扱いはされていませんでした。

　また，建物は，専有部分ごとに表題部，甲区及び乙区の登記用紙が設けられていたことから，その権利関係を確認することは容易でしたが，敷地利用権の目的となっている土地については，1筆ごとの登記用紙の甲区又は乙区に所有権の共有持分，地上権又は賃借権の準共有持分が受付番号順に記載されるに過ぎなかったため，専有部分の多い大規模な区分建物においては，多数の敷地利用権に関する登記が記載される結果，登記簿が甲区，乙区で，それぞれ数冊に及ぶものもあり，各専有部分に対応する敷地利用権に関する権利関係の確認が極めて繁雑，困難であり，公示機能も著しく損なわれている実情にありました。

　そこで，このような区分建物の登記制度について，改善の必要性が強く要請されてきたことから，抜本的改正に至ったものです。

　昭和58年改正のうち，上記の登記制度に関する改正の概要は，次のとおりです。

　①　敷地利用権が数人で有する所有権その他の権利である場合には，規約に別段の定めのない限り，区分所有者は，その有する専有部分とその専有部分に係る敷地利用権とを分離して処分することができない（区分所有法22条1項。一体性の原則。本件通達第一の二）。

　②　敷地権（土地の登記簿に登記された所有権，地上権又は賃借権であって建物又は附属建物と分離して処分することができないもの。旧法91条2項

第 9　区分建物　421

　　4 号。現行法 44 条 1 項 9 号。本件通達第一の三）の表示を登記するとき
　　は，1 棟の建物の表題部に所要の登記事項を記載し，区分建物（専有
　　部分）の表題部中「敷地権の表示」欄に，敷地権の目的である土地の
　　符号，敷地権の種類及び割合並びに登記原因及びその日付を記載する
　　（細則 49 条 4 項本文。現行規則 4 条 3 項・別表 3。本件通達第三の二の 1）。
③　建物について敷地権の表示を登記したときは，登記官は，職権で，
　　敷地権の目的である土地の登記用紙中相当区事項欄に，主登記によ
　　り，敷地権である旨の登記をする（旧法第 93 条ノ 4 第 1 項。現行法 46
　　条・規則 119 条 1 項。本件通達第四の一の 1）。
④　敷地権の表示を登記した後に建物についてされた所有権，一般の先
　　取特権，質権又は抵当権に関する登記で，建物のみに関する旨の付記
　　がないものは，敷地権について同一の登記原因による相当の登記たる
　　効力を有する（旧法第 110 条ノ 15 第 1 項，法第 140 条ノ 3 第 2 項。現行
　　法 73 条 1 項本文。本件通達第十五の四の 1・2）。

関連質疑

表実第 5 巻 126 頁　問 42
「区分建物に建物の名称を記録することの趣旨」

表実第 5 巻 152 頁　問 52
「専有部分の存しない附属施設の敷地が法定敷地となることの可否」

表実第 5 巻 178 頁　問 61
「1 階から最上階まで縦断的に区分した建物の専有部分の床面積欄に
「何階○○ m²」と記録することの要否」

表実第 5 巻 201 頁　問 69
「表題登記がない区分建物のうち 1 個の専有部分につき差押えの登記嘱
託があった場合の処理」

表実第 5 巻 208 頁　問 71
「甲，乙の共有地に甲，丙が区分建物を建築しその表題登記をする前に
丙の専有部分を乙に譲渡した場合の登記手続」

表実第 5 巻 231 頁　問 79

「1 棟の区分建物の名称が変更された場合の登記申請義務者及びその添付情報」

表実第 5 巻 300 頁　問 102

「甲，乙の共有地に甲が区分建物を建築し敷地権の割合の合計が 1 となる登記をしている場合の更正登記」

表実第 5 巻 320 頁　問 109

「規約により敷地権の割合を定めた場合の敷地権の発生日」

表実第 5 巻 328 頁　問 112

「床面積の異なる 10 個の区分建物を建築し公正証書規約により敷地権の割合を法定割合と異なる割合と定めた場合の敷地権の発生の日」

表実第 5 巻 331 頁　問 113

「区分建物から 100 m 離れた土地を規約敷地とすることの可否」

表実第 5 巻 334 頁　問 114

「甲，乙の所有する A 区分建物に隣接する同人等の共有地を規約敷地とした後，別棟の甲の所有する B 区分建物の規約敷地とすることの可否」

表実第 5 巻 337 頁　問 115

「2 棟の区分所有者が共有する建物の敷地以外の土地を両建物の規約敷地とすることの可否」

表実第 5 巻 339 頁　問 116

「2 筆の土地にそれぞれ区分建物を建築し相互に建物の敷地を規約敷地とすることの可否」

表実第 5 巻 356 頁　問 121

「区分建物を建築し敷地の所有権を取得したが一体化の登記をしないまま 1 個の区分所有権と敷地の持分を譲渡し，この登記を申請することの可否」

表実第 5 巻 366 頁　問 123

「1 棟の建物の名称について変更登記をした場合，土地の登記記録の敷地権である旨の記録中の建物の名称を変更することの要否」

表実第 5 巻 369 頁　問 124

第 9 区分建物 423

「区分建物の敷地の所有権を三人が 3 分の 1 ずつ取得し各専有部分ごとに表題部の変更登記が同時に申請された場合の敷地権である旨の登記の記録方法」

424 　第 2 節 　各 　論

70 敷地権の割合の表示の更正登記手続及びこの登記を
するについての承諾を命ずる判決を申請書に添付し
て区分建物の専有部分の所有権の登記名義人から申
請する区分建物の表示の更正（敷地権の更正）の登
記手続について

（平成 8 年 1 月 25 日不第 29 号神戸地方法務局長照会
　平成 8 年 3 月 18 日民三第 563 号民事局長通達）

　標記について，別紙甲号のとおり神戸地方法務局長から照会があり，別
紙乙号のとおり回答したので，この旨貴管下登記官に周知方取り計らい願
います。

（別紙甲号）

　区分建物の各専有部分に係る敷地利用権の割合は専有部分の床面積の割
合によることとされていたにもかかわらず，その算定の誤りにより敷地権
の割合の表示が誤って登記されたため，区分建物の所有権の登記名義人
が，区分建物の他の専有部分の所有権，抵当権等の登記名義人を相手方と
して，敷地権の割合の表示の更正登記手続及びこの登記をするについての
承諾を命ずる判決を得た場合に，その所有権の登記名義人が当該判決を申
請書に添付してする区分建物の表示の更正（敷地権の更正）の登記申請に
ついては，権利の更正の登記手続に準じ，便宜，下記の要領でこれを認め
ることとして差し支えないかお伺いします。

　　　　　　記

1　敷地権の割合が増加する専有部分に係る所有権の登記名義人及びその
　割合が減少する専有部分に係る所有権の登記名義人の全員が申請人と
　なって申請することを要するものとする。この場合に，敷地権の割合が
　減少する専有部分については，その所有権の登記名義人の印鑑証明書
　（不動産登記法施行細則 42 条 1 項）及び登記上利害の関係を有する第三者
　の承諾書又はこれらの者に対抗することのできる裁判の謄本を申請書に
　添付することを要するものとする。なお，申請人となるべき者に対して
　登記手続を命ずる判決を得た者は，その者に代位して申請することが

できる。

2　敷地権の割合の更正の登記には，登記の日付欄に申請書受付の年月日及び受付番号をも記載するものとする。

3　申請書は，10年間保存するものとする。

4　記載例は，次のとおりとする。

〔敷地権の割合が増加する建物〕

（専有部分の表題部）

敷地権の表示		
① 土地の符号	1	1
② 敷地権の種類	所有権	所有権
③ 敷地権の割合	壱〇〇分の壱〇	壱〇壱分の壱壱
原因及びその日付	平成何年何月何日　敷地権	③錯誤
登記の日付	平成何年何月何日㊞	平成何年何月何日（平成何年何月何日受付第何号）㊞

（注）　所有権に関する登記がない場合には、登記の日付欄の括弧書きは要しない。

〔敷地権の割合が減少する建物〕

（専有部分の表題部）

敷 地 権 の 表 示		
①土地の符号	1	1
②敷地権の種類	所有権	所有権
③敷地権の割合	壱〇〇分の壱〇	壱〇壱分の壱〇
原因及びその日付	平成何年何月何日　敷地権	③錯誤
登記の日付	平成何年何月何日　㊞	平成何年何月何日（平成何年何月何日受付第何号）㊞

（注）　所有権に関する登記がない場合には、登記の日付欄の括弧書きは要しない。

（別紙乙号）

　平成8年1月25日付け不第29号をもって照会のあった標記の件については，いずれも貴見のとおり取り扱って差し支えないものと考えます。

第9 区分建物　427

解　説

1　本件照会の趣旨

　本件は，区分建物の各専有部分に係る敷地利用権の割合が，各専有部分の床面積の割合によることとされている場合において，床面積の算定の誤りにより敷地権の割合の表示が誤って登記されたため，専有部分の所有権の登記名義人が，他の専有部分の所有権，抵当権等の登記名義人を相手方として，敷地権の割合の表示の更正登記手続及びこの登記をするについての承諾を命ずる判決を得て，当該判決書の正本を提供して区分建物の表示の更正（敷地権の更正）の登記の申請があった場合の登記手続について，照会されたものです。

2　区分建物の表題部の更正の登記

　区分建物の登記をした後に，専有部分の床面積の記録に誤りのあることが明らかになった場合の更正の登記は，当該専有部分の表題部所有者又は所有権の登記名義人が申請するものとされており（法53条），この場合，1棟の建物の床面積の登記記録にも誤りがある場合には，その更正の登記も一の申請情報で申請することになります。そして，床面積が増加することになる更正の登記申請には，床面積が増加した部分について，表題部所有者又は所有権の登記名義人が所有権を有することを証する情報を提供する必要があります（令別表14の項添付情報欄ロ(2)）。

3　敷地権に関する登記手続

　上記2の場合に，当該区分建物について，敷地権の登記がされ，その割合（持分）が規約ではなく床面積の割合（区分所有法22条2項）によるものであるときは，登記されている敷地権の割合についても誤りがあることになることから，その更正もする必要があることになります。

　敷地権の割合は，実質的には土地の所有権の持分を表しているものであることから，その持分を更正するためには，区分建物と一体化された敷地権を分離するために，敷地権の登記を抹消しなければならないとする考え方もあり得ます。しかし，敷地利用権の割合が各専有部分の床面積の割合によることとされている場合において，床面積の算定の誤りに

より敷地権の割合の表示が誤って登記されたものであるときは、敷地権となった後にその敷地権が処分された場合、又は敷地権が敷地権でない権利となった場合と異なり、当初から敷地権の割合の登記に誤りがあったことを原因とするものであって、実体的には敷地権の割合が変動するものではないため、分離処分禁止に反することにはならないことから、敷地権を抹消して一体化をはずすまでもないと解されています（注1）。

したがって、本件事案の場合には、敷地権である旨の登記を抹消することなく、敷地権の割合を是正する区分建物の表題部の敷地権割合の更正の登記を、当該区分建物の所有者が申請することができると考えられます。

4 更正の登記の申請手続

以上のことから、本件事案における更正の登記は、敷地権の割合が増加する専有部分に係る所有権の登記名義人及びその割合が減少する専有部分に係る所有権の登記名義人の全員が申請人となって申請することを要するものとされています。

ところで、表題部の敷地権割合の更正の登記は、形式的には建物の表示に関する登記ですが、上記3のとおり、実質的には敷地権の内容（共有持分の割合）を更正するものであるといえます。そこで、当該更正の登記の真正を担保するために、法33条及び66条の規定により、敷地権の割合が減少する専有部分の所有権の登記名義人の敷地権に係る権利の登記識別情報、及び敷地権が所有権であるときは、当該所有権の登記名義人の印鑑証明書（令16条2項）、及び登記上利害の関係を有する第三者の承諾を証する情報又はこれらの者に対抗することのできる裁判の謄本を提供することを要するものとされています。

なお、上記の提供すべき登記識別情報は、敷地権の表示がある建物を目的とする権利に関する登記識別情報、又は敷地権の表示がないときは当該敷地権に対応する権利の取得に関する登記識別情報（専有部分の所有権の登記名義人が、敷地について共有持分を取得した際の登記識別情報）が相当であると考えられます（注2）。

また、申請人となるべき者に対して登記手続を命ずる判決を得た者

第9　区分建物　429

は，その者に代位して申請をすることができるとされています。

5　更正の登記における表題部の記録方法

　　本件敷地権の更正の登記における表題部の記録方法については，「原因及びその日付」欄に「③錯誤」と記録し，正しい敷地権の種類・割合を記録するものとされ，また，登記の日付のほかに，登記申請の受付年月日と受付番号を記録することとされています。

　　これは，敷地権付き区分建物に係る権利に関する登記は，敷地権である旨の登記をした土地の敷地権についてされた登記としての効力を有する（法73条1項本文）とされているところ，区分建物の敷地権割合の更正の登記は，実質的には権利（持分）の更正の登記と同視することができること，また，敷地権割合の更正の登記と敷地権である旨の登記をした土地の登記記録の権利部にした登記との前後は，受付番号による（規則2条2項）とされているために，当該受付番号を記録することにより，権利部の甲区又は乙区に記録される権利に関する登記との優先関係を明らかにするためであると解されます。

（注1）登研593号189頁
（注2）（注1）192頁

関連質疑

表実第5巻236頁　問81
　「敷地権の登記のある専有部分について床面積の更正の登記を申請する方法」

建物の区分所有等に関する法律の適用がある建物の敷地の分筆の登記の取扱いについて

（平成29年3月3日2不登1第7号東京法務局民事行政部長照会
　平成29年3月23日民二第171号民事第二課長通知）

　標記の件について，別紙甲号のとおり東京法務局民事行政部長から当職宛てに照会があり，別紙乙号のとおり回答しましたので，この旨貴管下登記官に周知方お取り計らい願います。

別紙甲号

　建物の区分所有等に関する法律（昭和37年法律第69号。以下「法」という。）の適用がある一棟の建物（専有部分が60ある敷地権付き区分建物であり，各専有部分の区分所有者は1名である。）の敷地（区分所有者全員の共有に属するもの）について，東京都から分筆の登記の嘱託がされました。

　当該分筆の登記の嘱託は，分離処分可能規約を設定した上で，敷地の一部（建物が所在しない部分）について東京都と売買契約を締結した59名を被代位者として代位によりされたものです。

　法第21条において準用する法第17条の規定によれば，建物の敷地の変更は，区分所有者及び議決権の各4分の3以上の多数による集会の決議で決するとされており，当該分筆の登記の嘱託の前提となる区画決定行為は，建物の敷地の変更に当たるものと解されるところ，当該分筆の登記の嘱託においては，被代位者及び当該被代位者の有する議決権の割合も4分の3以上であるほか，代位原因を証する情報として，売買契約書並びに当該区画決定行為及び分離処分可能規約の設定に係る決議が記載された管理組合臨時総会議事録（当該議事録には地積測量図が添付され，敷地のどの部分について区画決定をし，分離処分を可能としたのかが明らかにされている。）が添付されており，当該決議がされていることも明らかであることから，当該分筆の登記の嘱託を受理して差し支えないと考えますが，共有者の一部の者に代位してする共有土地の分筆の登記申請を受理すべきではないとする昭和37年3月13日付け民事三発第214号民事局第三課長電報回答もあり，いささか疑義がありますので照会します。

第9　区分建物　431

　また，当該分筆の登記に伴い，上記59名を被代位者として代位により区分建物の表題部（敷地権の目的である土地の表示欄及び敷地権の表示欄）の変更の登記の嘱託もされているところ，被代位者とされていない1名が所有する区分建物については，昭和58年11月10日付け法務省民三第6400号民事局長通達第七の二により登記官が当該変更の登記をして差し支えないと考えますので，併せて照会します。

別紙乙号

　本月3日付け2不登1第7号をもって照会のありました標記の件については，いずれも貴見のとおり取り扱われて差し支えありません。

解　説

1　共有土地の分筆登記の申請

　分筆の対象となる土地が共有の場合の登記申請については，その効果からして，共有者全員の合一の意思に基づいてされることが必要であること，また，分筆という行為は，民法252条ただし書に規定する保存行為に該当しないと解されることから，共有土地について，共有者の一部に代位してする分筆の登記申請は，受理すべきでないとされています（昭和37年3月13日付け民事三発第214号民事局第三課長電報回答（関連先例）。以下「昭和37年回答」といいます。）。

2　本件照会の概要及び背景

　昭和37年回答は，一般的な共有土地に関するものであったために，この回答が，区分所有法の適用がある建物の敷地（以下「マンション敷地」といいます。）についても適用があるかについて，照会がされたものと考えられます。

　ところで，東京都においては，高度防災都市の実現等に向けて，都市基盤整備のための用地取得を加速させる必要があるところ，マンション敷地の一部を公共事業用地として取得するに当たり，昭和37年回答に従い，区分所有者全員を被代位者としなければならないとすることが，事業の長期化の一因となっているとして，その取扱いの見直しが求めら

れているという背景があるとされています（本件通知に関する解説参照
（民事月報 72 巻 5 号 128 頁））。

3　本件照会・回答の考え方

　区分所有法 21 条が準用する同法 17 条 1 項の「変更」とは，形状又は
効用の著しい変更を伴うものをいいますが，本件照会に係る分筆の登記
の場合のように，建物が所在する土地の一部を，建物が所在する土地以
外の土地とすることについて，区分所有者が意思決定（以下「区画決定
行為」といいます。）をする場合には，これにより，みなし規約敷地が生
じることとなる（同法 5 条 2 項後段）ため，当該区画決定行為は，マン
ション敷地の法的性質を，法定敷地から規約敷地へと確定的に変更する
ものとなることから，形状又は効用の著しい変更を伴うものとして，同
法 21 条が準用する同法 17 条 1 項の「変更」に該当するものと考えら
れ，区分所有者の有する共有持分を他に移転するものではないと解され
ます。

　このように解することにより，本件照会に係る分筆の登記の嘱託につ
いては，昭和 37 年回答によることなく，区分所有者及び議決権の 4 分
の 3 以上の多数による集会の決議に基づく区画決定行為があれば，当該
嘱託は，受理して差し支えないとされたものです。

4　本件回答に係る登記手続の取扱い

　本件回答に係る登記手続の取扱いについては，同法 21 条が準用する
同法 17 条 1 項に規定する集会の決議の要件を満たしていることを担保
するために，申請情報に被代位者として区分所有者の 4 分の 3 以上の者
の記載を要し，代位原因を証する情報として，売買契約書並びに当該区
画決定行為，及び地積測量図が提供され，敷地のどの部分について区画
決定をし，分離処分を可能としたのかが明らかにされている分離処分可
能規約の設定に係る決議が記載された管理組合臨時総会議事録（当該議
事録に署名押印した者の印鑑証明書付）を提供する必要がある（昭和 58 年
11 月 10 日付け法務省民三第 6400 号民事局長通達第二の五の 4（前掲先例
69）参照）ものとされています。

　また，本件分筆の登記をした場合には，区分建物の敷地権の目的であ

る土地の表示欄及び敷地権の表示欄について変更の登記を要することになります。当該変更の登記は嘱託によることもできますが，嘱託がされていない区分建物がある場合には，登記官が，当該登記をすることになります（昭和58年前掲民事局長通達第七の二（前掲先例69）参照）。

　なお，マンション敷地以外の共有土地の分筆の登記の嘱託については，従来どおり，昭和37年回答による取扱いがされることになります。

関連先例

共有者の一部の者に代位してする共有土地の分筆登記申請の受否について
（昭和37年2月27日電報番号第667号高松法務局民事行政部登記課長電報照会
　昭和37年3月13日民事三発第214号民事第三課長電報回答）

▌照会

　左記事項について差掛った事件がありますので，電信にて何分の御指示をお願いします。
　　　　　　　記
　共有土地の一部が国道拡張計画による買収予定地にかかり，その共有者の一部との間に，買収協議が成立したとして，国が右協議成立者を相手方とする仮登記仮処分命令を得て，代位による共有土地の分筆登記申請をして来た場合，受理すべきでないと考えるがどうか。

▌回答

　2月27日付電報番号第667号で照会の件は，貴見のとおりと考える。

第 10　建物の滅失

72　区分建物の滅失登記の受否について

（昭和 38 年 5 月 30 日登第 131 号東京法務局民事行政部長報告
　昭和 38 年 8 月 1 日民事三発第 426 号民事第三課長通知）

▐ 報告

　標記の件について，別紙㈠のとおり練馬出張所長から問合せがあったので，別紙㈡のとおり回答したので，報告します。

別紙㈠

　　　　　　　　　　　　　　　　　　　　日記第 168 号

　　　　　　　　　　　　　　　　　　　　昭和 38 年 5 月 21 日

　　　　　　　　　　　　東京法務局練馬出張所長　村上三男

東京法務局長　古川静夫殿

　　　　　区分建物の滅失登記の受否について

　所有者を異にする 2 個の区分所有権の目的たる建物の属する一棟の建物の全部が同時に取毀しにより滅失した場合，区分建物の滅失の登記を当該区分建物の所有者 2 人が共同で同一の申請書をもって申請があったが，区分建物の特質を考慮し，かつ，登記手続の簡素化を図る見地から便宜受理してさしつかえないものと考えますが，いささか疑義がありますのでお伺いします。

別紙㈡

　本年 5 月 21 日付日記第 168 号をもって問合せのあった標記の件については，各別の申請書により申請すべきものと考える。

▐ 通知

　本年 5 月 30 日付登第 131 号で報告のあった標記の件については，区分建物の所有者の 1 人から一棟の建物の滅失登記の申請をするのみで足りるものと考えるので，念のため通知します。

第10 建物の滅失 435

解　説

　本件は，所有者を異にする2個の区分所有権の目的である建物の属する1棟の建物の全部が同時に取毀しにより滅失した場合，区分建物の滅失の登記を当該区分建物の所有者2人から共同で同一の申請書をもって申請があったときは，便宜受理して差し支えないかどうかについて，照会されたものです。

　登記の申請情報は，登記の目的及び登記原因に応じ，一の不動産ごとに作成して提供するのが原則ですが，同一の登記所の管轄区域内にある2以上の不動産について，申請する登記の目的並びに登記原因及びその日付が同一であるときは，一の申請情報によって申請することができるとされています（令4条）。一方，建物が滅失したときは，表題部所有者又は所有権の登記名義人は，滅失の日から1か月以内に，当該建物の滅失の登記をしなければならないとされています（法57条）。

　以上のことから，区分建物の属する1棟の建物が滅失したときは，各自が所有する区分建物について，各別の申請情報により滅失の登記を申請しなければならないことになります。しかし，このような取扱いは，あまりにも形式にとらわれ過ぎているといえます。1棟の建物の滅失の登記が，その区分所有者の1人から申請されれば，各自が各別の申請情報により滅失の登記を申請しなくても，各区分建物が滅失したことは，明らかであるといえるからです。また，表題部所有者又は所有権の登記名義人が2人以上であるときの建物の滅失の登記のような報告的な登記においては，民法252条ただし書に規定する保存行為に該当するものと解されており，共有者のうちの1人から申請することができるとされています。そこで，本件回答においては，各区分建物の所有者が異なる場合であっても，当該区分建物の所有者の1人から一棟の建物の滅失登記の申請をするのみで足りるとされたものと考えられます。

436 第2節 各 論

関連質疑

表実第5巻223頁　問77

「長屋式の区分建物の中間部分を取り壊した場合の取扱い」

表実第5巻397頁　問131

「1棟の建物が取り壊された場合の登記手続」

第 10　建物の滅失　437

73　建物の滅失登記を相続人中の一人からすることの可否について

（昭和 43 年 10 月 17 日日記第 242 号松山地方法務局長照会
　昭和 43 年 12 月 23 日民事三発第 1075 号民事第三課長回答）

▌照会

　　　　　　建物の滅失登記申請における申請人について

　標記のことにつき，愛媛県土地家屋調査士会長から別紙のとおり照会が
あったので，「申請できる」旨の回答をいたしたいと考えますが，いささ
か疑義がありますので，何分のご指示を賜りたくお伺いします。

別紙

　左記事案の登記申請事件受否につき，目下差しかかった事件があります
ので至急何分のご指示を賜りたくお伺いします。

　　　　　　　　記

一，被相続人の死亡前に滅失した所有権の登記がある建物について，当該
　建物の滅失登記の申請をする場合，申請人のうちの一人から申請するこ
　とができるか。

▌回答

　10 月 17 日付日記第 242 号をもって当局長あて問合せのあった標記の件
については，貴見による回答をしてさしつかえないものと考える。

解　説

1　不動産の表示に関する登記の意義及び申請人

　　不動産の表示に関する登記は，権利の客体である不動産の物理的な状
況を登記記録に記録し，これを公示することによって，当該不動産に関
する取引の安全と円滑に資する（法 1 条）ものです。そのため，土地又
は建物の表題登記（法 36 条・47 条），土地の地目又は地積の変更又は更
正の登記（法 37 条・38 条），建物の表題部の登記事項の変更又は更正の

登記（法51条・53条），土地又は建物の滅失の登記（法42条・57条）等については，原則として，新たに土地若しくは建物又は表題登記がない土地若しくは建物の所有権を取得した者，表題部所有者又は所有権の登記名義人に当該登記を申請する義務が課せられています。

ただし，登記官が，これらの申請の義務のある者に対して登記申請の催告（準則63条参照）をした場合にあって，なお申請義務者が申請をしないときは，登記官が，職権で表示に関する登記をすることができるとされています（法28条）。

2 報告的登記の申請人

上記1に掲げた各登記は，不動産の物理的な状況の変化に伴う登記であることから，報告的登記と称されています。これらの登記申請は，表示に関する登記制度の特質，また，申請者側の便宜の点から，申請する土地又は建物が共有である場合には，民法252条ただし書の保存行為に該当するものとして，当該共有者のうちの1人が，単独で申請することができるものとされています。

本件回答は，被相続人の死亡前に滅失した所有権の登記のある建物について，当該建物の滅失の登記申請は，相続人のうちの1人から申請することができるとして，上記の取扱いを明らかにしたものです。

関連質疑

表実第1巻62頁　問26

「共有者の一人から表示に関する登記を申請することの可否」

表実第1巻234頁　問93

「登記名義人以外の実質上の所有者から分筆登記を申請できるか」

表実第1巻290頁　問117

「共有物分割の調停に基づく分筆登記を申立人が代位申請することの可否」

第 10　建物の滅失　439

74　所有権の保存登記をまっ消したときの登記用紙の処理方等について

（昭和 36 年 8 月 5 日日記第 4803 号神戸地方法務局長照会
　昭和 36 年 9 月 2 日民事甲第 2163 号民事局長回答）

▌照会

　標記について，左記の疑義が生じさしかかった事件の処理を決しかねておりますので，至急に何分の御指示をお願いします。

㈠　所有者でない他人のためになされた所有権の保存登記をまっ消したときは，不動産登記法施行細則第 64 条の規定により登記用紙を閉鎖すべきであると考えますところ，右は単に所有者を異にしているのみであって，建物そのものは現存するのであるから登記用紙を閉鎖すべきでなく，不動産登記法第 103 条の規定により朱まつした所有者の表示を復活するのが妥当でないかとの見解もありますが，いかがでしょうか。

㈡　所有権の保存登記がある架空の建物の登記は，建物の滅失に準じ建物の表示の登記のまっ消として処理することになりますが，その登記原因及びその日付は「昭和何年何月何日錯誤（不存在）」とすればたりるでしょうか。

▌回答

　8 月 5 日付日記第 4803 号で問合せのあった標記の件については，第一項，第二項とも貴見のとおりと考える。ただし，第二項については，登記原因の日付の記載を要しない。

解　説

　所有権の保存の登記を抹消する場合の登記記録の取扱いについては，旧法に関する昭和 35 年法律第 14 号による不動産登記法の一部を改正する等の法律（同年 4 月 1 日施行）により，登記簿と台帳が一元化される以前においては，登記簿の表題部にされた登記は，所有権に関する登記の一部で

あって，所有権の保存の登記をする際に，所有権の客体である不動産の表示を表題部に登記することとされていました。したがって，表題部にされた登記は，権利に関する登記から独立したものではなく，所有権の保存の登記が抹消されれば，これと同時に表題部の記載も抹消されることになります。そこで，先例は，他人所有の不動産についてされた所有権の保存の登記を抹消する場合は，甲区事項欄に所有権の保存の登記の抹消登記をして保存の登記を朱抹し，更に表題部に登記用紙を閉鎖する旨を記載して不動産の表示，表示番号を朱抹する取扱いが相当であるとしていました（関連先例）。

　一方，登記簿と台帳の一元化がされた後にあっては，不動産の表示に関する登記は，権利に関する登記とは別個，独立のものと観念されることから，表題部のみの登記簿の存在が認められることになりました。

　そこで，所有権の保存の登記が抹消された場合であっても，不動産の表示に関する登記の独立性からして，当該不動産の登記記録の表題部を所有権の保存の登記をする以前の状態に復させ，登記記録を閉鎖せずに存続させるという処理をすることも可能ではないかとも考えられます（注1）。

　しかしながら，不動産について所有権の保存の登記をしたときは，表題部所有者に関する登記事項（氏名又は名称及び住所等。法27条3号）を抹消するものとされている（規則158条）ことから，所有権の保存の登記を抹消する場合に表題部所有者に関する登記事項を存置するとすれば，抹消された所有者の氏名又は名称及び住所を，所有権の保存の登記の抹消の登記をしたことにより復活させることになります。すなわち，所有権の保存の登記が誤っているとして抹消したにもかかわらず，表題部には所有者でない者を改めて記録することになってしまいます。この場合，たとえ当該不動産の真実の所有者が明らかであったとしても，抹消された表題部所有者について，更正の登記（法33条1項）をすることはできないと解されます。また，抹消された表題部所有者の記録を回復する手続規定は設けられていません（注2）。

　以上のことから，本件においては，関連先例の場合と同様に，所有者でない他人のためにされた所有権の保存の登記を抹消したときは，その登記

第10 建物の滅失　441

用紙を閉鎖すべきであり，登記用紙の閉鎖に当たっては，建物の滅失に準じ，建物の表題登記の抹消として処理することとし，その登記原因及びその日付は，単に「錯誤（不存在）」とすれば足りるとされたものです。

（注1）登研 168 号 30 頁

（注2）表実 5・400 頁

関連先例

錯誤による所有権保存登記の抹消の登記手続について

（昭和 34 年 4 月 18 日日記第 2107 号浦和地方法務局長照会

　昭和 34 年 5 月 13 日民事第 955 号民事局長通達）

　標記に関し，別紙甲号のとおり浦和地方法務局長から問合せがあり，別紙乙号のとおり回答したので，この旨貴管下登記官吏に周知方しかるべく取り計らわれたい。

（別紙甲号）

　他人所有の不動産についてなされた保存登記を抹消する場合の登記は，甲区事項欄に所有権保存登記の抹消登記をして保存登記を朱抹し，更に表題部に登記用紙を閉鎖する旨を記載して不動産の表示，表示番号を朱抹するのを相当と考えますが，先例（明治 33 年 10 月 8 日民刑第 1406 号民刑局長回答）もありますので，何分の御垂示を賜りたくお伺いします。

（別紙乙号）

　本年 4 月 18 日付日記第 2107 号で問合せのあった標記の件については，貴見のとおりと考える。

　追って，所問で引用の明治 33 年 10 月 8 日民刑第 1406 号民刑局長回答は，右によって変更されたものと了知されたい。

関連質疑

表実第 5 巻 247 頁　問 85

「甲所有の敷地に乙が区分建物を建築し順次転売した後，残存した区分

建物の一部を甲名義に更生することの可否」

表実第 5 巻 399 頁　問 132

「職権でした区分建物の保存登記を抹消する場合において表題部の登記記録を閉鎖することの要否」

第 10 建物の滅失　443

75 所有権保存の登記を抹消した場合の登記用紙の処理について

（昭和 59 年 1 月 5 日 2 不登 1 第 7 号東京法務局長照会
昭和 59 年 2 月 25 日民三第 1085 号民事局長通達）

標記の件について，別紙甲号のとおり東京法務局長から照会があり，別紙乙号のとおり回答したので，この旨貴管下登記官に周知方取り計らわれたい。

別紙甲号

所有権保存の登記を錯誤により抹消した場合には，その登記用紙の全部を閉鎖する取扱いとなっております（昭和 36 年 9 月 2 日付け民事甲第 2163号貴職回答）が，左記のような場合で，所有権保存の登記が抹消されても登記官において原始的な所有者を確認できるときには，所有権保存の登記の抹消に係る不動産が現存する限りその登記用紙を存置する実益があるものと考えますので，登記用紙を閉鎖しないという取扱いが認められないでしょうか，何分の御指示を賜りたく照会します。

おって，右による取扱いが認められる場合には，表題部の所有者欄の記載は次の振り合いによって差し支えないか，併せて御指示をお願いします。

　　　記
一　不動産登記法第100条第1項第1号の規定により相続人名義にされた所有権保存の登記を抹消する場合
二　不動産登記法第100条第2項の規定によりされた所有権保存の登記を抹消する場合
三　新住宅市街地開発法による不動産登記に関する政令第11条第2項の規定によりされた所有権保存の登記を抹消する場合
四　首都圏の近郊整備地帯及び都市開発区域の整備に関する法律による不動産登記に関する政令第11条第2項の規定によりされた所有権保存の登記を抹消する場合
五　近畿圏の近郊整備区域及び都市開発区域の整備及び開発に関する法律による不動産登記に関する政令第11条第2項の規定によりされた所有

権保存の登記を抹消する場合

六　流通業務市街地の整備に関する法律による不動産登記に関する政令第11条第2項の規定によりされた所有権保存の登記を抹消する場合

別紙乙号

　本年1月5日付け2不登1第7号をもって照会のあった標記の件については，いずれも貴見のとおり取り扱って差し支えないものと考える。

解　説

　所有権の保存の登記を錯誤により抹消した場合，原則として，その登記記録の全部を閉鎖する取扱いであることについては，前掲先例74において説明したとおりです。

　しかしながら，所有権の保存の登記が抹消された場合であっても，登記官において原始的な所有者を確認できるときには，所有権の保存の登記の抹消に係る不動産が現存する限り，その登記記録を存置する実益があるものと考えられます。

　そこで，本件の照会・回答において，次のような所有権の保存の登記の抹消の登記をする場合は，登記記録を閉鎖しないという取扱いをして差し支えないとされたものです。

①　不動産登記法100条1項1号の規定により相続人名義にされた所有権保存の登記を抹消する場合

②　不動産登記法100条2項の規定によりされた所有権保存の登記を抹消する場合

③　新住宅市街地開発法による不動産登記に関する政令11条2項の規定によりされた所有権保存の登記を抹消する場合

④　首都圏の近郊整備地帯及び都市開発区域の整備に関する法律による不動産登記に関する政令11条2項の規定によりされた所有権保存の登記を抹消する場合

⑤　近畿圏の近郊整備区域及び都市開発区域の整備及び開発に関する法律による不動産登記に関する政令11条2項の規定によりされた所有

権保存の登記を抹消する場合

⑥ 流通業務市街地の整備に関する法律による不動産登記に関する政令
11条2項の規定によりされた所有権保存の登記を抹消する場合

なお，この場合，表題部の所有者欄には，所有権の保存の登記をした
ときに抹消された所有者の氏名又は名称及び住所を改記し，「年月日所
有権保存登記抹消により回復」と記録するものとされています。

第 10　建物の滅失　447

76　抹消回復登記申請の受否について

（昭和 37 年 10 月 12 日電報番号 13 号札幌法務局長電報照会
　昭和 37 年 11 月 1 日民事甲第 3172 号民事局長電報回答）

▌照会

　登記簿と台帳の一元化が完了した後，取りこわしを原因として滅失登記をした甲所有名義の建物について，甲の代位債権者より，取りこわしを錯誤として，右抹消登記回復の登記申請があり，調査したところ，この建物登記は，もともと乙所有名義のものと，重複登記であった事が判然とした場合，福島地方法務局長照会に対する昭和 29 年 7 月 3 日付民事甲第 1,388 号貴職回答の趣旨により，受理すべきでないと考えますが，反対説もあり疑義を生じましたので，至急電信にて御教示願います。

▌回答

　本年 10 月 12 日付電報番号 13 号をもって問合せのあった件は，乙の登記が抹消されない限り受理すべきでない。

解　説

　本件照会は，重複登記の一方について取壊しを原因として滅失の登記をした後に，取壊しを錯誤として当該抹消登記の回復の登記申請があった場合の受否について，照会されたものです。

　重複登記の取扱いについては，重複登記のうち先に登記された方について新たな登記又は嘱託がされた場合，当該申請は受理して差し支えなく，後にされた登記については，重複登記を登記原因として，職権で，表題登記を抹消するのが相当であるとされています（関連先例①）

　ところで，抹消回復の登記（法 72 条）は，抹消の当時に遡って抹消がなかったものと同様の効果を生ぜしめるためにするものであり，したがって，権利に関する登記にあっては考えられますが，不動産の現況を登記す

448 第2節 各 論

れば足りる表示に関する登記については，抹消回復の登記をする実益は存
在しないと解されます。判例も，閉鎖した登記用紙（登記記録の表題部の
記録）そのものを回復するのは，抹消回復の登記ではないとしています
（関連判例）。したがって，不動産の滅失の登記により登記記録を閉鎖した
場合（規則109条，144条）には，新たな表題登記を申請するほかないと解
されます。

　しかし，登記実務においては，登記簿，台帳一元化完了の指定期日前に
された事案ではありますが，建物が滅失していないにもかかわらず，誤っ
て滅失の登記をして，登記記録が閉鎖された場合でも，抹消回復登記の申
請があったときは，直ちに改正後の新表題部に回復登記をなし，旧表題部
の登記用紙中表示欄にされている滅失の登記事項は，回復の登記をすると
同時に朱抹した上で，旧表題部の用紙は，甲区，乙区の用紙とともに閉鎖
登記簿から除去し，新表題部の用紙とともに登記簿の相当個所に綴り込む
ものとされています（関連先例②）。これは，滅失の登記を抹消する結果と
して，いったん閉鎖された登記記録を回復するものであって，法72条に
規定する抹消登記の回復には該当しないと解されているからとされていま
す（注）。

　ただし，本件のように，滅失登記をした甲所有名義の建物についての抹
消回復登記をした場合に，既登記の乙所有名義の建物と重複登記となるこ
とが明らかなときは，乙所有名義の建物の表題登記を抹消（登記記録の閉
鎖）しない限り，当該回復登記は，受理すべきでないとされています。関
連先例③及び④も同旨です。

（注）表実5・419頁

関連判例

最高裁昭和42年3月14日第三小法廷判決（民集21巻2号312頁）
　「上告人は被上告人国に対し原判示の各買収土地につきなされた登記用
紙の閉鎖の回復手続および所有権移転登記の抹消登記手続を求めるとこ
ろ，不動産登記用紙の閉鎖（不動産登記法24条ノ2）がなされた場合に

第10 建物の滅失　449

は，たとえ右閉鎖が違法になされたものであっても，その回復手続は，これを定めた規定がないから，許されないものと解すべきである（このような場合には，当該不動産の所有者からあらたに所有権保存登記を申請するか，あるいは，当該不動産につき第三者名義の所有権保存登記がなされているときは，真正な所有者から右名義人に対し，所有権移転登記手続を求めるべきである。）。」

関連先例

①重複登記の一方についてあらたな登記の嘱託があった場合の受否について

（昭和37年8月10日日記民政総第1682号名古屋法務局長照会
昭和37年10月4日民事甲第2820号民事局長通達）

標記の件について，別紙甲号のとおり名古屋法務局長から照会があったので，別紙乙号のとおり回答したから，この旨貴管下登記官吏に周知方しかるべく取り計らわれたい。

別紙甲号

建物の表示の登記及び所有権の登記のないものについて，強制競売申立登記の嘱託があり不動産登記法第104条の規定により，職権で建物の表示の登記及び甲を所有者とする所有権の登記をなした上，強制競売申立の登記をなしたるところ，同一建物について，甲より乙に代物弁済により所有権を移転したことを証する書面を添付して，乙から建物の表示の登記申請及び所有権保存登記申請があり，誤ってこれを登記したため重複登記となったものについて，このたび甲を登記義務者とする競落による所有権移転登記の嘱託があった。同嘱託書を形式的に審査すれば，同一の建物について異なる所有権の登記名義人が併存することとなるので，かかる場合は嘱託書に記載した登記義務者の表示が登記簿上の表示と符合しないものとして，不動産登記法第49条第6号の規定により却下すべきものとされていますが（昭和30年7月4日付民事甲第1,346号民事局長通達），本年1月23日の最高裁判所の判決の例もあり，いささか疑義がありますので，さ

450 第2節 各 論

しかかった事件のため，電信にて至急何分のご垂示を賜わりたく，お願い
します。

別紙乙号

8月10日付民政総第1,682号で問合せの二重登記の件については，所問
の嘱託による登記を受理してさしつかえない。

なお，所問の場合，後でなされた建物の登記については，重複登記を登
記原因として，職権で建物の表示の登記を抹消するのが相当である（不動
産登記法第25条ノ2，第62条参照）。

おって，引用の本職通達は，不動産登記法の一部を改正する等の法律
（昭和35年法律第14号）附則第2条第2項の登記簿，台帳一元化完了の指
定期日後は廃止されたものと了知されたい。

②抹消回復登記の取扱いについて

（昭和36年10月31日登第268号東京法務局長照会

昭和37年3月13日民事甲第647号民事局長通達）

標記の件について，別紙甲号のとおり東京法務局長から問合せがあり，
別紙乙号のとおり回答したから，この旨貴管下登記官吏に周知方しかるべ
く取り計らわれたい。

（別紙甲号）

登記簿，台帳一元化完了の指定期日前に滅失登記のなされた建物につ
き，同指定期日後錯誤を原因として抹消回復登記の申請があったときは，
左記による取扱いをしてさしつかえないかどうか，何分の御垂示賜りた
く，お伺いいたします。

　　　　　　記

一　当該申請に基づく回復登記は，直ちに改正後の新表題部の登記用紙
　　にする。

二　新表題部の登記用紙中「原因及びその日付」欄及び「登記の日付」
　　欄になす登記の記載例並びに旧表題部の登記用紙中表示欄になす登記
　　の記載例は，次の振合による。

新表題部の登記用紙

原因及びその日付	登記の日付
滅失登記錯誤・回復	昭和何年何月何日㊞

　　旧表題部の登記用紙

　　　昭和何年何月何日新表題部に回復登記　㊞

三　旧表題部の登記用紙中表示欄になされている滅失登記事項は，前項
　の登記をなすと同時に朱抹する。

四　旧表題部の用紙は，甲区，乙区の用紙とともに閉鎖登記簿から除去
　し，新表題部の用紙とともに登記簿の相当個所に編綴する。

五　旧家屋台帳には何らの記載を要しない。

（別紙乙号）

　　昭和 36 年 10 月 31 日付登第 268 号をもって問合せのあった標記の件
については，第一項から第五項までいずれも貴見のとおり取り扱ってさ
しつかえないものと考える。

③（昭和 29 年 5 月 31 日登日記第 194 号福島地方法務局長照会
　　昭和 29 年 7 月 3 日民事甲第 1388 号民事局長回答）

452　第2節　各　論

▍照会

左記事項につき疑義を生じましたので御伺いたします。

なお，本件は差迫った事案でありますから至急電信により御教示願います。

　　　　　　記

一　甲の代位債権者より「甲が滅失を原因として閉鎖した家屋台帳」の回復の訂正申告があったが，右家屋は既に乙名義に登録されているので該申告書を家屋台帳事務整理簿に登載し，符箋をもって返戻したところ，「受理登載せよ」との異議申立があったが如何に処理すべきでしょうか。

二　甲の代位債権者より抹消した建物登記回復の登記申請があったのでこれを調査するに右建物は既に乙名義に保存登記をなされておるので便宜受付をしないで符箋をもって返戻したところ，「受理せよ」との異議申立があった。右案件は申請の撤回と見ることができないので，行政措置として登記官吏に対して受付の上相当の処分をするよう命ずるのが妥当と思いますが如何でしょうか。

▍回答

本年5月31日付登日記第194号で問合せのあった件については，次のように考える。

　　　　　　記

一　当該申告に係る家屋が滅失していなかったときは，本来ならば閉鎖した家屋台帳の登録を回復すべきものであるが，所問の場合のように，甲名義の登記が現にまっ消され，しかも当該家屋につき乙名義の登録及び登記がなされている場合には，たとえ閉鎖した家屋台帳の登録を回復したとしても，登録名義人を乙に変更しなければならないから（土地台帳法第43条の2，家屋台帳法第22条参照），その結果，同一の家屋につき同一人たる乙の名義で二重の登録がなされることになるので，閉鎖した家屋台帳の登録の回復をなすべきでない。しかし，乙名義の登記がまっ消されたときは，右の登録の回復をなし，乙名義の

登録はまっ消すべきである。

二　申請人が登記官吏の返戻に応じて当該申請書類の還付を受けたのであれば，通常申請の撤回があったものと見てさしつかえないが，申請人に撤回の意思がない場合には，登記官吏としては，当該申請を受付の上相当の処分をするのが相当である。所問の場合には，家屋台帳の登録が回復されない限り，当該申請を却下する外はない。

④抹消登記の回復登記について
（昭和 36 年 6 月 26 日登第 267 号福島地方法務局長照会
昭和 37 年 2 月 8 日民事甲第 270 号民事局長回答）

┃照会
建物滅失による抹消登記の回復登記について，次の事項に疑義が生じましたので，何分の御指示を賜りたく登記簿謄本等関係書類を添えてお伺いします。

なお本物件については，甲から国を被告として建物滅失による抹消登記回復登記請求事件が提起され，目下係属中であり，また甲，乙で，所有権確認，家屋明渡家賃金請求等の訴が提起され，それぞれ係争中でありますから，至急御回示下さるようお願いいたします。

記

一　甲所有名義の A 建物について，一元化指定期日（当庁の指定期日は昭和 36 年 2 月 11 日）前である昭和 35 年 12 月 27 日所有名義人から建物の滅失を原因として，家屋滅失申告及び建物滅失登記申請がなされ，登記官吏は，これをそれぞれ適正と認め処理したところ，一元化指定期日後である昭和 36 年 6 月 24 日前記甲から錯誤を原因として，建物滅失による抹消登記の回復登記申請がなされた場合，同建物については，別に乙所有名義に表示の登記及び所有権保存登記がなされていて，同回復登記をすれば，所有者を異にして二重登記（実地調査の結果同一なることが確認されている）となることが明らかなときは，該回復登記申請は受理できないものと考えますがいかがでしょうか。

454 第2節 各 論

（昭和29年7月3日民事甲第1388号民事局長回答参照）

二 登記申請は，登記用紙を特定してなすものではなく，不動産を特定
してなされるものであるから，前記回復登記申請にあっては，乙は登
記上利害の関係を有する第三者に該当するものと考えられますがいか
がでしょうか。

三 もし，回復登記申請を受理してさしつかえないとすれば，閉鎖した
旧家屋台帳用紙（ただし一元化作業により移記した新登記簿表題部用紙）
をもって回復登記をなし，その用紙と抹消閉鎖した建物登記簿とを合
せ，現登記簿に編綴換する方法で取り扱ってさしつかえないでしょう
か。

四 また，回復登記申請受理さしつかえなしとして同登記をした場合，
その後において，同建物につき，甲・乙いずれかの登記所有名義人を
登記義務者とする新たな登記申請があった場合は，昭和30年7月4
日民事甲第1346号民事局長通達中3の取り扱いによって，処理して
さしつかえないでしょうか。

（注）登記簿謄本等関係書類省略

回答

昭和36年6月26日付登第267号で問合せのあった標記の件について
は，次のように考える。

　　　　　記

第一項 貴見のとおり。

第二項乃至第四項 右により了知されたい。

関連質疑

表実第5巻418頁 問139

「甲が滅失回復登記をする前に乙が表題登記をしている場合の取扱い」

第11 図面関係　455

第11　図面関係

77　未登記建物につき処分制限の登記を嘱託する場合，建物の図面及び各階の平面図の添付方について

（昭和36年9月29日日記第6033号神戸地方法務局長照会
　昭和36年10月23日民事甲第2643号民事局長通達）

　標記の件について，別紙甲号のとおり神戸地方法務局長から問合せがあり，別紙乙号のとおり回答したから，この旨貴管下登記官吏に周知方しかるべく取り計らわれたい。

（別紙甲号）

　未登記建物の仮差押，仮処分または滞納処分による差押等の登記嘱託書には，当該建物の表示のほか未登記である旨の記載とその所在を図示している程度であって，それだけでは建物の現況が明らかでなく実地調査を行い確認したうえ当該嘱託の受否を決することになりますが，この種の登記はいずれも急速を要し，しかも裁判所または収税官署の嘱託でありますために一応これを信頼し実地調査を省き嘱託に応じている実状であります。

　ところが後日実地調査の結果，往々にして建物の現況が相異する事例もあり，また建物を新築しその登記を申請する場合には，建物の図面・各階の平面図の添付を要求されている不動産登記法第93条第2項の規定にかんがみ，かかる登記の嘱託書には登記の正確を期する見地から建物の図面・各階の平面図を添付し，かつ嘱託者の署名押印をする扱いが理想のようにも考えられますが（東京登記研究会・全国登記事務協議会決議総覧・上・37頁参照），いかがでしょうか。

　至急に何分の御指示をお願いいたします。

（別紙乙号）

　昭和36年9月29日付日記第6033号をもって問合せのあった標記の件については，建物の図面及び各階の平面図の添付を要しないものと考える。

　追って，所問の場合には，嘱託書に基づき所要の登記をし，しかる後遅滞なく実地調査をすべきであるから，念のため申し添える。

456　第2節　各　論

解　説

　現行法においては，表題登記がない建物について，官公署が所有権に関する処分の制限に関する登記を嘱託する場合には，建物図面及び各階平面図を提供するものとされています（令別表32の項添付情報欄ロ）。

　しかし，本件照会・通達がされた当時の不動産登記法（不動産登記法の一部を改正する等の法律（昭和35年法律第14号）による改正後の不動産登記法）104条2項は，「第百二条ノ規定ハ不動産ノ表示ノ登記ナキ不動産ニ付キ所有権ノ処分ノ制限ノ登記ヲ為ス場合ニ之ヲ準用ス」と規定し，同法102条においては，「不動産ノ表示ノ登記ナキ不動産ニ付キ第百条第二号又ハ第三号ノ規定ニ依リテ所有権ノ登記ヲ為ストキハ登記用紙中表題部ニ申請書又ハ嘱託書ニ掲ゲタル不動産ノ表示ニ関スル事項ヲ記載シ第百条第二号又ハ第三号ノ規定ニ依ル所有権ノ登記ヲ為スニ因リテ其ノ登記ヲ為ス旨ヲ記載スルコトヲ要ス」とされ，処分の制限の登記の嘱託をする場合に，建物図面及び各階平面図を提供しなければならないとする規定は，ありませんでした。

　その後，昭和39年法律第18号の不動産登記法の一部を改正する法律により，同法104条2項は，「第百一条第二項ノ規定ハ不動産ノ表示ノ登記ナキ不動産ニ付キ所有権ノ処分ノ制限ノ登記ヲ為ス場合ニ，第百二条ノ規定ハ其嘱託アリタル場合ニ於テ所有権ノ処分ノ制限ノ登記ヲ為ストキニ之ヲ準用ス」と改正され，同法101条2項に，「不動産ノ表示ノ登記ナキ不動産ニ付キ前条第二号又ハ第三号ノ規定ニ従ヒテ所有権ノ登記ヲ申請スル場合ニ於テハ申請書ニ土地ニ付テハ地積ノ測量図及ビ土地ノ所在図ヲ，建物ニ付テハ建物ノ図面及ビ各階ノ平面図ヲ添附スルコトヲ要ス」旨の規定が新設され，現行の不動産登記令と同様の規定が設けられたものです。

　このような改正がされた趣旨は，不動産の表示の登記がされていない不動産（未登記不動産）について，処分の制限の登記が嘱託された場合，嘱託情報における当該不動産の表示のみでは，当該不動産を特定し，明確にすることはできません。差押え等の処分制限の裁判又は行政処分においては，その目的となる不動産が特定され，明確にされていなければならない

ところ，その目的不動産が未登記の場合には，図面によって当該不動産を表示するのが通常であり，当該嘱託情報に提供される判決書の正本又は行政処分があったことを証する情報の一部として，当該図面が提供されているはずであり，当該嘱託情報に基づいて，登記官が不動産の表示の登記，所有権の登記及び処分制限の登記をすることになるのですから，登記する不動産を特定し，明確にする必要があることはいうまでもありません。したがって，未登記不動産について処分の制限の登記を嘱託するときは，嘱託に係る不動産を特定し，明確にするために，地積測量図及び土地所在図，建物図面及び各階平面図を提供すべきであるとされたものです（注）。

　以上のことから，本件照会・通達は，現行法上において適用されることはありません。

（注）登研 196 号 27 頁

関連質疑

表実第 4 巻 213 頁　問 91

　「未登記建物について処分禁止の仮処分の登記嘱託あった場合の処理」

表実第 4 巻 215 頁　問 92

　「処分禁止の仮処分の登記嘱託に基づき職権でした表題登記が誤っている場合の処理」

458 第2節 各 論

78 附属建物の新築及び取毀等滅失による表示変更の登記申請書に添付する建物の図面等の取扱いについて

（昭和37年8月21日登第215号東京法務局長照会
　昭和37年10月1日民事甲第2802号民事局長通達）

　標記の件について，別紙甲号のとおり東京法務局長から問合せがあり，別紙乙号のとおり回答したから，この旨貴管下登記官吏に周知方しかるべく取り計らわれたい。

別紙甲号

　標記の件について，次のとおり疑義がありますので，至急何分の御垂示を賜りたくお伺いします。

　　　　　　記

一　建物の表示の登記をし，すでに建物図面及び各階平面図が登記所に提出されている建物について，附属建物の新築の登記を申請する場合には，登記されている主たる建物及び他の附属建物の床面積に変更がないから，その申請書に添付すべき各階平面図は，新築にかかる附属建物のみのものでさしつかえないと考えますがいかがでしょうか。

二　(1)　建物の表示の登記をし，すでに建物図面及び各階平面図が登記所に提出されている建物について，附属建物の取毀し等滅失による表示の変更の登記を申請する場合（附属建物の滅失に伴う所在変更の登記を併せて申請する場合を含む。）には，主たる建物及び他の附属建物には変更がないから，その登記の申請書には，建物図面及び各階平面図の添付を省略してさしつかえないと考えますがいかがでしょうか。

　　(2)　右さしつかえないときは，附属建物の取毀し等滅失による表示の変更の登記をしたときは，すでに提出されている建物図面及び各階平面図に図示されている滅失にかかる附属建物の上部又は左側に滅失の事由を「取毀し」等と記載してその附属建物を朱抹するのみでよろしいでしょうか。

別紙乙号

第11 図面関係　459

　8月21日付登第215号をもって問合せのあった標記の件については，つぎのように考える。

　　　　　記
一　便宜貴見のとおり取り扱ってさしつかえない。なお，提出された各階の平面図は，建物図面綴込帳の該当個所に編綴するものとし，既に編綴されている主たる建物等の各階の平面図については，なんらの手続を要しない。
二　(1)　貴見のとおり取り扱ってさしつかえない。
　　(2)　当該滅失にかかる附属建物を朱抹するのみで足り，「取毀」等の滅失の事由を記載することを要しない。

解　説

　本件は，建物の表示の登記をし，既に建物図面及び各階平面図が登記所に提出されている建物について，附属建物の新築の登記を申請する場合，又は附属建物の取毀し等滅失による表示の変更の登記を申請する場合（附属建物の滅失に伴う所在変更の登記を併せて申請する場合を含みます。）の建物図面及び各階平面図の提供について，照会されたものです。

　建物図面は，1個の建物の位置を明らかにする図面であって（令2条5号），建物の敷地並びにその1階の位置及び形状を明確にするものでなければならないとされています（規則82条1項）。また，各階平面図は，1個の建物の各階ごとの平面の形状を明らかにする図面（令2条6号）であるとされています。そして，建物図面及び各階平面図は，1個の建物（附属建物があるときは，主である建物と附属建物を併せて1個の建物とします。）ごとに作成するものとされています（規則81条）。

　そこで，本件照会の附属建物の新築の登記を申請する場合については，登記されている主である建物及び他の附属建物の床面積には変更がないことから，当該変更の登記申請に提供すべき各階平面図は，新築に係る附属建物のみのもので差し支えなく，提出された各階平面図は，建物図面つづり込み帳の該当個所につづり込むものとし，既につづり込まれている主で

ある建物等の各階平面図については，なんらの手続を要しないとされたものです。

　また，附属建物の取毀し等滅失による表示の変更の登記を申請する場合については，主である建物及び他の附属建物には変更がないことから，当該変更の登記申請には，建物図面及び各階平面図の提供を省略して差し支えなく，その場合には，既に提出されている建物図面及び各階平面図に図示されている滅失にかかる附属建物を朱抹するのみで足り，「取毀」等の滅失の事由を記載することを要しないとされたものです。

関連質疑

表実第5巻469頁　問160
　「平家建の建物に2階を増築した場合の建物図面等の作成方法」
表実第5巻471頁　問161
　「附属建物のある建物に附属建物を新築した場合の各階平面図の作成方法」
表実第5巻494頁　問172
　「建物の合併の登記を申請する場合に合併後の建物の各階平面図を提供することの要否」
表実第5巻496頁　問173
　「一元化前の建物の附属建物が滅失した場合に建物図面等を提供することの要否」
表実第5巻502頁　問176
　「附属建物のみが変更された場合の建物図面等の作成方法」

79 各階同型の建物の各階の平面図の作製について

（昭和39年2月6日ト32－402号日本住宅公団東京支所長照会
昭和39年3月2日民事甲第443号民事局長通達）

　標記の件について，別紙甲号のとおり日本住宅公団東京支所長から照会があり，別紙乙号のとおり回答したから，この旨貴管下登記官吏に周知方しかるべく取り計らわれたい。

別紙甲号

　標記ノ件ニツイテ，各階ノ形状及ビ床面積ガ全ク同型（同位置ニアルモノ）ノ二階建以上ノ建物ノ各階ノ平面図ニハ，別紙例示ノトオリ一葉ノ図面ニ各階ガ同型デアル旨ヲ記載シタモノデヨロシイカオ伺イシマス。

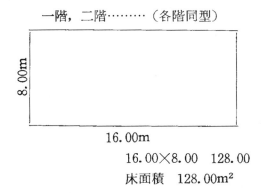

別紙乙号

　昭和39年2月6日付ト32－402号をもって照会のあった標記の件については，貴見のとおり取り扱ってさしつかえないものと考えます。
　おって，この旨登記官吏に周知させるよう各法務局長及び地方法務局長に通達したから，念のため申し添えます。

解説

　本件通達は，2階以上の建物で，各階の形状及び床面積がまったく同型

で同位置にある場合の各階平面図の作成方法に関する照会に対して，1葉の各階平面図に一つの階の形状を図示した上，「各階同型」の旨を記載したもので差し支えない旨回答されたものです。

各階平面図は，1個の建物の各階ごとの平面の形状を明らかにする図面（令2条6号）であり，1個の建物（附属建物があるときは，主である建物と附属建物を併せて1個の建物とします。）ごとに作成するものとされています（規則81条）。

したがって，本件のような場合においても，各別に各階の平面図を作成するのが原則ですが，各階の形状及び床面積がまったく同型で同位置にある場合には，これらの部分について一つの階の形状を図示し，その平面図に「1階，2階（各階同型）」である旨の記載がされ，各階についての形状及び床面積が明らかにされていれば，各階平面図を提供させる目的は達せられることになるものと解されます。

以上のことから，本件照会・回答においては，2階以上の建物で，各階の形状及び床面積がまったく同型で同位置にある場合の各階平面図については，1葉の各階平面図に一つの階の形状を図示した上，「各階同型」の旨を記載する方法で作成して差し支えないとされたものです。

なお，この取扱いは，現行の準則53条2項において，明文化されています。

先 例 索 引

（太字・主要先例　細字・関連先例）

【明　治】

明 32.8.1 民刑第 1361 号民刑局長回答 ⋯⋯ **101**

明 34.6.27 民刑第 643 号民刑局長回答 ⋯⋯ **293**

【大　正】

大 4.11.6 民第 1701 号法務局長回答 ⋯⋯⋯ 260

【昭　和】

昭 24.2.22 民事甲第 240 号民事局長回答 ⋯⋯ 13

昭 29.7.3 民事甲第 1388 号民事局長回答 ⋯⋯ 451

昭 30.4.9 民事甲第 694 号民事局長回答 ⋯⋯ **11**

昭 30.4.22 民事甲第 698 号民事局長回答 ⋯⋯ 130

昭 30.5.27 民事甲第 1036 号民事局長回答

⋯⋯⋯⋯⋯⋯⋯⋯⋯⋯⋯⋯⋯⋯⋯⋯⋯⋯⋯ 319

昭 30.7.4 民事甲第 1346 号民事局長通達（回

答）⋯⋯⋯⋯⋯⋯⋯⋯⋯⋯⋯⋯⋯⋯⋯⋯⋯ 128

昭 31.1.13 民事甲第 43 号民事局長回答 ⋯⋯ 112

昭 31.4.7 民事甲第 755 号民事局長回答 ⋯⋯ **24**

昭 32.4.9 民事甲第 712 号民事局長回答 ⋯⋯⋯ 27

昭 32.10.7 民事甲第 1941 号民事局長回答

⋯⋯⋯⋯⋯⋯⋯⋯⋯⋯⋯⋯⋯⋯⋯⋯⋯⋯⋯ **307**

昭 33.4.10 民事甲第 769 号民事局長心得回答

⋯⋯⋯⋯⋯⋯⋯⋯⋯⋯⋯⋯⋯⋯⋯⋯⋯⋯⋯ 310

昭 34.5.13 民事第 955 号民事局長通達 ⋯⋯⋯ 441

昭 34.12.26 民事甲第 2982 号民事局長回答

⋯⋯⋯⋯⋯⋯⋯⋯⋯⋯⋯⋯⋯⋯⋯⋯⋯⋯⋯⋯ 26

昭 35.3.31 民事甲第 712 号民事局長通達 ⋯⋯ 303

昭 35.4.15 民事甲第 928 号民事局長回答 ⋯⋯ 74

昭 35.4.30 民事甲第 1054 号民事局長回答

⋯⋯⋯⋯⋯⋯⋯⋯⋯⋯⋯⋯⋯⋯⋯⋯⋯⋯⋯⋯ **15**

昭 35.7.4 民事甲第 1594 号民事局長通達 ⋯⋯ 305

昭 36.2.13 民事三発第 91 号民事第三課長電報

回答 ⋯⋯⋯⋯⋯⋯⋯⋯⋯⋯⋯⋯⋯⋯⋯⋯⋯⋯ 320

昭 36.6.6 民事三発第 459 号民事第三課長回

答 ⋯⋯⋯⋯⋯⋯⋯⋯⋯⋯⋯⋯⋯⋯⋯⋯⋯⋯ **110**

昭 36.9.2 民事甲第 2163 号民事局長回答

⋯⋯⋯⋯⋯⋯⋯⋯⋯⋯⋯⋯⋯⋯⋯⋯⋯⋯⋯⋯ **439**

昭 36.10.23 民事甲第 2643 号民事局長通達

⋯⋯⋯⋯⋯⋯⋯⋯⋯⋯⋯⋯⋯⋯⋯⋯⋯⋯⋯⋯ **455**

昭 36.11.16 民事三発第 1023 号民事第三課長

回答 ⋯⋯⋯⋯⋯⋯⋯⋯⋯⋯⋯⋯⋯⋯⋯⋯⋯⋯ 50

昭 36.11.16 民事甲第 2868 号民事局長回答

⋯⋯⋯⋯⋯⋯⋯⋯⋯⋯⋯⋯⋯⋯⋯⋯⋯⋯⋯⋯ 52

昭 37.2.8 民事甲第 270 号民事局長回答 ⋯⋯ 453

昭 37.3.13 民事三発第 214 号民事第三課長電

報回答 ⋯⋯⋯⋯⋯⋯⋯⋯⋯⋯⋯⋯⋯⋯⋯⋯ 433

昭 37.3.13 民事甲第 647 号民事局長通達 ⋯⋯ 450

昭 37.6.12 民事甲第 1487 号民事局長回答

⋯⋯⋯⋯⋯⋯⋯⋯⋯⋯⋯⋯⋯⋯⋯⋯⋯⋯⋯⋯ **70**

昭 37.7.21 民事甲第 2076 号民事局長通達

⋯⋯⋯⋯⋯⋯⋯⋯⋯⋯⋯⋯⋯⋯⋯⋯⋯⋯⋯⋯ **312**

昭 37.10.1 民事甲第 2802 号民事局長通達

⋯⋯⋯⋯⋯⋯⋯⋯⋯⋯⋯⋯⋯⋯⋯⋯⋯⋯⋯⋯ **458**

昭 37.10.4 民事甲第 2820 号民事局長通達

⋯⋯⋯⋯⋯⋯⋯⋯⋯⋯⋯⋯⋯⋯⋯⋯⋯ 130, 449

昭 37.10.8 民事甲第 2885 号民事局長通達

⋯⋯⋯⋯⋯⋯⋯⋯⋯⋯⋯⋯⋯⋯⋯⋯⋯⋯⋯⋯ **119**

昭 37.10.12 民事甲第 2956 号民事局長回答
·················· 314

昭 37.10.18 民事甲第 3018 号民事局長回答
·················· 257

昭 37.11.1 民事甲第 3172 号民事局長電報回
答 ·················· 447

昭 37.12.15 民事甲第 3600 号民事局長通達
·················· 172

昭 38.8.1 民事三発第 426 号民事第三課長通
知 ·················· 434

昭 38.9.28 民事甲第 2658 号民事局長通達
·················· 262

昭 38.9.28 民事甲第 2659 号民事局長通達
·················· 322

昭 38.9.30 民事甲第 2661 号民事局長通達
·················· 384

昭 38.10.22 民事甲第 2933 号民事局長通達
·················· 335

昭 39.2.21 民事甲第 384 号民事局長通達
·················· 124

昭 39.3.2 民事甲第 443 号民事局長通達···· 461

昭 39.3.6 民事甲第 557 号民事局長回答···· 266

昭 39.5.16 民事甲第 1761 号民事局長通達
·················· 360

昭 39.5.27 民事三発第 444 号民事第三課長電
報回答 ·················· 121

昭 39.8.7 民事甲第 2728 号民事局長回答
·················· 387

昭 39.8.29 民事甲第 2893 号民事局長回答
·················· 178

昭 40.1.25 民事三発第 93 号民事第三課長回答
·················· 191

昭 40.1.27 民事甲第 119 号民事局長通達
·················· 363

昭 40.2.27 民事三発第 231 号民事第三課長依
命回答 ·················· 226

昭 40.2.27 民事三発第 232 号民事第三課長依
命回答 ·················· 389

昭 40.3.23 民事甲第 623 号民事局長通達
·················· 143

昭 40.4.10 民事甲第 837 号民事局長回答
·················· 117

昭 40.4.21 民事甲第 836 号民事局長回答
·················· 382

昭 40.7.28 民事甲第 1717 号民事局長回答
·················· 269

昭 41.8.2 民事甲第 1927 号民事局長回答
·················· 343

昭 41.12.7 民事甲第 3317 号民事局長回答
·················· 325

昭 41.12.13 民事甲第 3400 号民事局長回答
·················· 7

昭 42.3.14 民事三発第 139 号民事第三課長回
答 ·················· 138

昭 42.9.22 民事甲第 2654 号民事局長電報回
答 ·················· 32

昭 42.9.25 民事甲第 2454 号民事局長回答
·················· 82, 328

昭 42.12.13 民事三発第 696 号民事第三課長
回答 ·················· 180

昭 43.2.14 民事甲第 170 号民事局長回答
·················· 114

昭 43.2.23 民事三発第 140 号民事第三課長回
答 ·················· 75

昭 43.3.28 民事甲第 395 号民事局長回答···· 78

昭 43.4.2 民事甲第 723 号民事局長回答···· 112

昭 43.9.26 民事甲第 3083 号民事局長回答
·················· 103

昭 43.12.23 民事三発第 1075 号民事第三課長
回答 ·················· 437

昭 44.4.21 民事甲第 868 号民事局長回答
·················· 133

索　引　465

昭 45.1.7 民三第 646 号民事第三課長依命回
　　答 ··· 189

昭 45.3.24 民事三発第 267 号民事第三課長回
　　答 ··· 92

昭 46.3.26 民事甲第 1194 号民事局長回答
　　·· 136

昭 46.4.16 民事甲第 1527 号民事局長回答
　　······································ 146, 166, 210

昭 46.4.16 民事三発第 238 号民事第三課長依
　　命通知 ······························ 146, 166, 210

昭 46.5.10 民事三発第 267 号民事第三課長回
　　答 ··· 107

昭 46.6.10 民事甲第 2073 号民事局長通達
　　·· 296

昭 46.9.12 民事三発第 668 号民事第三課長依
　　命回答 ··· 349

昭 47.5.26 民事三発第 473 号民事第三課長回
　　答 ··· 271

昭 50.1.13 民三第 147 号民事局長通達 ····· 351

昭 50.2.13 民三第 834 号民事第三課長回答
　　··· 89

昭 51.12.24 民三第 6472 号民事第三課長回答
　　··· 17

昭 52.10.5 民三第 5113 号民事第三課長回答
　　··· 85

昭 54.4.23 民三第 2635 号民事第三課長通知
　　·· 366

昭 54.5.19 民三第 3086 号民事局長回答 ····· 331

昭 55.11.18 民三第 6712 号民事第三課長回答
　　·· 192

昭 58.10.6 民三第 5919 号民事第三課長回答
　　··· 1

昭 58.11.10 民三第 6400 号民事局長通達
　　·· 301, 392

昭 59.2.25 民三第 1085 号民事局長通達 ···· 443

昭 60.8.8 民三第 4768 号民事局長回答 ····· 197

昭 63.3.24 民三第 1826 号民事第三課長回答
　　····························· 35, 98, 158, 204, 229

【平　成】

平 5.7.30 民三第 5320 号民事局長通達 ····· 274

平 5.12.3 民三第 7499 号民事第三課長回答
　　·· 251

平 8.3.18 民三第 563 号民事局長通達 ······· 424

平 14.10.18 民二第 2474 号民事第二課長依命
　　通知 ·· 369

平 16.10.28 民二第 2980 号民事第二課長回答
　　··· 45

平 19.4.13 民二第 895 号民事第二課長依命通
　　知 ··· 54

平 29.3.23 民二第 171 号民事第二課長通知
　　·· 430

判　例　索　引

【昭　和】

大審院昭 8.3.6 決定・大審院民事判例集 12 巻
　334 頁 ·· 309

大審院昭 10.10.1 判決・民集 14 巻 1671 頁
　　·· 255

東京地裁昭 31.3.22 判決・下民集 7 巻 3 号
726 頁 ……………………………………5
最高裁昭 37.1.23 第三小法廷判決・民集 16 巻
1 号 110 頁 ……………………………318
最高裁昭 37.3.29 第一小法廷判決・民集 16 巻
3 号 643 頁 …………………………50,73
最高裁昭 42.3.14 第三小法廷判決・民集 21 巻
2 号 312 頁 ……………………………448
最高裁昭 44.3.25 第三小法廷判決・判例時報
555 号 41 頁 …………………………259
最高裁昭 45.7.16 第一小法廷判決・判例時報
605 号 64 頁 ……………………………5

福島地裁昭 46.3.11 判決・下民集 22 巻 3・4
号 248 頁 ………………………………6
最高裁昭 50.7.14 第二小法廷判決・判例時報
791 号 744 頁 …………………………258
東京地裁昭 60.7.26 判決・判例時報 1219 号
90 頁 ……………………………………6
最高裁昭 62.7.9 第一小法廷判決・民集 41 巻
5 号 1145 頁 …………………………309

【平　成】

最高裁平 6.5.12 第一小法廷判決・民集 48 巻
4 号 1005 頁 ……………………………6

著 者 紹 介

後 藤 浩 平（ごとう　こうへい）
日本加除出版株式会社常任顧問
早稲田大学法学部非常勤講師（不動産登記法）

前　東京法務局城北出張所所長
元　甲府地方法務局首席登記官

鹿児島地方法務局採用

先例から読み解く！
建物の表示に関する登記の実務

平成 30 年 10 月 31 日　初版発行

著　者　後　藤　浩　平

発 行 者　和　田　　　裕

発 行 所　日 本 加 除 出 版 株 式 会 社

本　　　社　郵便番号 171-8516
　　　　　　東 京 都 豊 島 区 南 長 崎 3 丁 目 16 番 6 号
　　　　　　T E L　(03) 3 9 5 3 - 5 7 5 7（代表）
　　　　　　　　　　(03) 3 9 5 2 - 5 7 5 9（編集）
　　　　　　F A X　(03) 3 9 5 3 - 5 7 7 2
　　　　　　U R L　www.kajo.co.jp

営 業 部　郵便番号 171-8516
　　　　　　東 京 都 豊 島 区 南 長 崎 3 丁 目 16 番 6 号
　　　　　　T E L　(03) 3 9 5 3 - 5 6 4 2
　　　　　　F A X　(03) 3 9 5 3 - 2 0 6 1

組版・印刷・製本　㈱アイワード

落丁本・乱丁本は本社でお取替えいたします。
★定価はカバー等に表示してあります。
Ⓒ K. Goto 2018
Printed in Japan
ISBN978-4-8178-4520-7

JCOPY〈出版者著作権管理機構　委託出版物〉
　本書を無断で複写複製（電子化を含む）することは，著作権法上の例外を除き，禁じられています。複写される場合は，そのつど事前に出版者著作権管理機構（JCOPY）の許諾を得てください。
　また本書を代行業者等の第三者に依頼してスキャンやデジタル化することは，たとえ個人や家庭内での利用であっても一切認められておりません。

〈JCOPY〉　H P：http://www.jcopy.or.jp/，e-mail：info@jcopy.or.jp
　　　　　電話：03-3513-6969，FAX：03-3513-6979

先例から読み解く！
土地の表示に関する登記の実務

後藤浩平・宇山聡 著
2017年12月刊 A5判 800頁 本体6,700円+税 978-4-8178-4448-4
商品番号：40703 略号：先土地

- 事務処理上有益な「主要97先例」を全文掲載し、解説も付与。
- 関連する「関係83先例」も収録し、全文を掲載。
- 具体的事案を「関連質疑」とし、詳細を『Q&A 表示に関する登記の実務シリーズ』にて確認できるよう工夫。

新版
Q&A 表示に関する
登記の実務

中村隆・中込敏久 監修　荒堀稔穂 編集代表

- 押さえておくべき知識から希少な事例まで現場での疑問・実例を網羅。
- 「設問→解答→解説」の流れでわかりやすく解説。
- 根拠条文・先例・判例と関連付けた具体的な解答を提示。

第1巻 登記手続総論・土地の表題登記・分筆の登記
2007年1月刊 A5判 560頁 本体4,700円+税 978-4-8178-3756-1 商品番号：49081 略号：表実1

第2巻 合筆登記・地積更正・地目変更・地図訂正
2007年5月刊 A5判 560頁 本体4,800円+税 978-4-8178-3769-1 商品番号：49082 略号：表実2

第3巻 地積測量図・土地の滅失の登記・特殊登記
2007年11月刊 A5判 500頁 本体4,500円+税 978-4-8178-3787-5 商品番号：49083 略号：表実3

第4巻 建物の表題登記・建物の増築の登記
2008年5月刊 A5判 504頁 本体4,500円+税 978-4-8178-3795-0 商品番号：49084 略号：表実4

第5巻 建物の合体・合併・分割の登記、区分建物の登記、建物の滅失の登記、建物図面関係
2008年12月刊 A5判 640頁 本体5,500円+税 978-4-8178-3802-5 商品番号：49085 略号：表実5

日本加除出版
〒171-8516 東京都豊島区南長崎3丁目16番6号
TEL (03)3953-5642　FAX (03)3953-2061 （営業部）
www.kajo.co.jp